Das Thema des gewaltfreien Widerstandes, das, andeutungsweise, schon in »Krieg und Frieden« aufscheint, nimmt in Tolstojs Werk einen zentralen Platz ein. Begründet ist dies zum einen durch das Argument der geschichtlichen Erfahrung: daß Gewalt Gegengewalt provoziere – und zum anderen durch den biblischen Imperativ: Du sollst nicht töten. Gewaltlosigkeit soll bewirken, daß in der Gesellschaft keine Gewalt mehr, sondern nur noch (herzliche, allgemeine) Liebe herrsche. Tolstoj kämpft gerade in seinen politischen Flugschriften sehr differenziert gegen gewalttätige Herrschaftsmethoden und Staatsgewalt. Nicht nur gegen die zaristische Despotie, sondern auch die Demokratie. Daß sich Tolstoj im letzten Jahrzehnt seines Lebens, aus der dichterischen Welt kommend, dem politischen Tagesgeschehen zuwandte, hat äußere Anlässe:
Die russische Revolution von 1905, Kriege und Kriegsdrohungen in aller Welt. So gelangte Tolstoj, dem sich diese Probleme mit besonderer Schärfe in Rußland stellten, aus dem Gefühl, einer bevorstehenden Umwälzung, und aus einem radikal verstandenen Christentum heraus, zu einer Art »individuellem Anarchismus«, dessen zentrale Idee der gewaltlose Widerstand gegen die Staatsgewalt bildet. Eine Idee, die über Nehru und Martin Luther King hin bis in unsere Tage lebendig ist.

insel taschenbuch 703
Tolstoj
Rede gegen den Krieg

LEO N. TOLSTOJ
REDE GEGEN DEN KRIEG

Politische Flugschriften
Herausgegeben von Peter Urban
Insel Verlag

insel taschenbuch 703
Erste Auflage 1983

Vertrieb durch den Suhrkamp Taschenbuch Verlag
Umschlag nach Entwürfen von Willy Fleckhaus
Druck: Nomos Verlagsgesellschaft, Baden-Baden
Printed in Germany

3 4 5 6 7 8 – 96 95 94 93 92 91

Inhalt

Anhang

Man könnte die Unterordnung eines ganzen Volkes unter wenige Leute noch rechtfertigen, wenn die Regierenden die besten Menschen wären; aber das ist nicht der Fall, war niemals der Fall und kann es nie sein. Es herrschen häufig die schlechtesten, unbedeutendsten, grausamsten, sittenlosesten und besonders die verlogensten Menschen. Und daß dem so ist, ist kein Zufall.

Eines ist not, 1905

Ihr Arbeiter braucht nur aufzuhören, der Regierung zu gehorchen, und ihr werdet nicht mehr genötigt sein, von den Fabrikbesitzern Bedingungen anzunehmen, die sie euch stellen, sondern ihr werdet selbst eure Bedingungen stellen oder werdet eure eigenen genossenschaftlichen Fabriken für Gegenstände, die das Volk benötigt, errichten.

Aufruf an die Russen, 1906

Einführung

Das Bild, das sich der Leser heute von Tolstoj machen muß, ist lückenhaft und verzerrt; Tolstojs Werk, wie es heute gelesen werden kann, ein Torso. Kritik und Publikum haben sich, nach den lebhaften Tolstoj-Diskussionen um die Jahrhundertwende, spätestens seit Ende der zwanziger Jahre, auf einen ganz bestimmten Kanon Tolstojscher Werke geeinigt, der wesentliche Teile des Gesamtwerks nicht mehr enthält. Bürgerliche wie sozialistische Gesellschaft haben Tolstoj reduziert auf den niemandem gefährlichen Schöpfer unsterblicher Meisterwerke, die im Bücherschrank des Kleinbürgers ebensogut Platz haben wie auf dem Regal des sozialistischen Spießers. Greifbares Resultat dieser Entwicklung sind die populären Tolstoj-Ausgaben, die sich beschränken auf die Romane *Krieg und Frieden, Anna Karenina* und *Auferstehung*, sämtliche Erzählungen und die erste große Autobiographie Tolstojs, *Kindheit, Knabenalter, Jünglingsjahre.*[1]

Anlaß für solche Selbstbeschränkung bildete die sogenannte Krise, eine biographische Mystifikation, derzufolge Tolstoj vor Ausbruch seiner »Krise« ein großer Künstler, danach jedoch keiner mehr gewesen sei oder nur noch ein kleiner. Mit dem Erscheinen seiner zweiten Autobiographie, der *Beichte* (1882)[2] habe Tolstoj, so hört man immer wieder sagen, aufgehört, Künstler zu sein, um sich mehr oder weniger unvermittelt einer sozialen Utopie zu verschreiben. Diese Legende ist in mindestens zweifacher Hinsicht das Resultat von Krisen. Einmal ist, was so hartnäckig als Tolstojs »Krise« interpretiert wird, ein Spiegelbild der sozialen Krisen in Rußland bis zum Tode Tolstojs im Jahre 1910. Zum zweiten markiert die Krisen-Legende die Krise der Tolstojkritik selbst, die im Hinblick auf die Tolstoj-Interpretation mindestens ebenso wichtig ist wie die im Grunde längst widerlegte These von der Krise »Tolstojs«.

Die Krisen-Theorie ist im wesentlichen eine Erfindung der bürgerlich-aristokratischen Literaturkritik in Rußland, deren offenes oder kaum verhohlenes Ziel es war, einen unbequemen Gesellschaftskritiker auszumanövrieren. Zahllos sind die Versuche in der russischen bürgerlichen Kritik, mithilfe der Krisen-Fiktion den Kritiker der zaristisch-orthodoxen Despotie und des erstarkenden Kapitalismus auszuspielen gegen den Künstler Tolstoj.[3] Seine Proteste gegen den autoritären Staat werden als Nihilismus, seine Unterscheidung zwischen Staatskirche und echtem Christentum als heidnische Ketzerei denunziert; als ehemals großen Künstler, als Schatten seiner selbst läßt man ihn weiterhin gelten, auch nach seiner Exkommunikation 1901, nach Erscheinen der Auferstehung. Ausgesprochen reaktionäre Kritiker wie D. Merežkovskij oder F. Stepun, denen Tolstojs Christentum zu wenig mystisch war und die deshalb der Krisen-These noch eine zweite Antithese zugesellten (Tolstoj und Dostoevskij)[4], waren sich mit den liberalen Kritikern im wesentlichen einig. Lenin charakterisiert 1910 die Tolstoj-Nachrufe aus dem bürgerlichen Lager: »Man beachte die Würdigung Tolstojs in den Regierungszeitungen. Sie vergießen Krokodilstränen und beteuern ihre Hochachtung vor dem ›großen Schriftsteller‹, während sie gleichzeitig den ›Heiligen‹ Synod verteidigen. Die heiligen Väter haben sich eben erst eine ganz besonders niederträchtige Gemeinheit geleistet, in dem sie ihre Pfaffen zum Sterbenden schickten, um das Volk zu täuschen und sagen zu können: Tolstoj habe ›bereut‹. Der Heilige Synod hatte Tolstoj aus der Kirche ausgestoßen. Um so besser. Diese Bekennertat soll ihm in der Stunde der Abrechnung des Volkes mit den Beamten in Mönchskutten, mit den Gendarmen in Christo, mit den finsteren Inquisitoren, die die Judenprogrome und die anderen Schandtaten der zaristischen Schwarzhundertbanden unterstützten, hoch angerechnet werden.

Man beachte auch die Würdigung Tolstojs in der liberalen Presse. Diese beschränkte sich auf die hohlen, schablonenmäßig liberalen, abgedroschenen professoralen Phrasen wie ›Stimme der zivilisierten Menschheit‹, ›einmütiges Echo der Welt‹, ›Ideen der Wahrheit, des Guten‹ usw. – Phrasen, wegen welcher Tolstoj gerade die bürgerliche Wissenschaft – und zwar mit Recht – so gegeißelt hatte. Sie *können* eben *nicht* offen und unzweideutig Tolstojs Anschauungen über den Staat, die Kirche, das Privateigentum an Grund und Boden und den Kapitalismus würdigen, – nicht etwa, weil die Zensur sie daran hinderte; im Gegenteil, die Zensur hilft ihnen aus diesen Schwierigkeiten! – sondern deshalb, weil jeder Satz in Tolstojs Kritik eine Ohrfeige für den bürgerlichen Liberalismus bedeutet, weil allein schon die unerschrockene, offene und unbarmherzig scharfe *Aufrollung* der allerheikelsten, verfluchtesten Fragen unserer Zeit den schablonenhaften Phrasen, den abgedroschenen Ausflüchten, der ausweichenden, ›zivilisierten‹ Lüge unserer liberalen (und liberal-volkstümlerischen) Publizistik *ins Gesicht schlägt.* [...] Die Liberalen heben vor allem hervor, daß Tolstoj das ›große Gewissen‹ sei. Ist das nicht eine hohle Phrase, die auch das *Novoe vremja* und seinesgleichen in tausendfältiger Variation wiederholt? Heißt das nicht den *konkreten* Fragen der Demokratie und des Sozialismus, die Tolstoj *gestellt* hat, ausweichen? Heißt das nicht, gerade das in den Vordergrund rücken, was das Vorurteil Tolstojs und nicht seine Urteilskraft zum Ausdruck bringt, was an ihm der Vergangenheit und nicht der Zukunft angehört. Seine Verneinung der Politik und seine Predigt der sittlichen Selbstvervollkommnung, aber nicht seinen stürmischen Protest gegen jegliche Klassenherrschaft?«[5]

Die Fiktion von der Krise wird jedoch auch von vielen marxistischen Tolstojkritikern aufrechterhalten. Auch Rosa Luxemburg unterscheidet in ihrem Essay *Tolstoj als sozialer Denker* (1908) zwischen dem Künstler und dem Verfasser »künstlerisch oft recht trostloser Traktätchen über Religion, Kunst, Moral, Ehe, Erziehung, Arbeiterfragen«; doch bei ihr wie vor allem in den Tolstoj-Aufsätzen Lenins zwischen 1908

und 1910 sind Ansätze für ein marxistisches Tolstoj-Verständnis erkennbar. Lenins Aufsatz *Tolstoj als Spiegel der russischen Revolution* (1908) macht schon vom Titel her deutlich, worin er die Bedeutung Tolstojs für die Revolution sah: er versteht das Gesamtwerk als Spiegel der gesellschaftlichen Widersprüche im vorrevolutionären Rußland der Epoche von 1861 bis 1904. Auf eine praktische Konsequenz seiner Erörterung hinarbeitend, unterscheidet Lenin zwischen Tolstoj, dem Autor nicht nur großer Romane, sondern auch leidenschaftlicher Proteste und Aufrufe einerseits und der »historischen Sünde«, dem Tolstojanertum (tolstovščina) andererseits; Lenin stellt fest, welche Ideen Tolstojs der Reaktion, welche der revolutionären Bewegung dienen: das russische Proletariat »wird den werktätigen und ausgebeuteten Massen die Bedeutung der Tolstojschen Kritik an Staat, Kirche und Privateigentum an Grund und Boden auseinandersetzen – nicht damit die Massen sich mit Selbstvervollkommnung und Schwärmereien von einem ›gottgefälligen Leben‹ begnügen, sondern damit sie sich erheben.«[6] Kontinuität im Denken Tolstojs stellt Lenin nicht in Abrede; auf künstlerische Fragen und Werturteile läßt er sich gar nicht erst ein.
Den »pseudosozialistischen Vulgärsoziologen« (G. Lukács) blieb es vorbehalten, dem Beispiel Plechanovs folgend, den Klassencharakter des Tolstojschen Werkes herauszuarbeiten, um dann zu konstatieren, die Lehre Tolstojs, seine Ideologie, sei mit der des Marxismus unvereinbar. Solch müßige Beweisführung krönt u. a. auch der sowjetische Kritiker V. M. Friče 1928 wieder mit der Antithese von der Krise: »Wenn Tolstoj die ideologische Vereinfachung mehr oder weniger gelungen ist, so hat ihn als Künstler eine Katastrophe ereilt, die ihn veranlaßte, sich von der Kunst als von einer ›Lüge und Sünde‹ ganz loszusagen.«[7]
Gerade zu diesem Punkt, und zu genau jener Zeit, hatten die russischen Formalisten wesentlich Neues gesagt. In Opposition zum bürgerlichen Literaturverständnis, zur weltanschau-

lichen Interpretation literarischer Werke überhaupt, hatten Boris Ejchenbaum[8] und Viktor Šklovskij[9] in scharfsinnigen Analysen nachgewiesen, daß bei Tolstoj von keinerlei »Katastrophe«, weder einer ideologischen noch einer künstlerischen, die Rede sein kann. Die fortgesetzte Verketzerung der formalästhetischen Argumentation durch anpassungsfähige Vulgärsoziologen erreichte es jedoch, daß die formale Methode nicht nur keine Synthese mit der marxistisch-soziologischen einging, sondern daß die formalistischen Erkenntnisse zu Stalins Zeiten generell als »bürgerlich-reaktionär«, mithin als unsozialistisch in Acht und Bann getan wurden.[10]
Auch Georg Lukács, der einen allgemeineren, weniger engen und viel ernsthafteren Ansatz zur Tolstoj-Analyse findet als etwa Plechanov oder Friče, geht diese Synthese nicht ein.[11] Er kommt mit seiner Methode, die ästhetische Entwicklungen durch soziale Entwicklungen erklärt, zum Ergebnis, Tolstoj habe zu jener Zeit, die von so vielen als permanente Krise des Künstlers gedeutet wird, die »Traditionen des großen Realismus« gerettet. Klassenkämpferisch »vom Standpunkt der einzig richtigen und tiefen Leninschen Analyse« und eingedenk der »reaktionären Borniertheiten und Illusionen in der Weltanschauung Tolstojs« interpretiert Lukács Lenins Aufsätze in epischer Breite, der Lenin-Paraphrase manchmal nahe. Wie Lenin konstatiert Lukács statt einer künstlerischen »Krise« vorwiegend ideologische Irrtümer; sehr ausführlich würdigt er dagegen Tolstojs Pamphlet *Was ist Kunst?* (1898) und versucht, die »Orientierung der Kunst auf die Volkstümlichkeit« in Tolstojs Spätwerk für die sozialistische Gegenwart von 1936 umzufunktionieren und Tolstoj als direkten Vorläufer des sozialistischen Realismus zu deuten: »Die Rettung des Gedankens, daß die große Kunst unlösbar mit ihrer Volkstümlichkeit verbunden ist, daß sie, losgelöst von diesem Boden, auch als Kunst zugrunde gehen muß, daß die Größe der künstlerischen Formen unlösbar mit der Volkstümlichkeit des künstlerischen Inhalts und der künstlerischen Form ver-

bunden ist: das ist das unvergängliche Verdienst seiner Ästhetik.«[12]

Schon diese Sätze markieren die Krise, in die Literatursoziologie sich bringen kann, wenn sie blind oder aus Überzeugung politischen Doktrinen das Wort redet. Die eigentlichen ästhetischen Probleme bleiben bei Lukács weithin ausgeklammert; Lukács gibt letztlich keine Antwort auf die Frage, warum *Krieg und Frieden* ein Roman und kein Pamphlet, wieso aus der Frage *Was ist Kunst?* ein Essay, nicht aber ein Gedicht geworden ist.

So hat, Lukács zufolge, Tolstoj »niemals Kunst um der Kunst willen« betrieben; die Kunst sei für Tolstoj »stets Mitteilung bestimmter Inhalte« gewesen, »die künstlerische Form ein Mittel, seine Leser für diese Inhalte zu gewinnen«. Diese Behauptung leugnet die Grunderkenntnis der Formalisten, deren Literaturtheorie sich – am Beispiel Tolstojs – auf den Nenner bringen ließe: nichts von dem, was Tolstoj je mitgeteilt hat, war nicht Kunst; nichts von den »Inhalten« eben auch seiner politischen Pamphlete, auf die Lukács, mit Ausnahme von *Was ist Kunst?*, gar nicht weiter eingeht, läßt sich von Tolstojs künstlerischem Werk isolieren. Die künstlerische Form, die von Lukács als Vehikel der Kommunikation und nur der Kommunikation mißverstanden wird, ist von den Formalisten als wesentlicher Teil der Aussage erklärt worden, als eine am Inhalt essentiell beteiligte Komponente, die zum Inhalt nicht in derart direkten Gegensatz gebracht werden kann.

Jedoch Lukács wie die Formalisten bestreiten, wenn auch mit sehr unterschiedlichen Kriterien und Mitteln, daß Tolstojs Entwicklung als Künstler einen Bruch verzeichnet, der den Ausdruck »Krise« rechtfertigte. Im Gegenteil: wer behauptet, in Tolstojs Werk habe sich Anfang der achtziger Jahre ein qualitativer Wandel vollzogen, gehört entweder zu jenen, die schon aus *Krieg und Frieden* (und wieviel mehr noch aus *Anna Karenina* oder der *Auferstehung*) die – chronologisch zunehmende – Zahl von moralischen und geschichtsphilo-

sophischen Digressionen als trocken und für den Roman unfunktional streichen möchten, oder er hat Tolstoj nicht genügend lesen können und kennt nicht die zahlreichen gesellschaftskritischen und theoretischen Schriften, die Tolstoj schon in sehr jungen Jahren verfaßt hat. Man denke an Tolstojs Versuch einer Bauernreform auf eigene Faust und Verantwortung, Jahre vor der offiziellen Aufhebung der Leibeigenschaft (1861). Dieser Gedanke schlägt sich nicht nur in Denkschriften an die zaristische Verwaltung, sondern auch in *Krieg und Frieden* nieder, später und verstärkt in *Anna Karenina*. Man denke an Tolstojs pädagogische Schriften 1861/62, die *Gedanken über Volksbildung* und den Aufsatz über *Erziehung und Bildung* (»Bildung ist frei und daher gerecht und vernünftig; Erziehung ist gewaltsam und daher ungerecht und unvernünftig; sie kann durch die Vernunft nicht gerechtfertigt werden und daher auch kein Gegenstand der Pädagogik sein.«)[13] Die Notwendigkeit einer umfassenden Sozialreform in Rußland hat Tolstoj beschäftigt, solange er denken konnte. Sprechen könnte man also allenfalls, doch auch das nur mit Vorbehalten, von einer quantitativen Änderung, einer Verlagerung der Akzente: in späteren Jahren hat sich Tolstoj intensiver und konsequenter mit den brennenden Problemen des vorrevolutionären Rußland befaßt. Doch er hat auch als Gesellschaftskritiker nie aufgehört, Künstler zu sein; Tolstoj hat vielmehr sehr bewußt in seinen Essays künstlerische Prosastücke eingebaut, so wie er früher theoretische Erörterungen in seine Romane und Erzählungen einflocht. Die künstlerisch-literarischen Mittel gerade auch seiner Proteste und Aufrufe sind denen der Romane gleichgeblieben.
Um ein besonders evidentes Beispiel für Tolstojs künstlerische Kontinuität zu zitieren: Viktor Šklovskij hat in seinem programmatischen Aufsatz *Kunst als Kunstgriff* auf das für Tolstoj charakteristische Stilmittel der »Verfremdung« hingewiesen. Dieser Kunstgriff besteht darin, »daß er [Tolstoj] die Dinge nicht beim Namen nennt, sondern sie so beschreibt, als

sähe er sie zum erstenmal; er stellt jedes Ereignis so dar, als geschehe es zum erstenmal; außerdem gebraucht er bei der Beschreibung eines Gegenstandes nicht die üblichen Bezeichnungen seiner Teile, sondern benennt sie mit Worten, welche die entsprechenden Teile eines anderen Gegenstandes bezeichnen.«[14] In dieser Technik der Verfremdung ist in *Krieg und Frieden* eine Opernvorstellung beschrieben; mit denselben Stilmitteln beschreibt Tolstoj eine Theaterprobe in seinem Essay *Was ist Kunst?* Šklovskij bemerkt zu recht, daß man in Tolstojs Werk Hunderte von ähnlichen Beispielen finden kann. »Diese Art, die Dinge von ihrem Kontext losgelöst zu sehen, führte dazu, daß Tolstoj in seinem Spätwerk die Methode der Verfremdung auch bei der Beschreibung von Dogmen und Riten anwandte: er ersetzte die im religiösen Gebrauch üblichen Bezeichnungen durch Wörter aus der Umgangssprache; das Ergebnis war etwas Seltsames, Ungeheuerliches, das von vielen Leuten allen Ernstes für Blasphemie gehalten wurde und sie zutiefst verletzte. Aber es war dennoch nur derselbe Kunstgriff.«[15] So verhält es sich auch mit der künstlerisch-rhetorischen Struktur und der polemischen Schärfe der Digressionen, z. B. gegen die russischen und die französischen Historiker, die Napoleons Rußlandfeldzug dargestellt haben: Tolstojs späte Essays sind deren verselbständigte Fortsetzung; in den zahlreichen allegorischen Bildern in *Krieg und Frieden* (etwa im Vergleich der Geschichte mit einem Uhrwerk) erkennt man die Vorläufer der späteren erbaulich-moralischen Geschichten wieder. Es war derselbe Kunstgriff, und der Satz, den Šklovskij dieser Feststellung folgen läßt, beleuchtet die ganze Problematik der Interpretation Tolstojs gesellschaftskritischer Schriften: es war derselbe Kunstgriff, »mit dessen Hilfe Tolstoj seine Umgebung wahrnahm und darstellte. *Die Wahrnehmungen Tolstojs haben seinen Glauben erschüttert,* weil sie an Dinge rührten, an die er lange Zeit nicht hatte rühren wollen.«
Šklovskij stellt hier kühn die scheinbaren Kausalbeziehungen

auf den Kopf; seine Formulierung besagt, die Tolstoj eigene Methode, der Kunstgriff und nur er habe Tolstoj letztlich in den Konflikt mit der Gesellschaft, mit seiner Familie und Klasse getrieben. Dieser provokativ-formalistische Kunstgriff Šklovskijs erhellt nicht nur, wie genuin Tolstojs Kunst mit Tolstojs Ideologie verbunden ist, er enthüllt vor allem auch den Ansatz, den Ausgangspunkt der Kritik Tolstojs an Staat und Gesellschaft. Diese Kritik, die – etwa im Essay *Patriotismus und Frieden*, aber auch in *Was ist Kunst?* oder in dem Aufruf *Ich kann nicht schweigen!* – Elemente der Erzählung mit essayistischen mischt, setzt beim Äußerlich-Anschaulichen ein und entwickelt daraus die theoretischen Konsequenzen. Der Essay *Was ist Kunst?* beginnt mit der rhetorischen verfremdenden Schilderung des bürgerlichen Kulturlebens in Rußland um die Jahrhundertwende, verbunden mit einer einfachen sozialen Überlegung.

»Für die Förderung der Kunst werden dort, wo für Volksbildung nur der hundertste Teil von dem verausgabt wird, was tatsächlich nötig ist, um einem Volke Unterrichtsmittel zu verschaffen, Millionen von Subsidien für Akademien, Konservatorien und Theatern von den Regierungen ausgeworfen. In jeder größeren Stadt errichtet man Riesengebäude für Museen, Akademien, Konservatorien, dramatische Schulen für Vorstellungen und Konzerte. Hunderttausende von Arbeitern – Zimmerleute, Maurer, Färber, Tischler, Dekorateure, Schneider, Friseure, Juweliere, Bronzearbeiter, Setzer – verbringen ihr ganzes Leben in schwerer Arbeit, um die Bedürfnisse der Kunst zu befriedigen, so daß es wohl kaum eine andere menschliche Tätigkeit – die Kriegskunst ausgenommen – gibt, die so viel Kräfte verschlingt wie die Kunst.«[16]

Dieser Ansatz ist typisch für Tolstojs Essays, nicht nur in methodischer Hinsicht. Die Perspektive, in der Tolstoj seinem Leser die schreienden Ungerechtigkeiten seiner Zeit zu Bewußtsein bringt – hier: den Gegensatz zwischen einem Millionenvolk von Analphabeten und einer verschwindenden

Zahl von privilegierten Kunstfreunden (»Müßiggängern«) – vermittelt mit jedem Essay mehr von der allgemeinen Beunruhigung, die weite Kreise der russischen Intelligenz vor den Revolutionen von 1905 und 1917 erfaßt hatte. Primäre Absicht des Tolstojschen Essays über das Kunstleben und der daraus abgeleiteten Ästhetik scheint gewesen zu sein, gerade die der Kunst aufgeschlossene Intelligenz zu schockieren.

Die Theorie, die Tolstoj aus seinen Beobachtungen entwickelt und die Lukács später als Vorstadium des sozialistischen Realismus wertet, scheint in ihrer Konsequenz allerdings Praktiken nahe, wie sie zur Zeit der stalinistischen Reaktion oft genug geübt worden sind; doch dieser Eindruck kann nur entstehen, wenn man Tolstojs Grundidee: seine Forderung nach einem menschenwürdigen Dasein aller verkennt. (Zahlreiche mißverständliche Interpretationen der Tolstojschen Ideologie ließen sich erklären aus dem Mißverständnis der taktischen Absichten Tolstojs, des Pädagogen, der beeinflussen will.) Der Schluß der Tolstojschen Frage, was Kunst sei, ist eine autoritär anmutende Schock-Antithese; sie lautet: »Früher befürchtete man, es könnten unter die Kunsterzeugnisse Gegenstände geraten, welche die Menschen verderben, und man verbot jede Kunst. Jetzt ist man aber nur darum besorgt, daß man nicht irgend eines von der Kunst gewährten Genusses verlustig gehe und protegiert jede Kunst. Und ich glaube, daß der letztere Irrtum viel gröber ist als der erste und daß seine Folgen viel schädlicher sind.«[17] Ebenso autoritär, doch weit weniger mißverständlich formuliert ein Tolstoj-Titel das Problematische des Kunstlebens während des Imperialismus der 90er Jahre: *Darüber was Kunst und was nicht Kunst ist, und wann Kunst etwas Wichtiges und wann sie nichtig ist.*

Wie so oft – nicht nur in seinen Essays, sondern auch in seinen Romanen und Erzählungen – denkt Tolstoj nicht dialektisch, sondern in Antithesen; wie so oft ist er stärker in der kritischen Analyse, überzeugt er mit seiner Diagnose mehr als mit der von ihm vorgeschlagenen Therapie. Wie in allen großen Romanen geht Tolstoj auch in seinen Essays von persönlichen Beobachtungen aus; seine Kritik setzt daher bei den Folgeerscheinungen ein, nicht bei den wirklichen Ursachen. So kann Tolstoj Gewalt nicht eigentlich erklären. Das von Marx formulierte Verhältnis von wirtschaftlicher Macht und politischer Gewalt erkennt er nicht an. Für ihn ist »die Ursache solcher oder anderer ökonomischer Bedingungen [. . .] die Gewalt, die die einen Menschen über die anderen ausüben; die ökonomischen Bedingungen aber sind die Folge der Gewalt und können deswegen unmöglich die Ursache der gegenseitigen Beziehungen zwischen den Menschen sein.«[18] Schon vorher hatte Tolstoj die politische Ökonomie zur Pseudowissenschaft, die Soziologie zur »Scheinwissenschaft« erklärt. Tolstojs politische Theorie verläßt sich in positiven Formulierungen lieber auf Spekulation und, wenn nicht auf Wunsch-Visionen, so auf den direkten Augenschein.

Zwei entscheidende, dem Gutsbesitzer von Jasnaja Poljana immer unmittelbar gegenwärtige Wahrnehmungen bestimmen Tolstojs soziale Therapie: das Bauerntum als die überwiegende Mehrheit des russischen Volkes und das Christentum, das Tolstoj am reinsten in der Seele des russischen Mužik verkörpert sah und das er streng von der staatstragenden orthodoxen Kirche schied.

Daß die Bauern in der russischen Revolution eine wichtige Rolle spielen müßten, hatte schon Bakunin erkannt. 1870 schrieb er in seiner Schrift *La Science et la tâche révolutionnaire urgente:* »Wenn die Arbeiter des Westens zu lange zögern, werden es die russischen Bauern sein, die ihnen ein Beispiel geben.« Marx und Engels stellten in der Vorrede zur russischen Ausgabe des *Kommunistischen Manifests* (das 1869, von Bakunin übersetzt, erstmals in London auf Russisch erschienen war) 1882 die Frage: »In Rußland aber finden wir, gegenüber rasch aufblühendem kapitalistischem Schwindel und sich eben erst entwickelndem bürgerlichen Grundeigentum, die größere Hälfte des Bodens im Gemeinbesitz der

Bauern. Es fragt sich nun: Kann die russische Obschtschina, eine wenn auch stark untergrabene Form des uralten Gemeinbesitzes am Boden, unmittelbar in die höhere des kommunistischen Gemeinbesitzes übergehen? Oder muß sie umgekehrt vorher denselben Auflösungsprozeß durchlaufen, der die geschichtliche Entwicklung des Westens ausmacht?« Die einzige Antwort, die 1882 darauf möglich schien, war ein internationaler Kompromiß: »Wird die russische Revolution das Signal einer proletarischen Revolution im Westen, so daß beide einander ergänzen, so kann das jetzige russische Gemeineigentum am Boden zum Ausgangspunkt einer kommunistischen Entwicklung dienen.«[19]

Auch Lenin spricht 1910, mit Blick auf die Ereignisse der Jahre 1905–06, von einer »*bäuerlich*-bürgerlichen« bzw. einer »bürgerlichen *Bauern*revolution, weil die objektiven Bedingungen die Frage der Änderung der fundamentalen Lebensbedingungen der Bauernschaft, der Aufhebung des veralteten mittelalterlichen Grundbesitzes, der ›Reinigung des Bodens‹ für den Kapitalismus in den Vordergrund gestellt hatten, weil die objektiven Bedingungen eine mehr oder weniger selbständige historische Aktion der Bauernmassen auf den Plan riefen«.[20]

Tolstoj, der mit seiner Bauernreform auf Jasnaja Poljana ein Dilemma erlebt hatte, sich also der sozialen Mißstände, doch auch der Schwierigkeiten, sie reformerisch zu beheben, durchaus bewußt ist, lehnt, Lenin gegenüber, die politische Organisation der Bauernmassen zur revolutionären Tat ab. Seine Vision vom künftigen Leben Rußlands gründet sich auf den unmittelbaren, gewaltlosen Übergang des Grundbesitzes in die Hände derer, die den Boden bearbeiten. Die Bedeutung jener »bürgerlichen Bauernrevolution« besteht für Tolstoj darin, daß sie ihn in seiner Überzeugung bestärkt hat, gewaltsame Revolutionen seien nicht mehr möglich, eine Verbesserung der Lage der Bauern, der Gesellschaft, der ganzen Welt, könne nur durch gewaltlosen Widerstand erreicht werden.

Die Idee des gewaltlosen Widerstands, die ebenfalls, zumindest in Andeutungen, schon in *Krieg und Frieden*[21] auftaucht, nimmt in Tolstojs Werk einen zentralen Platz ein. Sie findet sich dort historisch-empirisch begründet durch das Argument, Gewalt provoziere notwendig Gegengewalt, als auch christlich durch den moralischen Imperativ: Du sollst nicht töten. Schwer zu beantworten scheint die Frage, welches dieser beiden Argumente für den gewaltlosen Widerstand in Tolstojs Denken vorrangig ist; es scheint zumindest die Frage wert, ob Tolstoj zur Idee der »Gewaltlosigkeit« durch sein Christentum kam oder ob er Christ in einem ebenso radikalen wie rationalen Sinn wurde, weil ihn die Botschaft des Neuen Testaments, die Bergpredigt, als eine auch politisch anwendbare Lehre überzeugte. Jetzt, schrieb Tolstoj 1905, »ist die Menschheit in ihren höchsten, besonders in ihren christlichen Vertretern soweit vorgeschritten, daß sie keine mystische Erklärung des Sinnes des Lebens mittels wunderbarer Offenbarungen und ebenso überflüssiger, gottesdienstlicher Zeremonien mehr nötig hat; sondern jetzt ist eine einfache, vernünftige Erklärung des Sinnes des Lebens genügend stark und noch beweiskräftiger geworden als die frühere, mystische Erklärung, weil aus dieser neuen Erklärung statt der früheren zeremoniellen Vorschriften mit größerer Verbindlichkeit als früher die Erfüllung lebendiger, sittlicher Forderungen entspringt.«[22] Die »neue Erklärung« des Sinns des menschlichen Lebens und die »lebendigen, sittlichen Forderungen« hängen ursächlich zusammen: die Gewaltlosigkeit soll die Gesellschaft bringen, in der keine Gewalt mehr, sondern nur noch (herzlich allgemeine) Liebe herrscht, eine Gesellschaft, deren detailliertes Bild Tolstoj allerdings nicht entwirft; Tolstoj genügt allzu oft der rhetorisch ausgeschmückte Hinweis, die Empfehlung, es doch einmal auf diese, die neue Art zu versuchen, nachdem die alte Art – sein Paradebeispiel: die französische Revolution – keine wesentliche Änderung der Verhältnisse erbracht hat. Der gewaltlose Widerstand erscheint als

Taktik, zugleich aber auch als das Ziel seines Christentums: diese Gesellschaft zu erreichen. Er bedeutet in Tolstojs Vorstellungen jedoch keineswegs ein apathisch-passivistisches Erdulden der Gewalt, sondern im Gegenteil ein aktives und, wie die Reaktion der zaristischen Bürokratie zur Genüge bewies, eminent politisches Programm. Freilich eines, das, wie marxistische Theoretiker erkannten, nicht zur gewaltsam-revolutionären Umwandlung der gesellschaftlichen Verhältnisse taugte.
Es wäre müßig, sämtliche Differenzen zwischen der Lehre Tolstojs und der des Marxismus zu erklären: sie sind offenkundig, nicht zuletzt deshalb, weil sie oft genug kundgetan worden sind. Wichtig scheint dagegen noch immer, darauf hinzuweisen, worin sich marxistische und Tolstojsche Gesellschaftskritik wesentlich ähneln, worin sie einander wesenhaft verwandt sind: in der Kritik der bestehenden sozialen Ordnung, besonders der irrationalen Autorität, hinter der politische Gewalt sich verbirgt, unkontrolliert, unkontrollierbar. Die Entwicklung der marxistischen Lehre, die mit der Oktoberrevolution insofern in ein neues und entscheidendes Stadium trat, als der ehemals kritische Marxismus die Gewalt nicht nur übernahm, sondern, statt sie abzubauen, festigte und autoritär jede wesentliche Kritik an sich selbst unterband, verweist die Kongruenz der Ziele Tolstojs und des Marxismus-Leninismus in einen rein verbalen Bereich und läßt die Koinzidenz der Tolstojschen Vorstellungen mit denen des Anarchismus deutlicher hervortreten; »Anarchismus«, allerdings in dem Sinne verstanden, wie ihn Daniel Guérin[23] definiert und wie ihn auch Tolstoj, nämlich im »ursprünglichen Sinn des Wortes«, verstand. Anarchie ist für Guérin – wie für Tolstoj – nicht dasselbe wie »Morde, Explosionen, Bürgerkrieg«, sondern (Guérin:) »vor allem gleichbedeutend mit Sozialismus. Der Anarchist ist in erster Linie ein Sozialist; seine Ziele sind die Abschaffung der Ausbeutung des Menschen durch den Menschen, die Aufhebung des Staates und die Errichtung einer nichtrepressiven Gesellschaft; im Zentrum seiner politischen Aktivi-

tät und seiner Theorie steht der sozialistische Freiheitsgedanke.« Die Anarchisten »lehnen nicht ›die Politik‹, sondern nur die bürgerliche Politik ab. Sie verurteilen die politische Revolution nur, wenn sie der Sozialrevolution vorangehen soll, und distanzieren sich von politischen Bewegungen, die nicht die Emanzipation der Arbeiter zum ersten und direkten Ziel haben.«[24] Es ist klar, was Tolstoj von den Anarchisten des 19. Jahrhunderts trennt – sein »Christentum«, die strikte Befolgung des Gebotes, niemandem Gewalt anzutun, und das Entsetzen vor den »anarchistischen« Attentaten.
In seiner Kritik der Staatsgewalt und der Herrschaftsmethoden jedoch, auch in der Vehemenz seiner Kritik, gibt Tolstoj den Vätern des Anarchismus nichts nach. Er bekämpft, was Stirner und Proudhon, Bakunin und Volin auf ihre Weise, differenzierter als Tolstoj und konziser, bekämpft haben: nicht nur den Absolutismus, die zaristische Despotie, sondern auch »eine feste Demokratie, scheinbar auf der Diktatur der Massen begründet, aber in der die Massen nur soviel Macht haben, wie zur Sicherung der allgemeinen Sklaverei notwendig ist, nach folgenden, dem alten Absolutismus entliehenen Formeln und Grundsätzen: Herrschaft der Gewalt; völlige Zentralisierung; systematische Zerstörung jedes persönlichen-korporativen und lokalen, möglicherweise die Eintracht gefährdenden Gedankens; inquisitorische Polizei« (Proudhon).[25] Nicht nur der absehbaren Gewaltanwendung wegen, sondern auch aus diesem Grunde lehnte Tolstoj die Revolution ab: die Revolution würde nicht zwangsläufig auch den Staat beseitigen. Wie es düster-prophetisch auch Bakunin formuliert hatte: »Nehmt den radikalsten Revolutionär und setzt ihn auf den Thron aller Reussen oder verleiht ihm eine diktatoriale Macht [. . .], und ehe ein Jahr vergeht, wird er schlimmer als der Zar selbst geworden sein.«[26]
In Rußland vergingen dreieinhalb Jahre, bis 1921 der Kronstädter Aufstand niedergeschlagen wurde. Volin (V. M. Ejchenbaum) hat beschrieben, wie rasch im revolutionären

Rußland aus der Diktatur *des* Proletariats die Diktatur *über das* Proletariat wurde, wie rasch und aus welchen Gründen die Republik der Räte zum autoritär-sozialistischen Sowjetstaat degenerierte und die anarchistisch-syndikalistische Volksbewegung durch die Parteikader paralysiert wurde[27]. Es ist nicht geklärt, welche Rolle Tolstojs politischen Schriften im russischen Volksaufstand 1917 zugeschrieben werden muß. Doch sein moralischer Protest, seine flammenden Aufrufe gegen jede autoritär ausgeübte Herrschaft behält Aktualität in jeder Gesellschaft, in der Menschen über Menschen herrschen und Menschen durch Menschen ausgebeutet werden, sei das der immer noch nicht demokratische Sozialismus, der mit der Abschaffung des Privatbesitzes an Produktionsmitteln die Entfremdung nicht abgeschafft, sondern sie durch Ersetzung einer »Elite« durch eine andere beibehalten, wenn nicht verschärft hat, sei es die spätkapitalistische Demokratie, die, »aufgeklärt« und scheinbar demokratisch, in Wirklichkeit ein Instrument der Besitzenden darstellt und, Besitz- und Herrschaftsverhältnisse verschleiernd, alles daransetzt, die Beherrschten politisch zu entmündigen. Tolstoj sah sehr genau: Revolutionen und unterdrückte Revolutionen hatte es viele gegeben. »Die äußeren Formen veränderten sich, aber wenn die wesentlichen Züge der Staatsordnung: die Herrschaft einzelner über viele, die Korruption, die Lüge, die Angst der herrschenden Klassen vor den Unterdrückten, und alle Erniedrigung, Versklavung, Übertölpelung und Verbitterung der Volksmassen sich auch der Form nach veränderten, so verminderten sie sich doch nicht dem Wesen nach, sondern vermehrten und vermehren sich noch heute in merklicher Weise.«[28] Das *in autoritatem* Tolstojs bleibt aktuell, bedenkt man, wie minimal sich die Methoden politischer Herrschaft seit 1910 verändert haben; es gewinnt an Aktualität durch das soziale Ziel Tolstojs: die Gesellschaft freier und gleicher Individuen.

Peter Urban, im Frühjahr 1968

Anmerkungen

1 Eine vollständige Tolstoj-Ausgabe wurde in Rußland allerdings erst nach 1917 möglich. Die kritische Ausgabe von 1928 ff. umfaßt 90 Bände.
In Deutschland kam es nur ein einziges Mal zu einer größer angelegten Werkausgabe, die auch »Sozial-ethische Schriften« mit einbezog – es waren die *Sämtlichen Werke,* im Diederichs-Verlag herausgegeben von Raphael Löwenfeld 1901–1911. Diese Ausgabe erschien, neu geordnet, nochmals in 35 Bänden zwischen 1910 und 1912. Die Rubrik der »Sozial-ethischen Schriften« Tolstojs umfaßte in dieser Ausgabe die Werke: *Meine Beichte* (1901), *Mein Glaube* (1902), *Was sollen wir denn thun?* (2 Bde., 1902), *Das Leben* (1902), *Das Reich Gottes ist inwendig in Euch oder Das Christentum als eine Lebensauffassung, nicht als eine mystische Lehre* (2 Bde., 1903), *Pädagogische Schriften* (2 Bde., 1907), *Was ist Kunst?* (1911), *Religiös-ethische Flugschriften* (2 Bde., 1911).
Diese Tatsache steht im Gegensatz zu der großen Verbreitung, die gerade Tolstojs politische Schriften schon im wilhelminischen Deutschland gefunden hatten. Allein die Schrift *Ich kann nicht schweigen* (1908) wurde in 200 verschiedenen Ausgaben veröffentlicht.
2 Deutsch erschienen als *Bekenntnisse,* zusammen mit dem Aufsatz *Was sollen wir denn thun?* Leipzig 1886. Unter dem Titel *Meine Beichte* 1901 in den *Sämtlichen Werken* des Diederichs-Verlags.
3 Die Briefe Ivan Turgenevs sind ein paradigmatisches Beispiel ehrerbietig-freundlicher Kritik an Tolstoj von bürgerlich-konservativer Seite. In seinem Brief vom 15. Dezember 1882 an Tolstoj weicht er einer Beurteilung der *Beichte* aus. An Grigorovič hatte Turgenev am 31. Oktober 1882 geschrieben: »Ich habe sie mit großem Interesse gelesen; die Sache ist bedeutend wegen ihrer Aufrichtigkeit, Wahrhaftigkeit und Überzeugungskraft. Aber sie ist auf falschen Voraussetzungen aufgebaut – und führt schließlich zur finsteren Negierung alles Lebenden, des menschlichen Lebens. [...] Und trotzdem ist Tolstoj fast der bedeutendste Mensch im heutigen Rußland.«
Diesem Mißverständnis entspringt die Aufforderung Turgenevs an Tolstoj, zur Literatur zurückzukehren. Vom Totenbett aus richtete

Turgenev Juni 1883 den beschwörenden Appell an Tolstoj: »Ich schreibe Ihnen eigentlich, um Ihnen zu sagen, wie glücklich ich war, Ihr Zeitgenosse zu sein, und um Ihnen meine letzte, aufrichtige Bitte auszusprechen! Mein Freund, kehren Sie zur literarischen Tätigkeit zurück! Diese Gabe ist doch, woher alles andere kommt. Ach, wie wäre ich glücklich, wenn ich glauben könnte, daß meine Bitte auf Sie wirkt! Ich bin ein Mensch, der am Ende ist, die Ärzte wissen nicht einmal, wie sie meine Krankheit nennen sollen. Névralgie stomacale goutteuse. Weder gehen, noch essen, noch schlafen, was soll es! Es ist sogar langweilig, all das zu wiederholen! Mein Freund, großer Schriftsteller des russischen Landes – erhören Sie meine Bitte! Lassen Sie es mich wissen, wenn Sie dieses Papier bekommen, und erlauben Sie noch einmal, Sie *kräftig*, kräftig zu umarmen, Ihre Frau, all die Ihren, ich kann nicht mehr, ich bin müde.« Zitiert nach: Lew Tolstoj, *Ein Briefwechsel mit russischen Schriftstellern*, Hamburg und München 1964, S. 154–57.

4 Dmitrij Merežkovskij (1865–1941). »Seine Deutung der Persönlichkeiten Tolstojs und Dostoevskijs war in der russischen Literatur viele Jahre hindurch maßgebend. Aber wie alle seine Schöpfungen ist auch dieses Buch eine mehr oder weniger geistreich konstruierte Antithese, die bis zum Exzeß durchgeführt wird, um auch die winzigste Einzelheit in Leben, Werk und Religion zu deuten und in ein Schema zu pressen. Nach Merežkovskijs Deutung ist Tolstoj der große Heide und Pantheist, der ›Seher des Fleisches‹ – eine Halbwahrheit, die zu entdecken 1900 durchaus verdienstvoll war; Dostoevskij ist der große Christ, der ›Seher des Geistes‹ – eine zweite Halbwahrheit, die zu finden weniger schwierig war. [. . .] Der ›große Heide‹ wird fortwährend vor dem ›großen Christen‹ herabgesetzt. Dostoevskij und die messianische Mission Rußlands wird überall mit Nachdruck betont.« D. S. Mirskij in seiner *Geschichte der russischen Literatur*, München 1964, S. 383. Merežkovskijs Werk *Tolstoj und Dostojewski* erschien 1903 auf Deutsch und war auch lange, länger noch als in Rußland, das maßgebende Tolstoj-Porträt.

5 *Lev Nikolaevič Tolstoj* (1910), in: N. Lenin/G. Plechanow, *L. N. Tolstoi im Spiegel des Marxismus*, Wien-Berlin 1928, S. 44–46. *Novoe vremja* – große russische Tageszeitung in Petersburg, erschien 1876 bis 1917.

6 Lenin, op. cit., S. 46. Siehe auch den Aufsatz *Tolstoj als Spiegel der russischen Revolution* (1908), S. 182 ff. dieser Ausgabe.
7 *L. N. Tolstoj,* Vortrag, gehalten in der Sektion für Literatur und Kunst der Kommunistischen Akademie, 1928. In: N. Lenin/G. Plechanow, *L. N. Tolstoi im Spiegel des Marxismus,* wo dieser Aufsatz als Einleitung figuriert, S. 31.
Vladimir M. Friče (1870–1929), orthodox-»marxistischer« Kritiker, der zu den treuesten Feinden des Formalismus gehörte. Seinen Tolstoj-Aufsatz nennt schon ein deutscher Rezensent in der *Gesellschaft* (1. Jahrgang) ein Schulbeispiel »pseudomarxistischer Literatursoziologie«.
8 Boris Ejchenbaum (1886–1959), einer der maßgeblichen Theoretiker der Formalisten. *Aufsätze zur Theorie und Geschichte der Literatur* erschienen deutsch 1965 erstmals in der ›edition suhrkamp‹; s. dort den Aufsatz *Tolstojs Krisen* (1920), S. 143–48, sowie S. 177 dieser Ausgabe. Ejchenbaum arbeitete auch später noch über Tolstoj: *Molodoj Tolstoj,* 1922; *Lev Tolstoj,* 2. Bde., Leningrad 1928–31.
9 Viktor Šklovskij (geb. 1893), neben Boris Ejchenbaum, Roman Jakobson und Jurij Tynjanov der bedeutendste Vertreter des Formalismus. Über Tolstoj äußert sich Šklovskij in seinem berühmten Aufsatz *Kunst als Kunstgriff* (1917), deutsch in: *Theorie der Prosa,* Frankfurt 1966, S. 7–27. Šklovskij hat später noch mehrmals über Tolstoj gearbeitet: *Vojna i mir L'va Tolstogo (formal'no-sociologičeskoe issledovanie),* 1928, *Material i stil' v romane L. N. Tolstogo Vojna i mir,* Moskau 1928, *Zametki o proze russkich klassikov,* Moskau 1953, *Chudožestvennaja proza,* 1961, u. a. Von Šklovskij erschienen auf deutsch: *Viktor Šklovskijs sentimentale Reise,* Frankfurt 1964, *Erinnerungen an Majakovskij,* Frankfurt 1966 (beide Insel Verlag), *Zoo oder Briefe nicht über die Liebe,* 1965, *Schriften zum Film,* 1966 (beide ›edition suhrkamp‹).
10 Dazu Victor Erlich, *Russischer Formalismus,* München 1964, die Kapitel *Marxismus contra Formalismus* und *Krise und Zusammenbruch,* S. 109–156.
11 Georg Lukács, *Der russische Realismus in der Weltliteratur,* Berlin 1949. Dort besonders der Aufsatz *Leo Tolstoi und die Entwicklung des Realismus* (1936), S. 56–173, auch: *Leo Tolstoi und die westliche Literatur* (1944), S. 263–293.
12 Lukács, op. cit., S. 171. Lukács stellt zwar klar, daß sich Tol-

stojs Kritik der modernen Kunst keineswegs gegen jede Kunst richtete, sondern nur gegen die »dekadente Pseudokunst der Gegenwart«, »also gegen die moderne bürgerliche Kunst«; sie »stellt im Gegenteil der Pseudokunst stets die wirkliche, echte, große und volkstümliche Kunst gegenüber« (S. 161). Doch was Lukács als Kriterien für die »große Kunst« angibt, deckt sich genau mit den Grundforderungen des sozialistischen Realismus. Abgesehen davon, daß keineswegs erwiesen ist, ob große Kunst immer volkstümlich gewesen ist (allzuoft war das genaue Gegenteil der Fall), mißversteht Lukács auch die wirkliche Beziehungen zwischen Volk und Kunst. Gewiß: »Tolstoj stellt die Frage: für wen und von wem wird diese Kunst gemacht? Seine Antwort ist: für die müßigen Menschen der herrschenden Klasse. Die Millionenmassen des werktätigen Volkes wissen überhaupt nicht, daß eine solche Kunst existiert; und wenn sie von ihr auch Kenntnis hätten, so könnten sie gefühlsmäßig keinen Zugang zu ihr finden.« Der von Lukács anerkannte Lenin hatte dieses Verhältnis richtiger formuliert: »Der Künstler Tolstoj ist selbst in Rußland nur einer verschwindenden Minderheit bekannt. Damit seine hervorragenden Werke wirklich zum Gemeingut *aller* werden, ist Kampf und wieder Kampf gegen jene Gesellschaftsordnung notwendig, die Millionen und Millionen zu Finsternis und Trübsal, zu Zwangsarbeit und Elend verurteilt, ist der sozialistische Umsturz notwendig.« (*L. N. Tolstoi,* op. cit., S. 41). Lukács fordert autoritär wie die Theoretiker des sozialistischen Realismus, daß sich die Künstler den bestehenden Verhältnissen: dem Geschmack und dem Kunstverstand des Volkes anpassen, statt das Volk durch verstärkte Bildung und Erziehung zum Verständnis auch komplizierterer moderner Kunstwerke bringen zu wollen; er zäumt damit das Pferd von hinten auf.

13 Tolstoj hat Ende der fünfziger Jahre in Jasnaja Poljana bekanntlich eine Schule eingerichtet, in der er selbst unterrichtete; zwischen 1859 und 1862 hatte er 14 Schulen gegründet, die 1862 sämtlich von der Polizei geschlossen wurden. Die Zeitschrift *Jasnaja Poljana* wurde mit der Dezember-Ausgabe 1862 eingestellt. Eine Auswahl aus den dort publizierten Schriften erschien, ausgewählt von Theodor Rutt, 1960 in Paderborn.

14 Šklovskij, op. cit., S. 15.

15 Op. cit., S. 20.

16 *Was ist Kunst?* zitiert nach der Ausgabe des Globus Verlags, Berlin o. J., S. 6.
17 Op. cit., S. 96.
18 *Die Bedeutung der russischen Revolution* (1906), deutsch: 1907, S. 6. Vgl. auch Kap. 7 in *Eines ist not,* S. 63 dieser Ausgabe.
19 Karl Marx, Friedrich Engels, *Manifest der Kommunistischen Partei,* Berlin 1959, S. XVI.
20 Lenin, *Lev Nikolaevič Tolstoj* (1910), in: N. Lenin/G. Plechanow, *L. N. Tolstoi im Spiegel des Marxismus,* S. 42.
21 Besonders in denjenigen Kapiteln, die die Situation in Moskau unter französischer Besatzung darstellen, im 10. Kapitel des IV. Bandes, Teil 2:
»Doch seltsam! alle diese Verordnungen, Arbeiten und Pläne, die durchaus nicht schlechter waren als andere in ähnlichen Fällen, berührten nicht den Kern der Sache, sondern drehten sich wie die Zeiger eines vom Uhrwerk losgelösten Zifferblattes willkürlich und zwecklos im Kreis, ohne in die Räder einzugreifen. [...]
In diplomatischer Hinsicht erwiesen sich alle schönen Reden Napoleons über seine Großmut und Gerechtigkeitsliebe als zwecklos, sowohl Tutolmin als auch Jakowlew gegenüber, dem es nur darauf ankam, einen Mantel und ein Fuhrwerk zu erhalten: Alexander empfing diese Abgesandten nicht und gab auf beide Sendschreiben keine Antwort.« Zitiert nach *Krieg und Frieden,* deutsch von M. Kegel, Zürich o. J., S. 1365, 1366.
22 Kap. 11 des Essays *Eines ist not,* S. 63 dieser Ausgabe.
23 Daniel Guérin, *Anarchismus. Begriff und Praxis,* Frankfurt 1967 (›edition suhrkamp‹).
24 Guérin, op. cit., S. 12.
25 Zitiert nach Guérin, op. cit., S. 22.
26 Bakunin in: *La Science et la tâche révolutionnaire urgente,* Genf 1870, zit. nach Guérin, S. 26.
27 Vgl. dazu Guérins Darstellung *Der Anarchismus in der Russischen Revolution,* op. cit., S. 72–94.
28 Vgl. *Das Gesetz der Gewalt,* 1908, S. 154 dieser Ausgabe.

Krieg und Vernunft

Im Jahre 1896 war in Holland ein junger Mann namens Van der Ver zum Eintritt in die Nationalgarde aufgefordert worden. Die Aufforderung des Kommandeurs beantwortete Van der Ver in folgendem Brief:

»*Du sollst nicht töten!*

Herrn Herrmann Sneiders,
Kommandeur der Nationalgarde des Middelburgischen Kreises

Geehrter Herr!
Vorige Woche bekam ich ein Schriftstück, in dem mir *befohlen* wurde, im Stadthaus zu erscheinen, um den Gesetzen entsprechend in der Nationalgarde aufgenommen zu werden. Wie Sie wohl bemerkt haben werden, war ich nicht erschienen und mit dem gegenwärtigen Briefe bezwecke ich, Ihnen offen und gerade heraus zu sagen, daß ich beabsichtige, nicht vor der Kommission zu erscheinen. Ich weiß sehr wohl, daß ich mich dadurch einer schweren Verantwortlichkeit unterziehe, daß Sie mich bestrafen können und daß Sie nicht verfehlen werden, von diesem Ihrem Rechte Gebrauch zu machen. Doch das jagt mir keine Furcht ein. Die Gründe, die mich zwingen, mich so passiv zu verhalten, bieten mir ein genügend bedeutendes Gegengewicht dieser Verantwortlichkeit.
Besser als die meisten Christen verstehe ich, trotzdem ich kein Christ bin, das Gebot, das an der Spitze dieses Briefes steht, das Gebot, welches der menschlichen Natur und dem Verstand eigen ist. Als ich noch ein Kind war, gestattete ich, daß man mir das Soldatenhandwerk lehrte – die Kunst zu morden, jetzt aber weigere ich mich! Insbesondere habe ich keine Lust, auf Kommando zu morden, was mir als ein Morden gegen das Gewissen, ohne jeden persönlichen Antrieb oder Grund dazu erscheint. Können Sie mir etwas, was für das menschliche

Wesen erniedrigender wäre, als das Vollbringen ähnlicher Morde oder Schlächtereien, nennen? Ich kann weder selbst töten, noch zusehen, wie ein Tier geschlachtet wird, und damit meinethalben keine Tiere geschlachtet würden, wurde ich Vegetarier. Und in dem gegebenen Falle könnte man mir ›befehlen‹, auf Leute zu schießen, die mir nie etwas Böses getan haben: ich denke, daß die Soldaten doch das Schießen nicht dazu einüben, um auf Blätter oder auf Zweige von Bäumen zu schießen.
Aber Sie werden mir vielleicht erwidern, daß die Nationalgarde ebenso und vor allen Dingen zur Erhaltung der Ordnung im Lande dient.
Herr Kommandeur! Wenn wirklich in unserer Gesellschaft die Ordnung herrschte, wenn der gesellschaftliche Organismus in der Tat gesund wäre, d. h. wenn es in den gesellschaftlichen Beziehungen keine himmelschreienden Mißbräuche gäbe, wenn es nicht gestattet wäre, daß einer Hungers stirbt, während der andere sich alle Gelüste des Luxus gewähren kann – ja, dann würden Sie mich in den ersten Reihen der Verteidiger dieser Ordnung gesehen haben; so aber weigere ich mich, der Erhaltung der jetzigen sogenannten Ordnung beizusteuern. Weshalb Sand in die Augen sich streuen, Herr Kommandeur? Wir wissen doch beide zu gut, was es heißt, diese Ordnung zu erhalten: es heißt, die Reichen gegen die armen Arbeitenden zu unterstützen, welche nun beginnen, ihre Rechte zu erkennen. Haben wir denn nicht die Rolle gesehen, in der sich Ihre Nationalgarde bei dem letzten Streik in Rotterdam gefiel: ohne jeden Grund befand sich diese Garde ganze Stunden im Dienste, nur um das Hab und Gut der bedrohten Firmen zu verteidigen. Und können Sie einen Augenblick nur glauben, daß ich mich dazu hergeben werde, Leute zu verteidigen, die nach meiner aufrichtigen Überzeugung den Kampf zwischen Kapital und Arbeit unterstützen – daß ich auf Arbeiter schießen werde, die voll und ganz in den Grenzen ihres Rechtes handeln? Sie können doch nicht so blind

sein! Denn wozu die Sache noch komplizierter machen? Ich kann doch wirklich nicht gestatten, daß ich zum gehorsamen Nationalgardisten ausgebildet werde, wie Sie ihn wünschen und brauchen.
Auf Grund aller dieser Ursachen, insbesondere aber deshalb, weil ich das Morden auf Kommando hasse, weigere ich mich, in den Dienst der Nationalgarde zu treten und bitte Sie, mir weder eine Uniform noch Waffen zuzuschicken, da ich die unumstößliche Absicht habe, sie nicht zu gebrauchen.
Ich begrüße Sie, Herr Kommandeur!

J. K. Van der Ver«

Dieser Brief hat meiner Meinung nach eine sehr große Bedeutung.
Die Weigerungen, Militärdienste zu leisten, traten in den christlichen Staaten seit der Zeit auf, als der Militärdienst entstand, oder richtiger gesagt, seit der Zeit, als die Staaten, deren Macht auf Gewalt beruht, das Christentum angenommen haben, ohne von der Gewalt sich losgesagt zu haben.
Wahre Christen gab es stets nur wenig, die größte Mehrzahl der Menschen christlicher Staaten wurde den Christen zugerechnet, weil sie den kirchlichen Glauben bekannten, der mit dem wahren Christentum nur den Namen gemein hat. Daß dann und wann einer unter den Zehntausenden, die Militärdienste leisteten, sich weigerte, in den Militärdienst zu treten, hatte nicht im geringsten jene Millionen von Menschen schwankend gemacht, die jedes Jahr zum Militär gingen.
»Es ist doch aber unmöglich, daß jene ungeheure Menge von Christen, die Militärdienste leisten, sich im Irrtum befindet und nur die Ausnahmen recht haben – die Ausnahmen, häufig Menschen mit geringer Bildung, während doch Erzbischöfe und Gelehrte erklären, der Militärdienst befände sich nicht im Widerspruch mit dem Christentum.« So sagte sich die große Menge, und indem sie fortfuhren, sich für Christen zu halten, traten sie in die Reihen der Mörder.

Aber da kommt ein Mann, Nichtchrist, wie er von sich selber sagt, und weigert sich Militärdienste zu leisten, nicht aus religiösen, sondern aus den allereinfachsten Gründen, die jeder Mensch begreift und die jedem Menschen zugänglich sind, gleichviel welcher Konfession und welcher Nationalität, gleichviel ob Katholik, Mohamedaner, Buddhist, Konfutsianer, Spanier, Araber, Japaner ...

Hätte Van der Ver als Grund seiner Weigerung seine Zugehörigkeit zu irgend einer christlichen Konfession angeführt, könnten Leute, denen der Militärdienst bevorsteht, sagen: »Ich bin nicht Sektierer und erkenne das Christentum nicht an, daher brauche ich auch nicht so zu handeln.« Die Gründe von Van der Ver sind aber so einfach, so klar und allen Menschen so zugänglich, daß man sie auf sich selbst anwenden muß. Will man diese Gründe für sich nicht anerkennen, dann muß man sagen: »Ich liebe den Mord und bin bereit, nicht nur die Feinde, sondern auch meine bedrückten und unglücklichen Landsleute zu töten und finde nichts Schlechtes in der Verpflichtung, auf Befehl des ersten besten Chefs alle die zu töten, die er zu töten befehlen sollte.«

Und doch ist alles so klar.

Der junge Mensch lebt; gleichviel in welchem Stande und in welcher Konfession er aufgewachsen ist, man lehrt ihn, gut sein und daß es schlecht sei, nicht nur einen Menschen, sondern selbst ein Tier zu schlagen und zu töten, man sagt ihm, daß ein Mensch seine Würde hoch schätzen müsse und daß diese Würde darin bestehe, seinem Gewissen entsprechend zu handeln. Das wird in gleicher Weise sowohl dem chinesischen Konfutsianer, wie auch dem japanischen Schintoisten oder Buddhisten oder auch dem türkischen Mohamedaner beigebracht. Und nun, nachdem man ihm das alles beigebracht hat, tritt er in den Militärdienst, wo man von ihm gerade das Gegenteil von dem verlangt, was man ihn lehrte: man befiehlt ihm, sich vorzubereiten, nicht nur Tiere, sondern auch Menschen zu verwunden und zu töten, man heißt ihn sich von sei-

ner Menschenwürde lossagen, um in den Sachen des Mordens unbekannten Menschen zu gehorchen. Was kann auf ein solches Verlangen ein Mann unserer Zeit erwidern? Doch wohl nur eines: ich will und kann es nicht tun.
Dasselbe tat auch Van der Ver. Und es ist schwer zu sagen, was er und diejenigen Menschen, die sich in seiner Lage befinden, anderes antworten könnten.
Man kann die Andeutung einer Tat nicht erfassen, solange sie nicht aufgeklärt ist, – ist dies aber geschehen, so muß man sehend werden. Aber man kann sich verstellen und angeblich nicht sehen, was ganz klar ist!
Vielleicht findet sich auch jetzt noch ein Mensch, der nicht daran denkt, was er tut, wenn er in den Militärdienst eintritt; es finden sich vielleicht noch solche Menschen, die den Krieg mit fremden Völkern oder die fernere Unterdrückung der Arbeiter wünschen, oder es gibt selbst noch solche Leute, die den Mord um des Mordes willen lieben. Solche Leute können Krieger sein, aber sogar diese Leute müssen jetzt schon wissen, daß es Leute und die besten Leute des Weltalls nicht nur unter Christen, sondern auch unter Mohamedanern, Brahmanen, Buddhisten, Konfutsianern gibt, die mit Widerwillen und Verachtung auf den Krieg und das Militär herabschauen; und daß die Zahl dieser Menschen sich mit jeder Stunde steigert. Keine Beweisgründe werden vermögen, jene einfache Wahrheit umzustoßen, daß ein Mensch, der sich selbst schätzt, nicht Sklave eines unbekannten und selbst eines bekannten Herrn werden kann, der mörderische Absichten hat. Und gerade darin besteht der Militärdienst mit seiner Disziplin.
»Aber Sie vergessen die Verantwortlichkeit, welche derjenige auf sich ladet, der nicht dienen will«, sagt man mir, »Sie haben gut Märtyrertum predigen, wo Sie alt, durch Ihre Stellung gesichert sind und dieser Versuchung nicht mehr unterliegen; aber wie wird es denen ergehen, zu denen Sie predigen und die Ihnen vertraut haben und sich weigern zu dienen und ihr junges Leben ruinieren?«

»Ja, was soll ich aber tun?« erwidere ich diesen Leuten. Soll ich denn deshalb, weil ich alt bin, auf jenes Übel nicht hinweisen, welches ich gerade darum deutlich und klar erkenne, weil ich alt bin, lange gelebt und viel nachgedacht habe? Nehmen wir zum Beispiel einen Räuber, der am Ufer eines Flusses einen Menschen zwingen will, einen anderen Menschen zu töten. Soll ich nun diesem Mörder nicht zurufen: »Halte ein!« nur darum, weil ich am anderen Ufer dem Räuber unerreichbar bin und ihn aller Wahrscheinlichkeit nach durch meine Einmischung nur noch mehr reizen würde? Überdies sehe ich gar nicht ein, weshalb die Regierung, welche diejenigen verfolgt, die sich weigern zu dienen, ihre Strafen auf mich nicht anwenden sollte, indem sie in mir den Anstifter dieser Weigerungen sucht. Ich bin nicht so alt, daß ich nicht verfolgt und bestraft werden könnte, und was meine Position betrifft, so schützt sie mich doch nicht. Jedenfalls, gleichviel ob man mich verfolgen wird oder nicht, wird man doch diejenigen verurteilen und verfolgen, die sich weigern zu dienen – darum, so lange ich lebe, werde ich nicht aufhören, das auszusprechen, was ich jetzt ausspreche, weil ich nicht aufhören kann zu handeln, wie mir mein Gewissen vorschreibt.
Darin liegt auch die Kraft und Unbesiegbarkeit des Christentums, d. h. der Lehre von der Wahrheit, daß dasselbe, um auf die Menschen zu wirken, keine Unterstützung von außen her braucht. Gleichviel, ob man jung oder alt ist, ob man verfolgt wird oder nicht – hat man sich einmal die christliche, d. h. die wahre Lebensanschauung angeeignet, so kann man von den Forderungen seines Gewissens nicht mehr zurücktreten. Darin besteht das Wesen und die Sonderheit des Christentums gegenüber allen anderen religiösen Lehren, und darin liegt seine unbesiegbare Macht.
Wie ein Feuer auf einer Steppe oder im Walde so lange brennt, bis es alles Trockene, Abgestorbene, das dem Brennprozeß unterliegt, verbrannt hat, so wird eine in Worten einmal ausgedrückte Wahrheit so lange wirken, bis sie die ganze Lüge,

die der Vernichtung unterliegt und die an allen Seiten die Wahrheit umgibt und sie verhüllt, vernichtet haben wird. Das Feuer glimmt lange, sobald es aber entfacht ist, verbrennt es alles leicht Verbrennbare. Ebenso will der Gedanke, der keinen Ausdruck findet, lange heraus, findet er endlich einen deutlichen Ausdruck in Worten, dann gehen das Übel und die Lüge sehr bald zugrunde. Eine der privaten Äußerungen des Christentums – der Gedanke, daß die Menschheit ohne Sklaverei leben kann – war zwar im Christentum aufgenommen worden, erhielt aber seinen deutlichen Ausdruck, wie ich glaube, erst bei den Schriftstellern am Ende des XVIII. Jahrhunderts. Bis zu dieser Zeit jedoch haben nicht nur die alten Heiden – Plato und Aristoteles – sondern selbst Leute, die uns näher stehen und Christen, nicht vermocht, sich die menschliche Gesellschaft ohne die Sklaverei vorzustellen.
Thomas Moore konnte sich die Utopie nicht ohne Sklaverei denken. In gleicher Weise konnten sich die Menschen am Anfang dieses Jahrhunderts das Leben der Menschheit nicht ohne Krieg denken. Erst nach den Napoleonischen Kriegen wurde der Gedanke klar geäußert, daß die Menschheit ohne Krieg leben könne. Es verstrichen kaum hundert Jahre seit der Zeit, wo der Gedanke klar ausgesprochen wurde, daß die Menschheit ohne Sklaverei leben könne, und unter den Christen gab es keine Sklaverei, und es werden keine hundert Jahre seit jenem Ausspruch vergehen, und es wird keinen Krieg mehr geben! Es ist sehr möglich, daß der Krieg nicht vollständig abgeschafft würde, wie die Sklaverei auch nicht endgültig abgeschafft wurde. Es ist sehr möglich, daß die militärische Gewalttätigkeit noch bestehen wird, wie die Lohnarbeit nach dem Abschaffen der Sklaverei besteht, jedenfalls aber werden der Krieg und das Heer in der der Vernunft und dem sittlichen Gefühl zuwiderlaufenden Form, die sie jetzt haben, nicht mehr bestehen.
Und es sprechen sehr viele Anzeichen dafür, daß diese Zeit nahe ist; diese Anzeichen sind an der verzwickten Lage der

Regierungen, die immer mehr ihre Bewaffnungen vergrößern, und in der immer steigenden Schwere der Lasten und der Volksunzufriedenheit, in dem höchsten Grade der Tödlichkeit der Kriegsgeschütze, an der Tätigkeit der Kongresse und der Friedensgesellschaften – vor allem aber an den Weigerungen einzelner Personen, zu dienen, zu konstatieren. In diesen Weigerungen liegt der Schlüssel zur Lösung der Frage.
Jedes Anerkennen einer Wahrheit, oder richtiger gesagt, jede Befreiung von irgend einem Irrtum – wie es die Sklaverei war – wird stets nach einem schweren Kampfe zwischen dem Bewußtsein des Menschen und der Anziehungskraft des früheren Zustandes erreicht.
Anfangs ist die Anziehungskraft so stark und das Bewußtsein so schwach, daß der erste Versuch, sich vom Irrtum zu befreien, nur mit Kopfschütteln begrüßt wird. Die neue Wahrheit wird als Unsinn hingestellt. »Kann man denn ohne Sklaverei leben? Wer wird dann arbeiten? Kann man denn ohne Kriegführen leben? Jeder wird kommen und uns besiegen.« Aber die Kraft des Bewußtseins steigert sich, die Anziehungskraft schwächt sich ab, und an Stelle des ersten Kopfschütteln treten Spott und Verachtung. »Die heilige Schrift erkennt Herren und Diener. Solche Beziehungen bestanden ewig. – Und nun haben sich solche kluge Leute herausgefunden, die die ganze Welt auf den Kopf stellen wollen.« So sprach man von der Sklaverei. »Alle Gelehrten und Weisen haben die Gesetzlichkeit und selbst die Heiligkeit des Krieges anerkannt, und plötzlich sollen wir glauben, daß man nicht Krieg zu führen brauche!« So sprechen sie in bezug auf den Krieg. Aber das Bewußtsein steigt und klärt sich auf; die Zahl derer, die die neue Wahrheit anerkennen, wird immer größer und größer, und an Stelle des Spottes und der Verachtung treten nun Schlauheit und Betrug. Die Menschen, die die Verirrung unterstützen, stellen sich so, als wenn sie die Unvernunft, die Grausamkeit jener Maßregel begreifen und erkennen, welche sie verteidigen, sie halten aber ihre Ab-

schaffung im gegebenen Augenblick für unmöglich und verschieben sie auf eine unbestimmte Zeit. »Wer weiß es denn nicht, daß die Sklaverei schlecht ist, aber die Menschen sind für die Freiheit nicht reif, und die Befreiung würde großes Unglück anstiften.« So sprach man vor 40 Jahren von der Sklaverei. »Wer weiß es denn nicht, daß der Krieg ein Übel ist. Solange aber die Menschheit noch so tierähnlich ist, würde die Abschaffung des Heeres mehr Böses als Gutes stiften.« So spricht man jetzt vom Kriege. Doch der Gedanke verrichtet seine Arbeit, wächst und verbrennt die Lüge, und es kommt die Zeit, wo Unvernunft, Ziellosigkeit, Schädlichkeit und Unsittlichkeit der Verirrung so deutlich vor die Augen treten, daß sie nicht länger zu verteidigen sind. (Dasselbe spielte sich in den 60er Jahren in Rußland und Amerika hinsichtlich der Sklaverei ab.) So steht es jetzt in der Sache des Kriegführens. Wie man seinerzeit nicht versuchte, die Sklaverei zu rechtfertigen, sondern sie bloß noch hielt, so werden jetzt keine Versuche gemacht, den Krieg und das Heer zu rechtfertigen, sondern man übergeht alles mit Schweigen, wobei man jene Anziehungskraft benutzt, die noch immer den Krieg und Heer halten, indem man wohl weiß, daß diese ganze so machtvoll erscheinende, grausame und unmoralische Organisation des Mordens jeden Augenblick umstürzen kann und sich nicht wieder emporheben wird. Aber es braucht nur ein Tropfen Wasser durch den Damm hindurchgesickert oder ein Ziegelstein aus einem großen Gebäude herausgefallen zu sein oder eine Masche aus einem festen Netz sich gelöst haben, so rutscht der Damm, das Gebäude stürzt ein, das Netz geht entzwei: ein solcher Tropfen Wasser, ein solcher Stein, eine solche Masche ist die allgemein begründete Weigerung Van der Vers. Van der Vers Weigerung müßten immer häufiger noch weitere Weigerungen folgen, und sobald die Zahl derselben groß geworden ist, so werden dieselben Menschen, die noch gestern behaupteten, daß man ohne Kriegführen nicht auskommen könne, nunmehr sagen, daß sie schon lange die

Widersinnigkeit und Unsittlichkeit des Krieges predigen und ihnen raten, so zu handeln, wie Van der Ver gehandelt hat und vom Krieg und Heer in der Form, wie sie jetzt bestehen, wird nur eine bloße Erinnerung zurückbleiben.
Und diese Zeit ist nahe.

Jasnaja Poljana, 1896

Du sollst nicht töten!

Wenn Könige durch Gerichtsurteile hingerichtet werden, wie Karl I., Ludwig XVI. und Maximilian von Mexiko es wurden, oder wenn sie in Palastrevolutionen ermordet werden, wie Peter III., Zar Paul und verschiedene Sultans und Schahs, verliert gewöhnlich kein Mensch ein Wort darüber; aber wenn sie ohne Gerichtsurteile und ohne Palastrevolutionen ermordet werden, wie Heinrich IV., Alexander II., die Kaiserin von Österreich, der Schah von Persien und kürzlich König Humbert von Italien wurden, so erregen solche Mordtaten die größte Verwunderung und Entrüstung unter Königen, Kaisern und denen, die ihnen nahestehen, als wenn sie selber nie an Mordtaten teilgenommen, sie nicht selbst befohlen und sich ihrer für ihre Zwecke nicht selbst bedient hätten. Und doch waren selbst die besten unter diesen ermordeten Souveränen, wie Alexander II. und König Humbert, schuldig, Zehntausende von Morden verursacht oder unterstützt zu haben, um nur die Morde an denen zu zählen, die auf den Schlachtfeldern fielen, und von den Hinrichtungen, die in ihren eigenen Ländern stattfanden, zu schweigen. Was die Kaiser und Könige, die man nicht zu den guten rechnen kann, betrifft, so waren sie schuldig an Hunderttausend und Millionen Mordtaten.

Die Lehre Christi hebt das Gesetz »Auge um Auge, Zahn um Zahn« auf. Aber die Menschen haben es immer befolgt und befolgen es in Hinrichtungen und Kriegen in erschreckendem Umfange noch; sie beschränken es sogar nicht nur auf die Anwendung des Prinzips »Auge um Auge«, sondern befehlen den Mord von Tausenden von Menschen ohne die leiseste Herausforderung an, wie es zum Beispiel bei einer Kriegserklärung der Fall ist. Diese Menschen haben daher kein Recht, empört zu sein, wenn dieses Gesetz auf sie selbst angewandt wird und in einem so unbedeutenden Maße, daß für Hunderttausende, oder vielleicht sogar für Millionen von Menschen, die auf Befehl und mit Zustimmung von Königen und Kaisern getötet wurden, kaum ein König oder Kaiser ermordet wird. Nicht nur sollten Könige und Kaiser über Morde, wie an Alexander II. und Humbert, nicht entrüstet, sondern lieber erstaunt sein über die Seltenheit dieser Mordtaten, wenn sie an das Beispiel denken, das sie selbst durch beständige und allgemeine Mordtaten der Menschheit gegeben haben.

Die große Masse der Menschen ist so durch und durch hypnotisiert, daß sie die Bedeutung dessen nicht versteht, was vor ihren Augen vorgeht. Sie sehen die Anstrengungen der Könige, Kaiser und Präsidenten die Disziplin im Heere aufrecht zu erhalten; sie wohnen den Revuen, Manövern und Paraden bei, welche sie veranstalten und mit denen sie voreinander prahlen; sie rennen begierig hin, um zu sehen, wie ihre Brüder in verschnürter, bunter und harlekinartiger Tracht sich bei Pauken- und Trompetenschall in Maschinen verwandeln, die, auf das Wort eines einzelnen Menschen hin, dieselbe Bewegung in demselben Augenblick ausführen, und verstehen nicht, was all das bedeutet! Und doch ist die Bedeutung dieser Übungen sehr einfach und klar. Es sind Vorbereitungen zum Mord!

Menschen werden in Schlaf versetzt, um sie zu Werkzeugen des Mordes zu machen. Und die, welche das tun, das befehlen und stolz darauf sind, sind die Könige, die Kaiser, die Präsidenten. Und sie sind es, die, obwohl sie den Mord zu ihrer Spezialität machen und ständig kriegerische Uniformen und Mordinstrumente, Säbel und Schwerter tragen, sich entsetzen und entrüsten, wenn einer aus ihren eigenen Reihen getötet wird!

Wenn die Ermordungen von Königen im allgemeinen, wie die von König Humbert im besonderen, schrecklich sind, so sind sie es nicht weil sie grausam und unverdient sind. Die Handlungen, die auf Befehl von Königen und Kaisern, nicht nur in der Vergangenheit – denkt an die Bartholomäusnacht, die Glaubensverfolgungen, die entsetzliche Niederwerfung der

Bauernaufstände, das Blutbad der Versailler Truppen –, sondern auch in der Gegenwart ausgeführt wurden – denkt an die staatlichen Hinrichtungen, das langsame Hinschmachten in den Gefängniszellen und Strafbataillonen, die Galgen, die Guillotine, das Erschießen und Erschlagen im Kriege –, diese Handlungen sind unvergleichlich grausamer, als die Mordtaten, die die Anarchisten begehen. Nicht also deshalb, weil sie unverdient sind, sind diese Mordtaten schrecklich. Wenn Alexander II. und König Humbert den Tod nicht verdient haben, so haben ihn noch weniger die Tausende von Russen verdient, die vor Plevna fielen und die Tausende von Italienern, die in Abessinien ums Leben kamen. Wenn diese Königsmorde schrecklich sind, so sind sie es nicht, weil sie grausam und unverdient sind, sondern wegen dem Mangel an Vernunft bei denen, die sie begehen.

Wenn die Königsmörder unter dem Einfluß eines persönlichen Gefühls der Entrüstung handeln, das durch die Leiden eines unterdrückten Volkes hervorgerufen wird, Leiden, für die ihnen Aleksandr, Carnot und Humbert verantwortlich zu sein scheinen, oder unter dem eines persönlichen Rachegefühls, so sind ihre Handlungen wie unmoralisch sie auch sein mögen, verständlich; aber wie kommt es, daß eine ganze Organisation von Menschen – Anarchisten, wie man sie heute nennt – eine Organisation, die, wie man sagt, Bresci absandte und das Leben noch anderer Kaiser bedroht, wie kommt es, daß eine solche Organisation keinen besseren Weg gefunden hat, um die Lage der Menschheit zu verbessern, als den Mord an Personen, deren Vernichtung ebenso nützlich sein mag, wie die Enthauptung jenes sagenhaften Monstrums, dem an Stelle eines abgeschlagenen Kopfes sofort ein neuer wächst? Die Könige und Kaiser haben bereits seit langem unter sich eine Organisation geschaffen, die dem Mechanismus jener Maschinengewehre ähnelt, bei dem die abgeschossene Patrone sofort durch eine andere ersetzt wird. »Le Roi est mort – vive le Roi!« Warum ihn also töten?

Nur einem oberflächlichen Beobachter kann die Ermordung dieser Leute als ein Mittel der Errettung vor der Unterdrükkung und den Kriegen erscheinen, welche die Menschenleben dezimieren.

Es genügt, daran zu erinnern, daß diese Unterdrückung und diese Kriege immer unabhängig von denen stattgefunden haben, die zufällig an der Spitze der Regierung standen: Nikolaus oder Alexander, Friedrich oder Wilhelm, Napoleon oder Louis, Joseph oder Franz, Palmerston oder Gladstone, Mac Kinley oder irgendein anderer, um zu erkennen, daß es nicht irgendwelche einzelnen Personen sind, die die Ursachen dieser Unterdrückung und dieser Kriege, unter denen die Völker leiden, bilden. Solche Übel werden nicht von einzelnen verursacht, sondern durch die gesamte Ordnung der Gesellschaft, in der die Menschen so aneinander gekettet sind, daß das Schicksal aller in den Händen weniger oder gar eines einzelnen liegt; und diese wenigen oder dieser einzelne sind durch die so unnatürliche Stellung, die ihnen Macht über das Leben und das Schicksal von Millionen verleiht, so demoralisiert, daß sie stets die Opfer eines krankhaften Zustandes, immer mehr oder weniger von einer Manie nach Größe ergriffen werden, eines Zustandes, der nur wegen ihrer Ausnahmestellung unbemerkt bleibt.

Abgesehen von der Tatsache, daß diese Menschen von frühester Kindheit an bis zum Grabe von dem unsinnigsten Luxus und einer steten Atmosphäre von Lüge und Schmeichelei umgeben sind, beschränkt sich ihre ganze Erziehung, aller Unterricht, jede Belehrung, die sie empfangen, auf diese eine Sache: auf das Studium früherer Mordtaten, auf die besten Mittel für heutige Massenmorde und auf die Vorbereitung zu künftigen Mordtaten. Von ihrer Kindheit an werden sie in allen möglichen Arten des Mordes unterrichtet; immer tragen sie Mordwerkzeuge, Säbel und Degen, mit sich; sie kleiden sich in verschiedenartige Uniformen, wohnen Paraden, Musterungen und Manövern bei, besuchen sich gegenseitig und verleihen einander Orden und Regimenter. Und nicht nur findet sich keiner, der diese Handlungen mit dem richtigen Namen nennt und der ihnen sagt, daß es verbrecherisch und widerlich sei, sich mit Vorbereitungen zum Morden zu beschäftigen, sondern sie werden im Gegenteil überall mit Enthusiasmus empfangen. Sooft sie ausreiten, bei jeder ihrer Paraden, rennt eine Menschenmenge hinter ihnen her und begrüßt sie mit Begeisterung. Es muß ihnen scheinen, als drücke das ganze Volk seine Zustimmung mit ihren Handlungen aus. Der Teil der Presse, der ihnen allein vor Augen kommt, und der ihnen der Ausdruck der Gefühle des gesamten Volkes oder seiner besten Vertreter zu sein scheint, verherrlicht in serviler Weise jedes ihrer Worte und jede ihrer Taten, wie dumm und böse sie auch sein mögen. Die Personen um sie herum – Weiber, Priester, Beamte – alles Menschen, welche keine Menschenwürde kennen, wetteifern untereinander, ihnen zu schmeicheln, sie zu ermutigen und betrügen sie in jeder Art und Weise, um sie davon abzuhalten, das Leben zu sehen, wie es in Wirklichkeit ist. Sie können hundert Jahre leben, ohne je einen freien Menschen zu sehen und je ein wahres Wort zu hören. Man erschrickt zuweilen über die Worte und die Taten dieser Menschen, aber man braucht sich nur in ihre Lage hineinzudenken, um zu begreifen, daß man an ihrer Stelle ebenso handeln würde.

Was muß es für einen Eindruck auf den Geist eines Herrschers wie Wilhelm II. machen, der, engherzig, schlecht erzogen, ehrgeizig, kein anderes Ideal hat als das eines preußischen »Junkers«, wenn er sieht, wie kein Wort von ihm dumm oder aufrührerisch genug ist, um, wenn es von ihm ausgesprochen wird, nicht ein enthusiastisches »Hoch« hervorzurufen, bewillkommt als etwas äußerst Wichtiges und kommentiert von der Presse des gesamten Erdballs! Er sagt, daß auf seinen Befehl hin die Soldaten sogar ihre Eltern töten sollen – sie schreien »Hurra!« Er sagt, daß das Evangelium mit eiserner Hand eingeführt werden müsse: »Hurra!« Er sagt, daß die Truppen, die nach China gehen, keine Gefangenen machen, sondern jeden töten sollen, und statt ihn ins Irrenhaus zu stecken, brechen sie nach China auf, um seine Befehle auszuführen. Oder man nehme Nikolaus II., der, obwohl von Natur aus bescheiden und friedlich, seine Regierung damit beginnt, ehrwürdigen Greisen zu erklären, daß ihr Wunsch, ihre eigenen Angelegenheiten zu erörtern, ihr Wunsch nach »Selbstregierung«, ein unsinniger Traum sei, und er sieht, wie die Organe der Presse, wenigstens alle, die er zu Gesicht bekommt, ihn dafür einstimmig loben! Er schlägt den Plan eines allgemeinen Friedens vor – einen kindischen, dummen und verlogenen Plan – und erläßt zu gleicher Zeit Verfügungen zur Vermehrung seiner dienstfähigen Truppen – und die Lobpreisungen seiner Weisheit und Tugend kennen keine Grenzen. Er beleidigt und quält ein ganzes Volk, die Finnen, ohne jede Notwendigkeit, grausam und unbarmherzig – und wieder hört er nichts als Beifall. Endlich setzt er das chinesische Blutbad ins Werk, empörend in seiner Ungerechtigkeit, in seiner Grausamkeit und in dem Widerspruch, in dem es zu dem Plane eines allgemeinen Friedens steht – und von allen Seiten rühmen sie zur selben Zeit seine Siege und seine Politik, mit der er wie sie sagen, die friedliche seines Vaters fortsetzt.

Was muß unter solchen Umständen in den Köpfen und den Herzen dieser Männer vor sich gehen?

Die Verantwortung für die Unterdrückung der Völker und die Metzeleien in den Kriegen fällt folgerichtig nicht auf Alexander oder auf Humbert, nicht auf Wilhelm oder Nikolaus oder Chamberlain, die Leiter dieser Unterdrückungen und dieser Metzeleien, sondern auf die, welche sie in eine Stellung gesetzt haben, in der sie Herren über das Leben anderer sind, auf die, welche sie in dieser Stellung erhalten. Nicht die Ermordung der Alexander, der Nikolaus, der Wilhelm und der Humbert ist daher also nötig, sondern ein Aufhören in der Unterstützung der gesellschaftlichen Ordnung, aus der sie hervorgehen. Die bestehende soziale Ordnung aber wird durch den Egoismus und die Blindheit der Menschen gestützt,

welche ihre Freiheit und ihre Ehre um armselige materielle Vorteile verkaufen.
Die Menschen, die auf der untersten Stufe der sozialen Leiter stehen, einerseits brutalisiert, wie sie es sind durch eine patriotische und pseudoreligiöse Erziehung, und andererseits angetrieben durch ihre persönlichen Interessen, geben ihre Freiheit und Menschenwürde hin zugunsten derer, die höher gestellt sind als sie und die ihnen materielle Vorteile bieten. Die, welche einige Sprossen höher gestellt sind, befinden sich in derselben Lage; ebenfalls infolge ihrer Verdummung und vor allem des Gewinnes wegen verzichten sie gleichermaßen auf die Freiheit und ihre Menschenwürde zugunsten anderer. Und dasselbe ist bei den noch höher stehenden der Fall, und so geht es weiter bis zu den höchsten Sprossen, bis zu den Personen oder der Person, die auf der höchsten steht, der nichts mehr zu erreichen übrigbleibt und die einzig und allein von einem Beweggrunde noch geleitet wird – dem der Herrschsucht und der Machtliebe. Die aber sind für gewöhnlich so demoralisiert und brutalisiert durch die Macht, die ihnen über Tod und Leben anderer Menschen gegeben ist und durch die Schmeicheleien und Kriechereien, mit denen sie umgeben sind, daß sie völlig davon überzeugt sind, der Menschheit Wohltaten zu erweisen, obwohl sie ständig Böses tun.
Es sind die Völker selbst, die, indem sie ihre Würde materiellen Vorteilen opfern, diese Männer erzeugen, die unfähig sind, anders zu handeln, als sie handeln, und dann werden die Völker ungehalten über ihre schlechten und törrichten Handlungen. Sie töten heißt: seine Kinder erst verwöhnen und dann sie züchtigen.
Um weitere Unterdrückung der nutzlosen Kriege zu verhüten und jeden zu hindern, sich zu entrüsten und die scheinbar Schuldigen zu töten, würde ein kleines Etwas genügen – daß nämlich die Menschen die Dinge verstehen, wie sie in Wirklichkeit sind und mit ihrem rechten Namen nennen; daß sie erkennen, daß die Armee ein Mordwerkzeug ist und daß also

ihre Ansammlung und Leitung – mit so viel Selbstvertrauen von Königen, Kaisern und Präsidenten ausgeübt – nichts anderes ist, als Vorbereitung zum Mord.
Es würde genügen, wenn jeder Präsident oder jeder Kaiser begriffe, daß ihre Tätigkeit als Befehlshaber von Truppen kein wichtiger und ehrenhafter Posten ist, wie ihre Schmeichler sie glauben machen wollen, sondern eine niedrige und schamlose Handlung der Vorbereitung zum Massenmord; es würde genügen, wenn jeder ehrenhafte Mensch einsähe, daß die Zahlung von Steuern, mit denen Soldaten bewaffnet und unterhalten werden, und, was mehr ist, der Eintritt in den Kriegsdienst, keine gleichgültigen, sondern schlechte und schändliche Handlungen sind, denn der, der sie begeht gestattet nicht nur den Mord, sondern nimmt Teil an ihm. Dann würde die Macht der Könige, Kaiser und Präsidenten, eine Macht, die uns empört und derentwegen wir sie töten, von selbst zusammenbrechen.
Was also nötig ist, ist nicht, die Alexander, die Carnot, die Humbert und die anderen zu töten, sondern ihnen klarzumachen, daß sie selbst Mörder sind; und, was besonders nötig ist, ist, sie daran zu hindern, Menschen auf ihren Befehl hin zu töten.
Wenn die Menschen bisher nicht so gehandelt haben, so ist allein die Art des hypnotischen Zustandes Schuld daran, in welchem die Regierungen sie aus Gründen der Selbsterhaltung sorgfältig zu erhalten suchen. Und um mitzuwirken, einen Zustand der Dinge herbeizuführen, in dem die Menschen aufhören, die Könige sowohl wie einander zu töten, ist es nötig, nicht zu töten – denn das kann im Gegenteil ihre Hypnose nur verstärken – sondern zu erwecken.
Das habe ich in dieser kurzen Abhandlung zu tun versucht.

Jasnaja Poljana, 1900

Patriotismus und Regierung

Ich hatte schon mehrmals Gelegenheit, den Gedanken auszusprechen, daß der Patriotismus für unsere Zeit ein unnatürliches, unvernünftiges, schädliches Gefühl sei, welches einen großen Teil der Übel verursache, unter denen die Menschheit leidet, und daß daher dieses Gefühl nicht genährt und groß gezogen werden müßte, wie es jetzt geschieht, sondern im Gegenteil unterdrückt und durch alle Mittel, die vernünftigen Menschen zugänglich sind, vernichtet werden sollte.

Aber sonderbar! Trotz dem unwiderleglichen und augenscheinlichen Zusammenhang der die Völker ruinierenden allgemeinen Kriegsrüstungen und mörderischen Kriege mit diesem Gefühl, begegneten und begegnen noch heute alle meine Argumente bezüglich der Unzeitgemäßheit und Schädlichkeit des Patriotismus entweder nur Stillschweigen oder absichtlichem Nichtverstehen, immer aber ein und derselben sonderbaren Erwiderung: man pflegt zu sagen, daß nur der schlechte Patriotismus schädlich sei, der Jingoismus und Chauvinismus, daß aber der richtige gute Patriotismus ein sehr erhabenes, moralisches Gefühl sei, welches zu verurteilen nicht nur unvernünftig, sondern auch verbrecherisch wäre. Darüber aber, worin dieser richtige, gute Patriotismus besteht, wird entweder gar nicht gesprochen, es sei denn in aufgedonnerten, hochfliegenden Phrasen, die nichts weniger als eine Erklärung jenes Begriffs sind, oder es wird dem Begriffe Patriotismus etwas untergelegt, das nichts gemeinsames hat mit jenem Patriotismus, den wir alle kennen und unter dem wir alle so grausam zu leiden haben. [...]

Man sollte doch meinen, daß die Schädlichkeit und Unvernünftigkeit des Patriotismus allen Menschen klar sein müßten. Aber sonderbar, die Gebildeten und Gelehrten sehen es nicht nur nicht selbst, sondern bestreiten auch mit der größten Hartnäckigkeit und Hitzigkeit, wenn auch ohne jede vernünftige

Raison, jeden Hinweis auf die Schädlichkeit und Unvernunft des Patriotismus und fahren fort, die Wohltaten und die Erhabenheit dieser Doktrin zu lobpreisen. [...]

Der Patriotismus als das Gefühl einer ausschließlichen Liebe zu seinem Volke und als die Doktrin von dem Heroismus des Aufopferns seiner Ruhe, seines Besitzes und sogar seines eigenen Lebens zum Schutze des Schwachen vor der Vergewaltigung und Vernichtung durch die Feinde – war die höchste Idee jener Zeit, als jedes Volk es für möglich und gerecht hielt, zum Nutzen seiner eigenen Macht und Wohlfahrt die Menschen eines anderen Volkes zu plündern und zu morden. Aber schon vor etwa zweitausend Jahren begannen die höchsten Vertreter der menschlichen Weisheit die höhere Idee der Verbrüderung der Menschen zu erkennen, und diese Idee fand, in das Bewußtsein immer mehr und mehr eindringend, in unserer Zeit die mannigfaltigste Verwirklichung. Dank der Erleichterung der Verkehrsmittel, dank der Einheitlichkeit der Industrie, des Handels, der Künste und Wissenschaften sind die Menschen unserer Zeit so sehr miteinander verbunden, daß die Gefahr vor Eroberungen, Mord und Gewalttaten von Seiten der benachbarten Völker schon vollständig geschwunden ist. Alle Völker (die Völker – nicht die Regierungen!) leben untereinander in friedlichen, auf gegenseitigem Vorteil beruhenden, freundschaftlichen Beziehungen, in kommerziellem, industriellem und geistigem Verkehr, den zu stören für sie weder eine Notwendigkeit noch ein Sinn besteht.
Und daher sollte man meinen, müßte das überlebte Gefühl des Patriotismus, als ein überflüssiges und als ein mit dem ins Leben getretenen Bewußtsein der Verbrüderung verschiedener Völker nicht zu vereinbarendes Gefühl, immer mehr vernichtet werden und endlich ganz verschwinden. Und dennoch geschieht das Gegenteil davon: dieses schädliche und überlebte Gefühl existiert nicht nur weiter, sondern entflammt sich immer mehr und mehr.

Und die Völker sympathisieren ohne jeden vernünftigen Grund, gegen das eigene Bewußtsein und gegen die eigenen Vorteile, mit ihren Regierungen in deren Überfällen auf fremde Völker, in dem Raub fremden Besitzes und in der gewalttätigen Erhaltung dessen, was schon geraubt ist. Ja, die Völker verlangen sogar von ihren Regierungen solche räuberische Überfälle und Gewalttätigkeiten, freuen sich über dieselben und sind stolz darauf. Die kleinen bedrückten Völkerschaften, die der Macht der großen Staaten zum Opfer gefallen sind, die Polen, die Iren, die Tschechen, die Finnen, die Armenier sind, indem sie auf den sie bedrückenden Patriotismus der Sieger reagieren, dermaßen von ihren Bedrückern durch dieses überlebte, unnütz gewordene, sinnlose und schädliche Gefühl des Patriotismus infiziert worden, daß sich ihre ganze Tätigkeit auf diesen Patriotismus konzentriert. Und sie, die sie selbst unter dem Patriotismus der mächtigen Völker zu leiden haben, sind bereit, den anderen Völkerschaften gegenüber, um dieses Patriotismus willen, dasselbe zu tun, was ihre Sieger an ihnen getan haben und tun.

Und das kommt daher, daß die herrschenden Klassen (ich verstehe darunter nicht nur die Regierungen mit ihren Beamten, sondern alle jene Gesellschaftsklassen, die sich einer ausschließlich vorteilhaften Position erfreuen: die Kapitalisten, die Journalisten, die Mehrheit der Künstler und Gelehrten) ihre im Vergleich zu den Volksmassen ausschließlich vorteilhafte Position nur dank der durch den Patriotismus aufrecht erhaltenen Staatseinrichtungen behalten können. Da sie aber in ihren Händen die allerwirksamsten Mittel zur Beeinflussung des Volkes haben, so erhalten sie in sich selbst sowohl, als auch in den anderen stets und unentwegt die patriotischen Gefühle aufrecht, umsomehr, als diese Gefühle, auf die allein sich die Staatsgewalt stützt, höher als alles andere von dieser Gewalt belohnt werden.

Ein jeder Staatsbeamte kommt in seiner Karriere um so besser fort, je mehr Patriot er ist; ebenso macht auch der Militär seine

beste Karriere im Kriege, der wiederum durch den Patriotismus hervorgerufen wird.
Der Patriotismus und seine Folgen, die Kriege, verschaffen den Zeitungsschreibern kolossale Einkünfte und den meisten Kaufleuten Vorteile.
Ein jeder Schriftsteller, Lehrer, Professor sichert seine Position um so mehr, je mehr er den Patriotismus predigt. Ein jeder Kaiser oder König gewinnt um so mehr Ruhm, je mehr er dem Patriotismus ergeben ist.
In den Händen der regierenden Klassen befinden sich das Heer, das Geld, die Schule, die Religion, die Presse. Bei den Kindern entfachen sie den Patriotismus in den Schulen durch Geschichten, in denen das eigene Volk als das beste und immer im Rechte befindliche Volk geschildert wird; bei den Erwachsenen entzünden sie dieses Gefühl durch Schauspiele, Festlichkeiten, Denkmäler, durch eine patriotisch-lügnerische Presse. Am erfolgreichsten aber entflammen sie den Patriotismus dadurch, daß sie an den anderen Völkern alle möglichen Ungerechtigkeiten und Grausamkeiten begehen und so in diesen Völkern Feindseligkeit gegenüber ihrem eigenen Volk erwecken, dann aber diese Feindseligkeit zur Erweckung der Feindseligkeit auch im eigenen Volke benutzen.
Die Entfachung dieses schrecklichen Gefühls des Patriotismus hat sich bei den europäischen Völkern in einer sich so außerordentlich steigernden Progression vollzogen und ist in unserer Zeit so sehr bis zum äußersten getrieben, daß eine Steigerung nicht mehr möglich ist.

Unter den Augen aller nicht einmal sehr alten Leute unserer Zeit geschah ein Ereignis, welches auf das augenfälligste die Verblödung zeigt, bis zu welcher der Patriotismus die Menschen der christlichen Welt geführt hat.
Die regierenden Klassen Deutschlands hatten den Patriotismus ihrer Volksmassen bis zu einer solchen Höhe entflammt, daß in der zweiten Hälfte des XIX. Jahrhunderts dem Volke ein

Gesetz vorgelegt wurde, demzufolge alle Menschen ohne Ausnahmen Soldaten werden mußten. Alle Söhne, Gatten und Väter wurden im Morden unterrichtet, mußten zu unterwürfigen Sklaven eines jeden höheren Vorgesetzten werden und unweigerlich zum Mord derer bereit sein, die zu morden ihnen befohlen wird. Die Menschen der bedrückten Völkerschaften, die eigenen Arbeiter, die ihre Rechte verfechten, ja sogar ihre eigenen Väter und Brüder müssen sie morden, wie dieses öffentlich der freimütigste aller Potentaten, Wilhelm II., erklärt hat.

Diese schreckliche Maßregel, die auf die gröbste Weise alle besseren Gefühle der Menschheit verletzt, wurde unter der Einwirkung des Patriotismus ohne Murren von dem deutschen Volke akzeptiert.

Ihre Folge war der Sieg über die Franzosen. Dieser Sieg entfachte den Patriotismus Deutschlands noch mehr, dann aber auch den Frankreichs, Rußlands und der übrigen Mächte, und alle Völker der kontinentalen Mächte fügten sich ohne Murren der Einführung der allgemeinen Wehrpflicht, d. h. einer Sklaverei, mit der, was die Stufe der Erniedrigung und Willenlosigkeit betrifft, keine Art der Sklaverei des Altertums verglichen werden kann.

Von da ab kannte, im Namen des Patriotismus, die sklavische Unterwürfigkeit der Massen und die Grausamkeit und Unvernunft der Regierungen keine Grenzen mehr. Man begann um die Wette in Asien, Afrika und Amerika fremde Länder zu rauben, zum Teil aus Laune, zum Teil aus Ruhmsucht, zum Teil aus Eigennutz, und das Mißtrauen und die Verbitterung der Regierungen untereinander wurden immer größer.

Die Vernichtung der Völker in den annektierten Ländern wurde als etwas Selbstverständliches genommen. Die Frage war nur die, wer zuerst das fremde Land rauben und dessen Bewohner vernichten würde. Alle Regenten verletzten und verletzen nicht nur in der öffentlichsten Weise die primitivsten Forderungen der Gerechtigkeit den unterworfenen Völkern gegenüber und gegeneinander, sondern sie vollführten auch und vollführen noch alle möglichen Betrügereien, Spitzbübereien, Bestechungen, Fälschungen, Spionage, Raub und Mord. Und die Völker sympathisierten und sympathisieren damit nicht nur, sondern freuen sich noch darüber, daß nicht andere Staaten, sondern ihr Staat diese Verbrechen begeht.

Die gegenseitige Feindseligkeit der Völker und Staaten hat in der letzten Zeit erstaunliche Dimensionen angenommen. Alle Staaten wissen, obgleich die einen nicht den geringsten Grund dafür haben, die anderen zu überfallen, daß sie sich sämtlich mit ausgelassenen Krallen und entblößten Zähnen einander gegenüberstehen und nur darauf lauern, daß irgend jemand vom Unglück betroffen und geschwächt wird, um die Möglichkeit zu erlangen, sich mit dem geringsten Risiko von Gefahr auf diesen Staat zu stürzen und ihn zu zerfleischen.

Alle Völker der sogenannten christlichen Welt sind durch den Patriotismus bis zu einem solchen Grade von Vertierung gebracht worden, daß nicht nur die Menschen, die durch die Verhältnisse gezwungen werden zu morden und gemordet zu werden, den Mord wünschen und sich über das Morden freuen; nein, auch die Menschen, die ruhig in ihren Häusern wohnen, ja, alle Menschen Europas und Amerikas befinden sich, dank der schnellen und leichten Verkehrsmittel und dank der Presse bei jedem Kriege in der Lage der Zuschauer im römischen Zirkus, freuen sich wie diese über das Morden und rufen ebenso blutgierig wie diese ihr »Pollice verso!«

Nicht nur die Erwachsenen, nein, auch die Kinder, die reinen, weisen Kinder freuen sich, je nach ihrer Nationalität, wenn sie hören, daß durch die Lydditbomben nicht siebenhundert, sondern tausend Engländer oder Buren zerfleischt und getötet sind. Und die Eltern – ich kenne solche – ermuntern ihre Kinder zu solcher Grausamkeit.

Aber nicht genug. Jede Vermehrung des Heeres in einem Staate (und jeder Staat sucht aus Patriotismus, wenn ihm Gefahr droht, sein Heer zu vergrößern) zwingt den Nachbarn ebenso

aus Patriotismus sein Heer zu vergrößern, was wieder eine neue Vermehrung im ersten Staate hervorruft.
Dasselbe geschieht auch mit den Festungen und Flotten: der eine Staat hat zehn Panzerschiffe gebaut, die Nachbarstaaten bauen elf; darauf baut der erste zwölf, und so weiter in einer endlosen Progression. [...]

Die Lage verschlimmert sich immer mehr, und diese zum offenbaren Untergang führende Verschlimmerung aufzuhalten, zeigt sich keine Möglichkeit. Der einzige Ausweg, der leichtgläubigen Leuten sich zu bieten schien, ist nun durch die Ereignisse der letzten Zeit auch versperrt worden; ich meine die Haager Konferenz und den ihr auf dem Fuße folgenden Krieg zwischen England und Transvaal.
Wenn wenig oder oberflächlich urteilende Leute sich mit dem Gedanken noch trösten konnten, daß internationale Schiedsgerichte imstande sein möchten, das Elend des Krieges und der sich immer steigernden Kriegsrüstungen zu beseitigen, so hat die Haager Konferenz mit dem ihr folgenden Kriege auf das offensichtlichste gezeigt, daß das nicht der Weg zur Lösung dieser Frage gewesen ist. Nach der Haager Konferenz wurde es klar: solange Regierungen und Heere existieren werden, ist das Aufhören der Rüstungen und Kriege nicht möglich. Um eine Einigung zu erzielen, ist es notwendig, daß die einander trauen, die sich einigen wollen. Um aber einander trauen zu können, müssen die Mächte die Waffen ablegen, wie es die Parlamentäre tun, wenn sie zusammentreffen.
Solange aber die Regierungen einander mißtrauen, ihre Heere nicht nur nicht vermindern, sondern dieselben, je nach dem Wachsen der Wehrkraft der Nachbarn, immer noch vergrößern, und, da sie wissen, daß eine jede Macht, sobald sie dazu Gelegenheit hat, über ihre Nachbarn herfallen wird, durch Spione jede militärische Bewegung der Nachbarn beobachten lassen – solange wird keinerlei Einigung möglich sein, und jede Konferenz wird zu einer Spielerei, oder zu einem Be-

trug, oder einer Unverschämtheit, oder alledem zusammen werden.

Gerade der russischen Regierung geziemte mehr als jeder anderen die Rolle des enfant terrible dieser Konferenz. Die russische Regierung ist dadurch, daß zu Hause niemand auf alle ihre offensichtlich lügnerischen Manifeste und Reskripte zu erwidern wagte, sehr stark verwöhnt worden. Nachdem sie ohne jede Skrupel ihr Volk durch die Rüstungen ruiniert, Polen erwürgt, Turkestan und China ausgeraubt hat und jetzt mit besonderer Erbostheit Finnland würgt, schlug sie, in voller Zuversicht, Glauben zu finden, den Regierungen die Abrüstung vor.

Aber so sonderbar, unerwartet und unanständig dieser Vorschlag auch war, besonders, da zur nämlichen Zeit eine Verfügung bezüglich der Vermehrung des Heeres getroffen wurde, waren die lauten Phrasen, unter denen er gemacht wurde, derart, daß die Regierungen der anderen Mächte mit Rücksicht auf ihre Völker sich von den lächerlichen, unverhohlen lügnerischen Beratungen nicht recht ausschließen konnten. Und so kamen denn die Delegierten zusammen, im voraus wissend, daß aus all dem nichts werden könne. Und im Verlaufe mehrerer Monate, während welcher sie ihre standesgemäßen Gehälter bezogen, lachten sie sich zwar ins Fäustchen, suchten aber alle gewissenhaft den Anschein zu erwecken, als ob sie um die Herstellung des Friedens unter den Völkern sehr besorgt wären.

Die Haager Konferenz, die mit einem fürchterlichen Blutbad abschloß, dem Transvaalkriege, den niemand zu hemmen versuchte oder versucht, war immerhin nützlich, wenn auch durchaus nicht in der Hinsicht, wie man es erwartet hatte. Sie war nützlich dadurch, daß sie auf das klarste bewies, daß das Übel, unter dem die Völker leiden, durch die Regierungen nicht beseitigt werden kann, daß die Regierungen, auch wenn sie es wollten, weder die Rüstungen noch die Kriege beseitigen können. [. . .]

Wenn die Regierungen früher notwendig waren, um ihre Völker vor Überfällen zu schützen, so sind sie jetzt im Gegenteil gerade diejenigen, die künstlich den Völkerfrieden stören und Zwietracht unter den Völkern säen.
Wenn das Pflügen notwendig war, um säen zu können, so war das Pflügen ein vernünftiges Werk; aber es ist doch offenbar unsinnig und schädlich zu pflügen, wenn die Saat aufgegangen ist. Dieses ist es aber, was zu tun die Regierungen ihre Völker zwingen – die Einigkeit zu zerstören, die bereits existiert und durch nichts zerstört würde, gäbe es keine Regierungen.

In der Tat, was sind heutzutage die Regierungen, ohne die zu existieren es den Menschen unmöglich erscheint? Wenn es eine Zeit gegeben hat, in welcher die Regierungen ein notwendiges und das kleinere Übel waren als jenes, welches durch die Schutzlosigkeit gegen organisierte Nachbarn geschaffen wurde, so sind die Regierungen jetzt ein unnützes und ein größeres Übel als alles das, womit sie ihre Völker schrecken.
Die Regierungen, nicht nur die militärischen, sondern alle Regierungen überhaupt könnten, ich will nicht sagen nützlich, aber wenigstens unschädlich nur in dem Falle sein, wenn sie sich aus unfehlbaren, heiligen Menschen zusammensetzen würden, wie es bei den Chinesen auch vorausgesetzt wird. Aber die Regierungen bestehen, schon der Art ihrer Tätigkeit nach, die nichts als Vergewaltigungen zum Zwecke hat, immer aus den der Heiligkeit entgegengesetztesten Elementen, aus den allerfrechsten, rohesten und unmoralischsten Menschen.
Daher ist jede Regierung, um so mehr aber eine Regierung, der die militärische Gewalt überlassen ist, ein furchtbares, ja das gefährlichste Institut der Welt.
Die Regierung im weitesten Sinne, die Kapitalisten und die Presse mit eingerechnet, ist nichts anderes als eine Organisation, bei welcher der größere Teil der Menschen sich in der Gewalt des über ihm stehenden kleineren Teiles befindet. Die-

ser kleinere Teil aber fügt sich der Macht eines noch kleineren Teiles, dieser wieder einem noch kleineren und so weiter, bis man schließlich zu einigen wenigen Menschen, oder nur einem Menschen gelangt, die durch militärische Vergewaltigung die Macht über alle übrigen erhalten. So daß diese ganze Institution einem Kegel ähnelt, dessen sämtliche Teile sich in der Gewalt der Personen oder der Person befinden, die auf seiner Spitze stehen.
Der Spitze dieses Kegels bemächtigen sich aber die Menschen oder der Mensch, die schlauer und gewissenloser sind als die übrigen oder aber ein zufälliger Erbe derer, die dreister und gewissenloser waren.
Heute Boris Godunov, morgen Grigorij Otrepjev, heute die lasterhafte Katharina, die mit ihren Liebhabern ihren Mann erdrosselte, morgen Pugačëv, übermorgen der wahnsinnige Paul, Nikolaus, Alexander III. Heute Napoleon, morgen ein Bourbon oder Orléans, Boulanger oder die Gesellschaft der Panamisten; heute Gladstone, morgen Salisbury, Chamberlain, Rhodes.
Und solchen Regierungen wird dann die volle Gewalt anheimgestellt, die Gewalt nicht nur über das Eigentum und das Leben, sondern auch über die geistige und sittliche Entwicklung, über die religiöse Führung aller Menschen.
Die Menschen bauen sich eine so schreckliche Maschinerie der Macht auf, überlassen es dem ersten besten, sich dieser Macht zu bemächtigen (alle Chancen aber sind dafür, daß sich ihrer der sittlich verkommenste Mensch bemächtigen wird), und unterwerfen sich sklavisch und wundern sich, daß sie es schlecht haben. Sie haben Furcht vor Minen und Anarchisten, fürchten aber diese schreckliche Einrichtung nicht, die sie stündlich mit den größten Schrecknissen bedroht.

Die Menschen hatten gefunden, daß es für sie nützlich sei, um sich vor den Feinden zu verteidigen, sich aneinander zu fesseln, wie es die sich verteidigenden Tscherkessen tun. Aber es

ist gar keine Gefahr mehr da, und die Menschen fahren trotzdem fort sich zu fesseln.
Sorgfältig fesseln sie sich so, daß ein Mensch mit ihnen machen könne, was er wolle; dann werfen sie das Ende des Strikkes, mit dem sie sich gefesselt haben, hin und überlassen es dem ersten besten Schuft oder Narren, es zu ergreifen und mit ihnen nach seinem Belieben zu handeln.
Was anderes denn tun die Völker, indem sie eine mit Militärgewalt verbundene Regierung einsetzen, sich ihr unterwerfen und sie stützen?

Zu der Befreiung der Menschen von dem furchtbaren Übel der Rüstungen und Kriege, unter dem sie gegenwärtig zu leiden haben und das immer mehr und mehr wächst, sind nicht Kongresse, nicht Konferenzen, nicht Traktate und Schiedsgerichte nötig, sondern die Vernichtung jener Gewalt, die sich Regierung nennt und von der die größten Leiden der Menschheit herrühren.
Zu der Vernichtung der Regierungen ist nur eines nötig: die Menschen müssen begreifen, daß jenes Gefühl des Patriotismus, welches allein dieses Werkzeug der Vergewaltigung stützt, ein rohes, schädliches, schimpfliches und schlechtes Gefühl ist, vor allem aber ein unmoralisches.
Ein rohes Gefühl ist es, weil es nur Menschen eigen ist, die auf der niedersten sittlichen Stufe stehen und von den anderen Völkern dieselben Vergewaltigungen erwarten, die sie selbst bereit sind, an ihnen zu vollführen.

Ein schädliches Gefühl ist es, weil es die vorteilhaften und erfreulichen friedlichen Beziehungen zu anderen Völkern stört, und vor allem weil es eine Organisation von Regierungen hervorruft, bei welcher der Schlechteste die Gewalt an sich zu reißen vermag und es auch immer tut.
Ein schimpfliches Gefühl ist es, weil es den Menschen nicht nur zu einem Sklaven, sondern zu einem Kampfhahn, einem

Stier, einem Gladiator macht, der seine Kräfte und sein Leben nicht für seine, sondern für seiner Regierung Zwecke preisgibt.
Ein unmoralisches Gefühl ist es, weil ein jeder Mensch unter der Einwirkung des Patriotismus sich für einen Sohn seines Vaterlandes, für den Sklaven seiner Regierung hält, anstatt sich für ein Kind Gottes zu halten, wie es das Christentum lehrt, oder auch nur für einen freien, von seinem Verstande geleiteten Menschen. So begeht er denn Handlungen, die seinem Verstande und seinem Gewissen zuwider sind.
Die Menschen brauchen das nur zu begreifen, und ganz von selbst, ohne jeden Kampf wird jene fürchterliche Zusammenfesselung von Menschen, die Regierung genannt wird, auseinanderfallen und mit ihr jenes schreckliche, nutzlose Übel, welches die Völker zu erdulden haben. [...]

»Aber was wird denn werden, wenn es keine Regierung mehr gibt?« sagt man gewöhnlich.
Nichts wird »werden«; es wird nur das sein, daß etwas, was schon lange nicht mehr nötig und daher unnütz und schädlich ist, vernichtet wird, es wird ein Organ zerstört, welches, als ein überflüssig gewordenes, schädlich ist.
»Aber wenn es keine Regierungen geben wird, werden die Menschen einander vergewaltigen und töten!« sagt man gewöhnlich.
Warum? Warum soll die Vernichtung jener Organisation, die infolge von Vergewaltigungen entstanden und traditionell von Geschlecht zu Geschlecht zur Vollführung von Vergewaltigungen überliefert worden ist, warum soll die Vernichtung einer solchen überlebten Organisation es bewirken, daß die Menschen einander vergewaltigen und töten? Man sollte im Gegenteil glauben, daß die Vernichtung des Organs der Vergewaltigung es bewirken wird, daß die Menschen aufhören, einander zu vergewaltigen und zu töten.
Jetzt gibt es Leute, die speziell dazu erzogen und vorbereitet

werden, um andere Menschen zu töten und zu vergewaltigen, Menschen, denen das Recht zusteht, zu vergewaltigen und die zu diesem Zwecke über eine wohlgeordnete Organisation verfügen.

Dann aber werden keine Menschen dazu erzogen werden, niemandem wird das Recht der Vergewaltigung zustehen, es wird keine Organisation der Vergewaltigung mehr geben, und, wie dieses den Menschen unserer Zeit eigentümlich ist, die Vergewaltigung und der Mord werden immer und bezüglich aller als etwas Schlechtes gelten.

Wenn aber auch nach der Vernichtung der Regierungen Vergewaltigungen vorkommen werden, so werden sie offenbar viel geringfügiger sein, als die, die jetzt geschehen, wo wir speziell zur Verübung von Vergewaltigungen geschaffene Organisationen besitzen und Gesetze, nach denen Vergewaltigungen und Mord als gut und nützlich anerkannt sind.

Die Vernichtung der Regierungen wird nur die traditionelle unnütze Organisation der Vergewaltigung vernichten und jeder Vergewaltigung die Berechtigung absprechen.

»Es wird weder Gesetze, noch Eigentum, noch Gerichte, noch Polizei, noch Volksunterricht geben«, sagt man gewöhnlich, wobei man absichtlich die Vergewaltigungen der Regierung mit den Funktionen der Gesellschaft verwechselt.

Die Vernichtung der Organisation der Regierungen, die zur Verübung von Vergewaltigungen an den Menschen eingesetzt sind, zieht durchaus nicht die Vernichtung dessen nach sich, was es in den Gesetzen Gutes und Vernünftiges und daher nicht Gewalttätiges gibt; das Gute, Vernünftige und daher nicht Gewalttätige an den Gesetzen, am Gericht, am Eigentum, an den polizeilichen Vorsichtsmaßregeln, an den finanziellen Institutionen, an der Volksbildung, bleibt bestehen. Im Gegenteil, das Fehlen der rohen Gewalt von Regierungen, deren Zweck nur die Selbsterhaltung ist, wird nur beitragen zur Bildung einer vernünftigeren und gerechteren gesellschaft-

lichen Organisation, die das Mittel der Vergewaltigung nicht braucht. Das Gericht, die öffentlichen Angelegenheiten, die Volksbildung – alles das wird in dem Maße da sein, wie es die Völker wirklich nötig haben, und in einer Form, die das mit der jetzigen Organisation der Regierung verknüpfte Übel nicht mehr enthält. Nur das wird vernichtet werden, was schlecht war und die freie Willensäußerung der Völker behinderte.
Aber wenn man auch zugibt, daß bei dem Fehlen der Regierungen Aufruhr und innere Konflikte entstehen würden, so würde auch dann die Lage der Völker eine bessere sein, als sie es jetzt ist. Die Lage der Völker ist heute eine derartige, daß sich eine Verschlimmerung kaum denken läßt. Das Volk ist völlig zu Grunde gerichtet und der Ruin muß immer fortschreiten und größer werden. Alle Männer sind in militärische Sklaven verwandelt und müssen jeden Augenblick den Befehl erwarten, zu töten oder getötet zu werden.

Worauf soll man denn noch warten?
Daß die ruinierten Völker vor Hunger aussterben?
Das beginnt schon in Rußland, in Italien, in Indien.
Oder daß man auch die Frauen zu Soldaten macht?
In Transvaal hat auch das schon begonnen.
Wenn das Fehlen der Regierungen nun wirklich der Anarchie im negativen, die Unordnung bedeutenden Sinne des Wortes (welches das übrigens gar nicht bedeutet) gleichkäme, so könnte auch dann keine Ordnungslosigkeit der Anarchie schlimmer als die Lage sein, in welche die Regierungen ihre Völker schon gebracht haben oder zu welcher sie dieselben führen.
Und daher ist es nicht möglich, daß die Befreiung vom Patriotismus und die Vernichtung des auf ihm basierenden Despotismus der Regierungen den Menschen nicht nützlich sein würde.

Kommt zur Vernunft ihr Menschen und eurem und eurer Schwestern und Brüder körperlichem und seelischem Wohl zu Liebe, haltet ein, bedenkt euch, denkt daran, was ihr tut!
Kommt zur Vernunft und begreift, daß eure Feinde nicht die Buren, nicht die Engländer, nicht die Franzosen, nicht die Deutschen, nicht die Tschechen, nicht die Finnen, nicht die Russen sind, sondern daß eure Feinde, eure einzigen Feinde – ihr selbst seid, die ihr durch euren Patriotismus die euch bedrückenden und euch unglücklich machenden Regierungen aufrecht erhaltet.
Sie hatten es übernommen, euch vor Gefahr zu schützen und haben diese vermeintliche Notwehr so weit gebracht, daß ihr alle Soldaten und Sklaven geworden seid, daß ihr alle ruiniert seid und es immer noch mehr werdet und daß ihr jeden Augenblick erwarten könnt und müßt, daß die gespannte Sehne reißt und ein furchtbares Morden an euch und euren Kindern beginnt.
Und wie groß das Morden auch sein wird und wie es auch enden mag, die Lage wird dieselbe bleiben.
Mit einem ebensolchen und noch größeren Eifer werden die Regierungen fortfahren, euch zu bewaffnen und zu ruinieren, euch und eure Kinder zu demoralisieren; und dieses aufzuhalten, zu verhüten, wird Euch niemand helfen, wenn Ihr euch nicht selbst helft.
Die Hilfe aber besteht nur in einem – in der Vernichtung jenes fürchterlichen Kegelsystems der Vergewaltigung, bei welchem diejenigen, denen es gelingt, den Gipfel des Kegels zu erklimmen, über das ganze Volk herrschen und um so sicherer herrschen, je grausamer und unmenschlicher sie sind, wie wir es an den Napoleon, Nikolaus I., Bismarck, Chamberlain, Rhodes und an unseren Diktatoren, die im Namen des Zaren regieren, gesehen haben und sehen.
Zur Vernichtung aber dieses Systems gibt es nur ein Mittel – das Erwachen aus der Hypnose des Patriotismus.
Begreift doch, daß ihr euch selbst all das Übel zufügt, unter

dem ihr zu leiden habt, indem ihr euch der Hypnose überlaßt, durch die euch die Kaiser, die Könige, die Parlamentsmitglieder, die Regenten, die Militärs, die Kapitalisten, die Geistlichen, die Schriftsteller, die Künstler betrügen, all die, die diesen Betrug durch Patriotismus nötig haben, um von eurer Arbeit zu leben.

Pirogovo, Mai 1900

Eines ist not

Über die Staatsmacht

I

Schon im zweiten Jahre dauert der Krieg im fernen Osten. In diesem Kriege sind schon einige hunderttausend Menschen umgekommen. Auf russischer Seite sind und werden Hunderttausende von Menschen zu den Waffen gerufen, die zur Reserve gehören und in ihren Familien und in ihren Häusern leben. Diese Leute lassen mit Verzweiflung und Furcht oder mit zügelloser, durch Branntweingenuß beförderter Bravour ihre Familien im Stiche, setzen sich in die Eisenbahn und rollen unweigerlich dorthin, wo, wie sie wissen, zehntausend ebensolcher Leute wie sie, die in ebensolchen Eisenbahnwagen dorthin geführt sind, unter schweren Qualen zugrunde gegangen sind. Und ihnen entgegen rollen Tausende verstümmelter Krüppel, die jung, unversehrt, gesund dorthin gefahren sind.
Alle diese Leute denken voll Schrecken daran, was ihrer wartet, und fahren dennoch unweigerlich hin und bemühen sich, sich einzureden, daß das nötig sei.
Was hat das zu bedeuten?
Weshalb fahren die Leute dahin?
Daß niemand von den Leuten das tun will, was sie dennoch tun, darüber kann kein Zweifel herrschen. Alle diese Leute brauchen jenen Kampf nicht nur nicht und wollen an ihm nicht teilnehmen, sondern sie können sich nicht einmal erklären, warum sie es tun. Und nicht nur diese Hunderte, diese Tausende, diese Millionen Menschen, die unmittelbar und mittelbar an jenem Werk beteiligt sind, können sich nicht erklären, warum das alles geschieht – sondern niemand in der Welt kann es sich erklären, weil es eine vernünftige Erklärung dafür nicht gibt und nicht geben *kann*.

Die Lage aller Leute, die an diesem Werke teilnehmen und ihm zusehen, gleicht der Lage von Leuten, von denen die einen in einer langen Wagenreihe sitzen, die mit unaufhaltsamer Geschwindigkeit auf Schienen bergab einer zerstörten Brücke über einen Abhang entgegenrollt, während die anderen dem hilflos zusehen.

Menschen, Millionen Menschen, die nicht den geringsten Wunsch oder Anlaß dazu haben, vernichten sich gegenseitig und können – obwohl sie das Wahnsinnige dieses Beginnens einsehen – dem keinen Einhalt tun.

Es heißt, daß jede Woche Hunderte von Verrückten aus der Mandschurei heimgeführt werden. Aber hingefahren sind und hinfahren noch heute Hunderttausende ganz Verrückte; denn ein Mensch mit gesundem Verstande kann unter keinem Druck zu diesem abscheulichen, sinnlosen, furchtbar gefährlichen und verderbenbringenden Werke: dem Menschenmord schreiten. Was hat das zu bedeuten? Warum geschieht das? Wer oder was ist die Ursache davon?

Man darf nicht behaupten, die Ursache davon seien die Soldaten, russische und japanische, die sich bemühten, möglichst viele ihnen unbekannte Leute, die ihnen nichts getan haben, zu töten und zu verstümmeln; denn diese Soldaten fühlten und fühlen nicht nur keine Feindschaft gegeneinander, sondern sie hatten auch noch vor einem Jahre nicht die geringste Kenntnis von ihrer gegenseitigen Existenz, und sie verkehren, wenn sie jetzt zusammenkommen, freundschaftlich miteinander.

Man darf auch nicht behaupten, daß ihre Offiziere, die Generale, die die Soldaten anführen, oder verschiedene Beamte, Militär- und Zivilbeamte, Geschütz- und Geschoßfabrikanten, Verfertiger militärischer Ausrüstungsgegenstände, Festungsbaumeister schuld daran seien. Alle diese Offiziere, Generale, Beamte sind infolge ihrer Not, ihrer Schwäche, ihrer ganzen Vergangenheit in die Lage eines eingespannten Pferdes versetzt, das von hinten gepeitscht und mit den Zügeln gelenkt wird, oder in die Lage eines hungrigen Hundes, den man durch ein Stück Fleisch, das man ihm vor die Nase hielt, in den Hundezwinger gelockt und dem man ein Halsband umgelegt hat.

Alle diese Offiziere, Generale, Beamten, Diplomaten sind von klein auf so verwirrt und verdreht gemacht worden, daß sie gar nicht anders haben handeln können, als all das kleine Böse tun, aus dem das große, schreckliche Werk hervorgegangen ist, das jetzt vor sich geht. Deswegen darf man sie auch nicht als Ursache bezeichnen: sie sind nicht schuld daran.

Wer ist denn aber die Ursache, und wer ist schuld daran? Der Mikado? Nikolaus II.? Es hat zuerst den Anschein, weil es so scheint, als könnte diese niemand zwingen, als könnte niemand sie, durch was es auch immer sei, verlocken. Es scheint so, als ob Nikolaus II. alles das, was in der Mandschurei und in Korea geschehen ist, nur nicht hätte zu befehlen und nicht zu erlauben brauchen, daß er nur die Forderungen Japans hätte zu bewilligen brauchen, und der Krieg hätte nicht stattgefunden; er brauche jetzt nur die Friedensbedingungen anzugeben, und der Krieg hätte ein Ende. Alles hänge gleichsam von ihm ab. – Aber das scheint nur so. Von Mikado weiß ich nichts, aber danach, was ich von den Spitzen der Regierungen überhaupt weiß, bin ich überzeugt, daß er sich in derselben Lage befindet wie andere; von Nikolaus II. aber weiß ich, daß es ein ganz gewöhnlicher, unter dem Durchschnitt stehender, roh abergläubischer und nicht aufgeklärter Mensch ist, der aus diesem Grunde niemals die Ursache dieser ihrem Umfange und ihren Folgen nach ungeheuerlichen Ereignisse sein kann, wie sie jetzt im fernen Osten vor sich gehen.

Wie kann es geschehen, daß die Tätigkeit von Millionen Menschen nur deswegen gegen ihren Willen und gegen ihre Interessen gerichtet sein kann, weil es ein Mensch will, der in jeder Beziehung unter dem geistigen und moralischen Durchschnitt aller der Leute steht, die auf seinen Willen umkommen? Warum scheint es aber so, daß Nikolaus und der Mikado die Ursachen des Krieges seien?

Das scheint aus demselben Grunde so, aus dem eine unterminierte Stadt von dem gesprengt zu werden scheint, der den Funken losläßt, der die unter die Stadt gelegte Mine entzündet.
Nicht Nikolaus und der Mikado bewirkten und bewirken den Krieg, sondern die staatliche Organisation, in der der Mikado und Nikolaus das Unglück von Millionen Menschen herbeiführen können. Schuldig sind nicht sie, sondern die Maschine, die das ermöglicht; folglich sind die schuldig, die die Maschine gebaut haben.
Was ist das aber für eine Maschine, und wer baut sie?

2

Diese Maschine ist der Welt längst bekannt, und ebenso sind es ihre Werke. Es ist dieselbe Maschine, durch die in Rußland jene Herrscher regiert haben, die ihre Untertanen schlugen und quälten: bald der geisteskranke Ivan IV., bald der tierisch grausame Trunkenbold Peter, der mit seiner betrunkenen Kompagnie alles beschimpfte, was den Leuten heilig war; bald die ungebildete, auf den Händen gehende, liederliche Soldatenfrau Katharina I., bald der deutsche Biron, nur deswegen, weil er der Liebhaber Anna Ioannovnas, der Nichte Peters, eines Rußland ganz fremden und ganz unbedeutenden Frauenzimmers, war; dann eine andere Anna, die Geliebte eines andern Deutschen, nur deswegen, weil es für ein paar Leute vorteilhaft war, ihren Sohn, das Kind Ivan, zum Kaiser zu bestimmen, denselben, der dann ins Gefängnis geworfen und auf Befehl Katharina II. getötet wurde. Dann bemächtigte sich die unverheiratete, liederliche Tochter Peters, Elisabeth, der Maschine und schickte das Heer aus, um *gegen* die Preußen Krieg zu führen; sie stirbt, und der von ihr verschriebene Deutsche, ihr Neffe, der an ihre Stelle gesetzt wird, befiehlt den Truppen, *für* die Preußen zu kämpfen. Diesen Deutschen, ihren Gatten, tötet die ganz fremde, deutsche Katharina II.

und beginnt dann mit ihren Liebhabern Rußland zu regieren, schenkt ihnen Zehntausende von russischen Bauern und führt ihretwegen bald griechische, bald indische Projekte durch, um derentwillen Millionen Menschen zugrunde gehen. Sie stirbt, und der halbverrückte Paul lenkt, so gut ein Verrückter das kann, das Schicksal Rußlands und der Russen. Er wird mit Zustimmung seines eigenen Sohnes getötet. Und dieser Vatermörder herrscht 25 Jahre, bald als Freund Napoleons, bald gegen ihn Krieg führend, bald eine Verfassung für Rußland entwerfend, bald das russische Volk, das er verachtet, in die Macht des schrecklichen Arakčeev gebend. Dann regiert und bestimmt das Schicksal Rußlands der rohe, ungebildete, grausame Soldat Nikolaus; dann der unkluge, schlimme, bald liberale, bald despotische Alexander II.; dann der ganz dumme, rohe und unwissende Alexander III.; jetzt ist ein beschränkter Husarenoffizier an die Reihe gekommen, der mit seinen Kumpanen sein mandschurisch-koreanisches Projekt durchführt, das hunderttausend Menschenleben und Milliarden von Rubeln kostet.

Das ist schrecklich. Es ist namentlich deswegen schrecklich, weil, wenn dieser sinnlose Krieg auch endet, doch morgen mit Hilfe der ihn umgebenden Taugenichtse eine neue Phantasie in dem schwachen Kopfe des regierenden Mannes entstehen, und dieser Mann morgen ein neues afrikanisches, amerikanisches oder indisches Projekt aushecken kann, wo man dann wieder das letzte Mark aus den Russen herausholen und sie ans andere Ende der Welt jagen wird, um dort zu töten.

Und das ging und geht nicht allein in Rußland so, sondern fast überall, wo eine Regierung existierte und existiert, das heißt: eine Organisation, bei der eine kleine Minderheit die große Mehrheit zwingen kann, ihren Willen zu tun. Beinahe die ganze Geschichte der europäischen Reiche ist eine Geschichte von verrückten, einer nach dem andern den Thron besteigenden, dummen, liederlichen Menschen, die ihr Volk töten, vernichten und namentlich sittlich verderben.

In England besteigt den Thron der gewissenlose, grausame Taugenichts und Wüstling Heinrich VIII. und erfindet, um sein Weib fortzujagen und seine Geliebte zu heiraten, eine scheinbar christliche Konfession, zwingt das ganze Volk, diesen von ihm erfundenen Glauben anzunehmen, und Millionen von Menschen werden im Kampfe für und gegen diese erfundene Konfession vertilgt.
Dann nimmt der größte Scheinheilige, der Bösewicht Cromwell, von der Maschine Besitz, richtet einen ebensolchen Scheinheiligen wie er selbst, Karl I., hin, verdirbt erbarmungslos Millionen von Leben und vernichtet eben die Freiheit, für die er scheinbar kämpfte.
In Frankreich nehmen verschiedene Ludwige und Karle die Maschine in Besitz, und die Regierung von allen bildet eine ebensolche Reihe von Verbrechen: Mord, Hinrichtungen, Totschläge, Vernichtung des Volkes, unsinnige Kriege. Endlich wird einer von ihnen hingerichtet, und alsbald nehmen die Marat und Robespierre die Maschine in Besitz und begehen noch größere Verbrechen, vernichten nicht allein Menschen, sondern auch die großen Wahrheiten, die von den Menschen jener Zeit verkündet wurden. Dann ergreift Napoleon die Macht und verdirbt Millionen Menschen in ganz Europa. Dasselbe geschieht in Österreich, Italien . . . Ebensolch dumme, unsittliche Herrscher und ebenso grausame, für das Volk verderbliche Taten. Und alles das sind nicht Werke, die nur der Vergangenheit angehören, die früher einmal passiert sind und jetzt nicht mehr passieren, alles das geschieht jetzt in diesem Augenblick häufig genug in den scheinbar freiesten, konstitutionellen Reichen und Republiken ebenso wie in den despotisch regierten: in England, in der Türkei, in Abessinien und in Rußland und in den Vereinigten Staaten von Amerika und in Marokko . . .
Überall beginnen trotz allen möglichen Verfassungen, ohne jede innere Notwendigkeit, nur infolge verschiedener komplizierter Beziehungen von Personen zueinander die Parteien

Krieg, wie die letzten Kriege der Franzosen, der Engländer mit den Buren, mit Tibet, mit Ägypten, die Kriege Italiens mit Abessinien, Rußlands, Frankreichs, Englands, Amerikas, Japans mit China, Rußlands mit Japan.
Überall, wo eine derartige Organisation existiert, mittels derer eine Minderheit die Mehrheit zwingen kann, alles das zu befolgen, was diese Minderheit Gesetze oder Regierungsverfügungen nennt, ist überall jeder Mensch der Mehrheit in steter Gefahr, daß über ihn und seine Familie das allerschrecklichste Unglück hereinbrechen kann – kein elementares Unglück, das nicht vom Willen der Menschen abhängt, sondern ein Unglück, das von den Menschen herrührt, von den wenigen Menschen, in deren Knechtschaft er sich freiwillig begeben hat.

3

Über denselben Gegenstand hat schon im 16. Jahrhundert der französische Schriftsteller La Boétie geschrieben:
»Es ist vernünftig, Tugenden zu lieben, Heldentaten zu verehren, das Gute anzuerkennen, von welcher Seite es auch kommt, und selbst seine Bequemlichkeit zum Ruhm und Vorteil dessen aufzugeben, den wir lieben, und der es verdient. Wenn also die Bewohner eines Landes eine derartige Person gefunden haben, die große Weisheit darin bewies, sie zu beschützen, große Tapferkeit, sie zu verteidigen und große Sorgfalt, sie zu regieren, und wenn sie infolgedessen gewohnt sind, dieser Person in der Weise sich unterzuordnen, daß sie ihr einige Vorteile überlassen, so glaube ich nicht, daß das unvernünftig ist ...
Aber mein Gott! was soll man dazu sagen, wenn man sieht, wie eine große Anzahl Menschen einem einzelnen nicht nur gehorcht, sondern ihm dient, sich ihm nicht nur unterordnet, sondern vor ihm kriecht, so vor ihm kriecht, daß sie nichts mehr für sich selbst behalten: weder Habe, noch Kinder, noch selbst ihr Leben, und Räubereien und Grausamkeiten ertra-

gen, nicht von Soldaten, nicht von Barbaren, sondern von dem einen Menschen, und nicht von einem Herkules, oder Simson, sondern von einem Menschen, der meistens der feigste und weibischste des ganzen Volkes ist?
Wie sollen wir das nennen?
Werden wir sagen, daß solche Leute Feiglinge seien?
Wenn zwei, drei, vier Menschen sich gegen einen nicht verteidigen, so ist das sonderbar, aber immerhin möglich, und man könnte sagen, daß das aus Mangel an Tapferkeit geschehe; wenn aber hunderttausend Menschen, hundert, ja tausend Dörfer und Städte, Millionen Menschen nicht über den einen herfallen, unter dem alle leiden, und dessen Sklaven sie sind – wie werden wir das nennen? Ist das Feigheit?
Alle Laster haben schließlich ihre Grenzen: zwei, und sogar zehn, können einen fürchten; wenn aber Tausende, Millionen, tausend Dörfer sich nicht gegen einen verteidigen, so ist das keine Feigheit, Feigheit kann so weit nicht gehen; wie auch Tapferkeit nicht so weit gehen kann, daß einer eine Festung einnimmt, über eine Armee herfällt und Krieg gegen ein Reich führt. Also was ist das für ein scheußliches Laster, das nicht einmal den Namen Feigheit verdient, ein Laster, für das man keine hinreichend häßliche Bezeichnung finden kann, das der Natur widerwärtig ist und das die Sprache sich zu benennen weigert . . .
Wir bewundern die Tapferkeit, die die Freiheit dem einflößt, der sie verteidigt. Aber was in allen Ländern allen Menschen jeden Tag geschieht, nämlich, daß ein Mensch über hunderttausend Dörfer, Städte herrscht und sie der Freiheit beraubt – wer würde das glauben, wenn er es nur hörte und nicht sähe? Und wenn man das nur in fremden und entfernten Ländern sehen könnte, wer würde nicht glauben, daß das ausgedacht, nicht aber tatsächlich der Fall sei? Braucht man doch den einen Menschen, der alle bedrückt, nicht zu besiegen, sich vor ihm nicht zu verteidigen – er ist immer besiegt, wenn ein Volk nur nicht einverstanden ist mit seiner Knechtschaft. Man

braucht ihm nichts wegzunehmen, man braucht ihm nur nichts zu geben. Das Land braucht nichts zu tun, es braucht sich nur nicht zu schädigen, und das Volk ist frei. Da sich die Völker selbst der Macht der Herrscher unterwerfen, brauchen sie nur aufzuhören, Sklaven zu sein, und sie werden frei. Die Völker begeben sich selbst in die Sklaverei, sie schneiden sich selbst den Hals durch. Ein Volk, das frei sein kann, gibt selber seine Freiheit hin, legt sich selbst das Joch auf, stimmt nicht nur der Bedrückung zu, die an ihm ausgeübt wird, sondern sucht sie. Wenn die Wiedererlangung ihm noch etwas kosten würde und das Volk deswegen dieses teuerste und ganz natürliche Menschenrecht, das den Menschen vom Tier unterscheidet, nicht suchen würde, so verstände ich das: es kann ja die Sicherheit und Bequemlichkeit des Lebens dem Kampf um die Freiheit vorziehen. Wenn es aber, um die Freiheit zu erlangen, sie sich nur zu wünschen braucht, kann es dann wirklich ein Volk in der Welt geben, das sie für allzu teuer erkauft hält, obwohl es sie durch den bloßen Wunsch erwerben kann? Jemand kann mit Hilfe eines bloßen Wunsches ein Heil erwerben, für das es sich lohnt, sein Leben hinzugeben – ein Heil, dessen Entbehrung das Leben zu einer Qual und den Tod zu einer Wohltat macht – er kann es, aber er wünscht es sich nicht. Wie das Feuer durch einen Funken groß wird und immer mehr an Ausdehnung zunimmt, je mehr Nahrung es findet, wie es wieder von selbst erstickt, sich selbst vernichtet, seine Form verliert und aufhört, ein Feuer zu sein, sobald man nur kein Holz nachlegt; so ist es auch mit den Herrschern: je mehr sie rauben, je mehr sie fordern, je mehr sie zerstören und vernichten, je mehr man ihnen gibt und ihnen dient, – um so stärker und zerstörungswütiger werden sie; wenn man ihnen aber nichts gibt, ihnen nicht gehorcht, so werden sie ohne Kampf, ohne Schlacht kahl und dürr, sie werden zu nichts – wie Holz, das keinen Saft und keine Nahrung erhält, zu einem trocknen, toten Zweiglein wird.

Wenn sie ein erwünschtes Gut erlangen wollen, fürchten

kühne Menschen keine Gefahr. Wenn Feiglinge auch nicht verstehen, Leiden zu ertragen und ein Gut zu erlangen, so bleibt ihnen doch der Wunsch, es zu besitzen, auch dann, wenn sie infolge ihrer Feigheit nicht danach streben. Der Wunsch ist Weisen und Unvernünftigen, Tapferen und Feigen in gleicher Weise eigen. Alle wünschen das zu erlangen, was sie glücklich und zufrieden machen kann; aber ich weiß nicht, warum die Menschen nur das eine nicht wünschen: die Freiheit. Diese Freiheit – ist ein großes Gut; ihr Verlust zieht alles andre Unglück nach sich; ohne sie verlieren auch die Wohltaten, die noch übrig bleiben, ihre Annehmlichkeit und ihren Reiz. Und dieses große Gut, zu dessen Erlangung eines genügt: nämlich der Wunsch, es zu besitzen – wünschen die Leute nicht, scheinbar aus dem Grunde, weil es allzu leicht zu erlangen ist.

Arme, unglückliche Leute, unvernünftige Völker, die ihr hartnäckig seid in dem, was euch schadet, blind gegen das, was euch nützt, ihr erlaubt, daß man euch den besten Teil eurer Einkünfte nimmt, daß man eure Felder, eure Häuser plündert, ihr lebt so, als wenn das alles nicht euch gehörte. Und alle diese Not und alles dies Unglück geht nicht von Feinden aus, sondern von dem einen Feinde, den ihr euch selbst schafft, für den ihr tapfer in den Krieg zieht, für dessen Größe ihr euch nicht weigert in den Tod zu gehen. Er, der über euch herrscht, hat nur zwei Augen, zwei Hände, einen Körper und hat nichts, was der allerunbedeutendste Mensch aus der unendlichen Zahl von eures gleichen nicht hätte; die Überlegenheit, die er über euch hat – ist nur das Recht, das ihr ihm gebt: euch zu vernichten. Woher sollte er so viel Augen nehmen, um euch zu überwachen, wenn ihr sie ihm nicht geben würdet? Woher sollte er so viel Hände nehmen, um euch zu schlagen, wenn er sie nicht von euch nehmen würde? Oder woher sollte er die Füße nehmen, mit denen er eure Dörfer niedertritt? Woher bekäme er sie, wenn es nicht die eurigen wären? Woher hätte er Macht über euch, wenn ihr sie ihm nicht gäbet? Wie könnte er über euch her-

fallen, wenn ihr nicht eins mit ihm wäret? Was könnte er euch tun, wenn ihr nicht Hehler des Diebes wäret, der euch bestiehlt, Komplizen des Mörders, der euch tötet, wenn ihr nicht Verräter an euch selbst wäret? Ihr säet, damit er euch eure Saaten vernichte, ihr füllt und schmückt eure Häuser, damit er euch bestehle; ihr erzieht eure Kinder, damit er sie in seinen Kriegen zum Kampfe führe, damit er sie zu Werkzeugen seiner Lüste, seiner Rache mache; ihr stürzt euch in Arbeit, damit er seine Bequemlichkeit genießen und sich in schmutzige und häßliche Vergnügungen stürzen könne; ihr schwächt euch, um ihn stark zu machen, und damit er euch im Zaum halten könne. Und von diesen Schrecken, die kein Tier ertragen würde, könnt ihr euch befreien, wenn ihr euch bemüht: nicht euch zu befreien, sondern die Befreiung nur zu wünschen.
Entschließt euch, nicht mehr zu dienen, und ihr seid frei. Ich will nicht, daß ihr mit ihm kämpfen sollt, über ihn herfallt, sondern nur, daß ihr aufhört, ihn zu unterstützen; und ihr sollt sehen, daß er wie ein riesiges Standbild, dem man die Unterlage fortgenommen hat, infolge seiner Schwere zu Boden stürzt und in Trümmer geht.«[1]

Dieses Werk ist vor vier Jahrhunderten geschrieben worden, und trotz aller Klarheit, mit der darin gezeigt ist, wie unsinnig die Menschen ihre Freiheit und ihr Leben vernichten, indem sie sich freiwillig in Knechtschaft begeben, haben die Menschen La Boéties Rat nicht befolgt – den Rat: nur die von der Regierung ausgeübte Gewalt nicht zu unterstützen, damit sie zugrunde gehe – sie haben nicht nur seinen Rat nicht befolgt, sondern haben vor allem die Bedeutung dieses Werkes verborgen, und in der französischen Literatur hat bis zur Neuzeit die Ansicht geherrscht, daß La Boétie das, was er geschrieben hat, nicht geglaubt hätte, sondern daß es nur eine schöne Stilübung sei!

So augenscheinlich es den Leuten auch sein muß, daß ihr Hauptunglück aus der Organisation entspringt, die sie in der

1 La Boétie, *Sur la Servitude Volontaire.*

Sklaverei erhält, sie fahren dennoch fort, diese Organisation zu unterstützen und sich den Leuten zu unterwerfen, die an der Spitze der Organisation stehen.
Und was für Leuten? So abscheulichen Menschen wie Katharina, Ludwig XI., dem englischen Jakob, dem spanischen Philipp, Napoleon I. und III.

4

Man könnte die Unterordnung eines ganzen Volkes unter wenige Leute noch rechtfertigen, wenn die Regierenden die besten Menschen wären; aber das ist nicht der Fall, war niemals der Fall und kann es nie sein. Es herrschen häufig die schlechtesten, unbedeutendsten, grausamsten sittenlosesten und besonders die verlogensten Menschen. Und daß dem so ist, ist kein Zufall. Machiavelli, ein Mensch, der weiß, worin die Regierungsmacht besteht, wie man sie erwirbt und erhält, sagt folgendes:
»Die Kriegskunst und die Vorbereitung zum Kriege müssen den Hauptgegenstand der Sorge jedes Herrschers bilden. Alle seine Gedanken müssen auf Erlernung und Vervollkommnung der Kriegskunst und des Kriegswesens gerichtet sein; er darf sich durch nichts andres ablenken lassen, da auf der Kriegskunst das ganze Geheimnis der Macht eines Herrschers beruht und dank ihr nicht nur geborne Fürsten, sondern auch gewöhnliche Privatpersonen die oberste Macht erlangen können. Die Kriegskunst verachten, heißt dem Verderben entgegengehen . . . Folglich darf kein Herrscher auch nur einen Augenblick das Kriegshandwerk vernachlässigen und muß es besonders in Friedenszeiten üben . . .
Die Sucht nach Eroberungen – ist unzweifelhaft eine ganz gewöhnliche und natürliche Eigenschaft: Eroberer, die ihr Ziel erreichen, verdienen eher Lob als Tadel; aber Pläne entwerfen und dann nicht imstande sein, sie zu verwirklichen – das ist unvernünftig und abgeschmackt . . .

Der Eroberer kann auf drei Arten von ihm eroberte Länder im Zaume halten, die bis dahin von eignen Gesetzen regiert worden sind und freie staatliche Einrichtungen besessen haben. Die erste Art ist: sie vernichten und machtlos machen; die zweite: sich persönlich in ihnen ansiedeln; und die dritte: die in ihnen bestehenden Einrichtungen unangetastet lassen, den Bewohnern nur eine Abgabe auferlegen und eine Verwaltung mit beschränktem Personal einführen, das die Bewohner in Treue und Gehorsam hält ...

Ein Herrscher darf vor keiner Verurteilung wegen der Laster zurückschrecken, ohne die es unmöglich ist, die oberste Macht in Händen zu behalten, da man nach genauer Erwägung der einzelnen Umstände *leicht begreift, daß es Tugenden gibt, die den, der sie besitzt, nur ins Verderben stürzen, und daß es Laster gibt, mittels derer allein die Herrscher Sicherheit und Wohlstand erlangen können ...*

Herrscher dürfen sich, wenn es sich um die Treue und Einigkeit ihrer Untertanen handelt, nicht davor fürchten, grausam zu erscheinen. Herrscher, die in einzelnen Fällen ihre Zuflucht zur Grausamkeit nehmen, handeln barmherziger, als wenn sie aus übermäßiger Leutseligkeit Aufstände groß zögen, die zu Raub und Gewalttaten führen, weil Aufstände ein Unglück für die ganze Gesellschaft bilden, Hinrichtungen aber immer nur einzelne Personen treffen ...

Ich finde, es ist wünschenswert, daß Herrscher das eine mit dem andern vereinigen; da das aber schwer zu verwirklichen ist und die Herrscher gewöhnlich das wählen müssen, was für sie persönlich vorteilhaft ist, bemerke ich, daß es nützlicher ist, die Untertanen in Furcht zu erhalten. Die Menschen sind im allgemeinen undankbar, unbeständig, verlogen, furchtsam und habgierig; wenn Herrscher sie mit Wohltaten überschütten, stellen sie sich anhänglich bis zur Selbstaufopferung, und, wie ich schon oben gesagt habe: wenn die Gefahr fern ist, bieten sie ihnen ihr Blut, ihr Vermögen und ihr und ihrer Kinder Leben an; kaum bricht aber die Gefahr herein – so sind sie nicht weit vom Verrat entfernt. Ein Herrscher, der solchen Versprechungen allzusehr vertraut und keine Maßregeln zu seiner persönlichen Sicherheit trifft, geht gewöhnlich zugrunde, weil die Anhänglichkeit von Untertanen, die durch Geschenke und nicht durch Seelengröße und innre Vornehmheit gewonnen ist, zwar leicht erworben wird, aber auch leicht wieder verloren geht, und weil man in der Stunde der Not auf sie nicht rechnen darf. Außerdem sind die Menschen eher geneigt, die zu kränken, für die sie Liebe empfinden, als die, vor denen sie Furcht haben; die Liebe ruht gewöhnlich auf einer nur schwachen Unterlage von Dankbarkeit, und die Menschen, namentlich böse Menschen, benutzen den ersten besten Vorwand, um aus persönlichem Interesse Verrat an ihr zu üben; Furcht dagegen beruht auf der Angst vor Strafe, die den Menschen nie verläßt ... In Kriegszeiten, überhaupt, wenn große Heere zur Verfügung stehen, können Herrscher ohne Furcht grausam sein, da es schwer ist, ohne Grausamkeit Ordnung und Gehorsam unter den Truppen aufrecht zu erhalten ...

Ich kehre zu der Frage zurück, ob es für Herrscher vorteilhafter sei, daß die Untertanen sie lieben, oder daß sie sie fürchten, und komme zu dem Schlusse, daß es, da sie im ersten Falle von den Untertanen abhängig, sobald sie aber Furcht erregen, selbständig sind, – daß es also für einen weisen Herrscher weit mehr Vorteil bringt, sich auf etwas zu stützen, was von ihm selbst abhängt, als auf etwas, was von andern abhängt. Dabei müssen die Herrscher aber, wie ich schon gesagt habe, immer darauf bedacht sein, keinen Haß gegen sich zu erregen ...

Es gibt zwei Arten, das Ziel zu erreichen: den gesetzlichen Weg und den Weg der Gewalt. Die erste Art – ist die menschliche; die zweite – die Art wilder Tiere. Da aber die erste Art nicht immer gelingt, so nehmen die Menschen bisweilen zur zweiten ihre Zuflucht. Herrscher müssen beide Arten anwenden können ...

Ein Herrscher, der gleich den Tieren durch rohe Gewalt wirkt, muß die Eigenschaften des Löwen und des Fuchses in sich vereinigen. Wenn er nur die Eigenschaften des Löwen besitzt, wird er sich nicht zu schützen und die Fallstricke nicht zu vermeiden verstehen, die man ihm legt; wenn er aber nur Fuchs ist, wird er sich nicht gegen Feinde verteidigen können; also müssen, um die Fallstricke vermeiden und um die Feinde beseitigen zu können, Herrscher gleichzeitig Löwe und Fuchs sein.
Die Herrscher, die nur mit der Rolle des Löwen prahlen, beweisen dadurch große Unvernunft.
Ein vorsichtiger Herrscher darf also seine Versprechungen und Verbindlichkeiten nicht erfüllen, sobald diese Erfüllung ihm Schaden bringt, und wenn die Anlässe, die ihn zu den Versprechungen genötigt haben, nicht mehr vorhanden sind. Natürlich, wenn alle Menschen redlich wären, würde solch ein Rat als unsittlich gelten; da aber die Menschen sich gewöhnlich nicht durch Redlichkeit auszeichnen und Untertanen sich in bezug auf den Herrscher nicht besonders um Erfüllung ihrer Versprechen kümmern, so brauchen auch Herrscher in bezug auf sie nicht besonders heikel zu sein. Es fällt einem Herrscher nicht schwer, jeden Meineid mit guten Vorwänden zu verdecken. Als Beweis dafür kann man zahllose Beispiele aus der Geschichte der Gegenwart anführen, kann man auf eine Menge friedlicher Verträge und Abmachungen aller Art hinweisen, die von Herrschern nicht gehalten worden oder toter Buchstabe geblieben sind. Hierbei wird klar, daß die Herrscher den größten Vorteil hatten, die in ihrer Tätigkeit am besten dem Fuchse nachzuahmen verstanden. Es ist aber unbedingt notwendig, diese Handlungsweise unter der Maske der Redlichkeit gut zu verbergen: *Herrscher müssen die große Kunst der Heuchelei und der Verstellung verstehen, weil die Menschen gewöhnlich so blind und von ihren täglichen Bedürfnissen so sehr in Anspruch genommen sind, daß jemand, der gut zu lügen versteht, stets genug Leichtgläubige findet, die sich gern betrügen lassen ...*

Die Herrscher brauchen also in Wirklichkeit durchaus keine guten Eigenschaften zu besitzen . . . Aber jeder muß sich unbedingt den Anschein geben, als ob er sie alle besäße. Ich sage weiter – der wirkliche Besitz dieser Eigenschaften ist dem persönlichen Wohlergehen des Herrschers schädlich, Verstellung aber und Heuchelei – sind durchaus nützlich. So ist es für Herrscher sehr wichtig, barmherzig, nicht wortbrüchig, menschenfreundlich, religiös und offen zu erscheinen; wirklich so zu sein, ist aber nur in dem Falle unschädlich, wo ein Herrscher, der solche Eigenschaften besitzt, es versteht, sie im Notfalle zu unterdrücken und die entgegengesetzten Eigenschaften zu beweisen.
Es wird kaum jemand daran zweifeln, daß es für Herrscher, besonders für solche, die eben erst in den Besitz der Macht gelangt sind oder neu entstehende Monarchien regieren, unmöglich ist, ihre Handlungsweise mit den Geboten der Sittlichkeit in Übereinstimmung zu bringen: sehr häufig müssen sie, um die Ordnung im Reiche aufrecht zu erhalten, gegen die Gebote ihres Gewissens, gegen die Barmherzigkeit, die Menschenliebe und sogar gegen die Religion handeln. Herrscher müssen die Fähigkeit besitzen, ihre Überzeugungen den Umständen gemäß zu ändern, und müssen, wie ich oben gesagt habe, womöglich den Weg der Redlichkeit nicht verlassen, im Falle der Not aber auch zu unredlichen Mitteln ihre Zuflucht nehmen.
Herrscher müssen nur darauf bedacht sein, daß jedes Wort, das aus ihrem Munde geht, als Ausfluß aller der fünf von mir aufgezählten Eigenschaften erscheine, damit jeder, der den Herrscher hört, die Vorstellung eines sehr wahrhaftigen, sehr barmherzigen, sehr menschenfreundlichen, sehr aufrichtigen und sehr gottesfürchtigen Menschen von ihm erhalte. Besonders wichtig für Herrscher ist es, sich gottesfürchtig zu stellen; in diesem Falle lassen sich die Menschen, die meistenteils nur nach Äußerlichkeiten urteilen, da die Fähigkeit eines tief gründenden Urteils wenigen gegeben ist – leicht betrügen.

Die Maske der Verstellung ist für Herrscher unbedingt nötig, da die große Masse sie danach beurteilt, was sie zu sein scheinen, und nur sehr wenige imstand sind, den Schein von der Wirklichkeit zu unterscheiden; und selbst wenn diese wenigen die wirklichen Eigenschaften der Herrscher erkannt haben, werden sie nicht wagen, ihre der Meinung der Menschheit entgegengesetzte Meinung zu äußern, und werden sich auch scheuen, dadurch einen Anschlag auf die höchste, vom Herrscher repräsentierte Macht auszuüben. Da außerdem die Handlungen der Herrscher den Gerichten nicht unterworfen sind, so unterliegt nur das Resultat ihrer Handlungen dem Urteile, und nicht die Handlungen selbst. Wenn ein Herrscher es nur versteht, sein Leben und seine Macht zu bewahren, so gelten alle Mittel, die er dabei anwendet, als redlich und lobenswert.«[1]

Alle diese Wahrheiten waren nicht nur den Herrschern bekannt, an die sich Machiavelli wendet, sondern auch allen Leuten, die, in welcher Form es auch immer sei, früher über Menschen geherrscht haben und noch jetzt herrschen. Alle unbeschränkten Herrscher, alle Präsidenten, alle ersten Minister, alle gesetzgebenden und konstituierenden Versammlungen, besonders die, die den größten Erfolg gehabt haben und noch haben – sie alle haben, auch wenn sie Machiavelli nicht kennen, stets genau seine Regeln befolgt und befolgen sie noch heute.

Tatsächlich braucht man nur darüber nachzudenken, worin die Macht besteht, um einzusehen, daß es nicht anders sein kann.

Macht über einen andern ist nichts andres, als das eingestandene Recht, andre Menschen nicht nur Qualen und dem Tode zu unterwerfen, sondern auch: diese Menschen zu veranlassen, sich selbst zu quälen. Man kann es aber auf keine andre Weise erreichen, daß die Menschen sich auf Wunsch der Obrigkeit quälen und einander töten, als durch Betrug, Lüge, Hin-

1 Machiavelli, *Il principe.*

terlist und hauptsächlich durch Grausamkeit. So haben stets alle Herrscher gehandelt, und sie können nicht anders handeln.

5

Man lese die Geschichte der christlichen europäischen Völker seit der Reformation oder denke an sie. Sie bildet eine ununterbrochne Reihe der schrecklichsten, sinnlos grausamen Verbrechen, die von Regierenden gegen ihre eignen und fremde Völker und gegeneinander verübt worden sind: unaufhörliche Kriege, Räubereien, Vernichtung oder Bedrückung von Nationalitäten, Ausrottung ganzer Völker, Vertilgung friedlicher Einwohner aus Eigennutz, Ehrgeiz, Neid oder unter dem Vorwande der Einführung einer religiösen Wahrheit, unaufhörliche Scheiterhaufen, auf denen unter tausend gewöhnlichen Leuten auch die besten Männer ihrer Zeit verbrannt werden, Verrat, Lügen, Hinterlist, Raub fremden Eigentums, Foltern, Gefängnisse, Hinrichtungen, schreckliche, unnatürliche Verderbtheiten, wie man sie nur unter diesen unglücklichen Machthabern sehen kann. Und das sind nicht allein Karl IX., Heinrich VIII., Ivan der Schreckliche, sondern die gelobten französischen Ludwige, die englische Elisabeth, die Katharina, die Peter und Friedrich, alle tun sie nur das. Die Regierungen der Gegenwart, d. h. die Männer, die jetzt die Regierungen bilden (ganz einerlei, ob es in einer unbeschränkten, einer beschränkten Monarchie oder in einer Republik ist), tun oft dasselbe.
Sie entwenden durch Gewalt in der Form direkter und indirekter Abgaben der arbeitenden Bevölkerung einen großen Teil ihrer Habe und verwenden diese Mittel nach ihrem Dafürhalten, d. h. stets zur Erreichung von Parteizwecken oder persönlichen, eigennützigen, ehrgeizigen, ruhmbegierigen Zwecken. Zweitens unterstützen sie durch Gewalt das Eigentumsrecht einzelner an Grund und Boden, der dem ganzen

Volke abgenommen ist. Drittens bilden sie ein Söldnerheer oder ein stehendes Heer, d. h. berufsmäßige Mörder aus und schicken diese Mörder nach ihrem Ermessen zur Tötung und Beraubung dieser oder jener Menschen aus. Oder endlich: sie geben Gesetze, die alle diese Missetaten rechtfertigen und sanktionieren sollen. Das tun in der Gegenwart die Roosevelt, Nikolaus II. und Chamberlain mit ihren Gehilfen und Parlamenten.

Diese Tatsachen werden aber noch deutlicher, wenn man die Lage eines einzelnen Menschen betrachtet, der der Macht einer solchen Regierung unterliegt.

Die ungeheure Mehrzahl der auf unserm Planeten gebornen Menschen erscheint vom Tage der Geburt an des Rechtes beraubt, den Boden zu benutzen, auf dem diese Leute geboren sind – nicht nur des Rechtes, das zu benutzen, was auf der Oberfläche und im Innern der Erde ist, sondern auch des Rechtes, ein berechtigtes Dasein auf ihr zu führen, ohne hierfür denen, denen die Regierung das Recht, Land eigentümlich zu besitzen, zugesteht, und die diesen Raub wie ein heiliges Recht verteidigen, mit ihrer Arbeit dafür zu bezahlen. Wenn jemand auf diese Weise des natürlichsten und gesetzmäßigsten Rechtes auf Benutzung des Bodens beraubt ist, auf dem er geboren ist, sucht er irgend eine andre Existenzmöglichkeit. Und um seine eigne Lage und die seiner Familie möglichst zu verbessern, um Muße zum Lernen, Denken, zur Erholung und zum Verkehr mit den Menschen zu erlangen – arbeitet er und entrichtet an den Räuber für das Recht, auf der Erde zu leben und sie zu benutzen, gesetzmäßige Abgaben; aber man läßt ihn nicht in Ruhe. Direkt und indirekt erhebt man von ihm noch Abgaben zur Bezahlung der Beamten und der Geistlichkeit, nach denen er kein Bedürfnis haben kann, oder zur Erbauung von Schlössern, von Denkmälern, zum Unterhalt der Höfe und der Würdenträger, die er schon ganz gewiß nicht nötig hat, zum Unterhalt von Zollbeamten, die er nicht nur nicht nötig hat, sondern die ihm schädlich sind, zur Bezahlung der Zinsen von Reichsanleihen, die hundert Jahre vor seiner Geburt für Kriege kontrahiert worden sind, nach denen seine Vorfahren kein Bedürfnis hatten, oder für Kriegsrüstungen und Kriege, die für ihn und seine Angehörigen nicht nur nicht nötig, sondern verderbenbringend sind. Er gibt aber nach, weil alle diese Forderungen durch Gewalt, d. h. durch Androhung von Mord unterstützt werden, und bezahlt alle diese Abgaben. Aber die Regierungsmaschine läßt ihn auch jetzt noch nicht in Ruhe. In den meisten Staaten muß er nach Erreichung des zwanzigsten Lebensjahres zum Militär, d. h. in die grausamste Sklaverei, gehen; in Reichen aber, in denen es keine Militärpflicht gibt, muß er dafür erhöhte Abgaben bezahlen und jedenfalls gegen all das Unglück gerüstet sein, das Kriege mit sich bringen.

Derart sind die äußeren Leiden, die jeder Mensch ganz unschuldigerweise von der Regierung erduldet. Aber das ist bei weitem nicht alles. Das schrecklichste Leid, das die Regierung über uns verhängt, ist die geistige und moralische Verderbtheit, in die sie ihr Volk stürzt. Wird irgend ein Kind geboren, so wird es sofort dem Glauben zugezählt, den die Regierung eingeführt hat. Das war stets der Fall und ist es noch heute in den meisten Reichen. Und wo es nicht der Fall ist, hat es das Kind dadurch nicht leichter. Wenn es heranwächst, muß es in die Schule geschickt werden, die von der Regierung eingerichtet ist. Und in dieser Schule wird unweigerlich gelehrt, daß die Regierung und ihre Macht eine unerläßliche Lebensbedingung sei und daß die Regierung, unter der es geboren ist, die beste Regierung von der Welt sei, mag es nun die des russischen Zaren, oder die des türkischen Sultans, oder die englische Regierung mit ihrem Chamberlain und ihrer Kolonialpolitik, oder die Regierung der nordamerikanischen Union mit ihrer Protektion für Trusts und ihrem Imperialismus sein. Von der Art sind die unteren, obligatorischen Schulen, und ebenso sind auch alle höheren Schulen, die der heranwachsende russische, türkische, englische, französische oder ameri-

kanische Staatsbürger besuchen kann. Aber nicht nur in der Schule – auch in der Literatur, in Versammlungen, durch Denkmäler auf der Straße, durch eine entweder von der Regierung erkaufte oder der Regierung gefällige oder reichen Leuten, die sich auf die Regierung stützen, gehörende Presse – überall wird der Bürger, welchem Staat er auch immer angehören mag, dem verderblichen Einflusse der Regierung unterliegen, der dahin geht, daß jede Macht überhaupt, und insbesondere die seines Staates, mit ihren Fesseln, Gefängnissen, Galgen und Truppen eine unerläßliche Lebensbedingung für ihn und seine Anverwandten eine geachtete, schöne, verehrungs- und anbetungswürdige Tätigkeit darstelle, an der teilzunehmen jedermann sich glücklich schätzen und deren Vertreter er achten, respektieren und nachahmen müsse.
So werden die Menschen aller ihrer natürlichen Rechte beraubt, und der größte Teil ihrer Arbeit wird ihnen genommen, um einem schlechten Werke zu dienen; sie werden unmerklich derart in die überall aufgestellten Fangnetze verstrickt, daß sie ebenso Sklaven der Regierung werden, wie andre Sklaven von Sklavenbesitzern sind, nur mit dem Unterschiede, daß die Sklaven von Sklavenbesitzern Sklaven guter und moralischer Herren sein können, die Regierungssklaven aber oft genug Sklaven der verderbtesten, grausamsten und verlogensten Leute sind.
Und was das Schlimmste ist: als derartige Sklaven der grausamsten und schlimmsten Leute wissen die Regierungssklaven nicht nur nicht, daß sie Sklaven sind, und wünschen sich deshalb gar keine Freiheit, sondern sie bilden sich namentlich in konstitutionellen und republikanischen Staaten sogar ein, sie wären ganz freie Leute, und sind stolz auf ihre Sklaverei.

6

»In der Tat, was sind heutzutage die Regierungen, ohne die zu existieren es den Menschen unmöglich erscheint? Wenn es eine Zeit gegeben hat, in welcher die Regierungen ein notwendiges und das kleinere Übel waren als jenes, welches durch die Schutzlosigkeit gegen organisierte Nachbarn geschaffen wurde, so sind die Regierungen jetzt ein unnützes und ein größeres Übel als alles das, womit sie ihre Völker schrecken.

Die Regierungen, nicht nur die militärischen, sondern alle Regierungen überhaupt könnten, ich will nicht sagen nützlich, aber wenigstens unschädlich nur in dem Falle sein, wenn sie sich aus unfehlbaren, heiligen Menschen zusammensetzen würden, wie es bei den Chinesen auch vorausgesetzt wird. Aber die Regierungen bestehen, schon der Art ihrer Tätigkeit nach, die nichts als Vergewaltigungen zum Zwecke hat, immer aus den der Heiligkeit entgegengesetztesten Elementen, aus den allerfrechsten, rohesten und unmoralischsten Menschen.

Daher ist jede Regierung, um so mehr aber eine Regierung, der die militärische Gewalt überlassen ist, ein furchtbares, ja das gefährlichste Institut der Welt.

Die Regierung im weitesten Sinne, die Kapitalisten und die Presse mit eingerechnet, ist nichts anderes als eine Organisation, bei welcher der größere Teil der Menschen sich in der Gewalt des über ihm stehenden kleineren Teiles befindet. Dieser kleinere Teil aber fügt sich der Macht eines noch kleineren Teiles, dieser wieder einem noch kleineren und so weiter, bis man schließlich zu einigen wenigen Menschen, oder nur einem Menschen gelangt, die durch militärische Vergewaltigung die Macht über alle übrigen erhalten. So daß diese ganze Institution einem Kegel ähnelt, dessen sämtliche Teile sich in der Gewalt der Personen oder der Person befinden, die auf seiner Spitze stehen.

Der Spitze dieses Kegels bemächtigen sich aber die Menschen oder der Mensch, die schlauer und gewissenloser sind als die übrigen oder aber ein zufälliger Erbe derer, die dreister und gewissenloser waren.

Heute Boris Godunov, morgen Grigorij Otrepjev, heute die lasterhafte Katharina, die mit ihren Liebhabern ihren Mann erdrosselte, morgen Pugačëv, übermorgen der wahnsinnige Paul, Nikolaus, Alexander III. Heute Napoleon, morgen ein Bourbon oder Orléans, Boulanger oder die Gesellschaft der Panamisten; heute Gladstone, morgen Salisbury, Chamberlain, Rhodes.

Und solchen Regierungen wird dann die volle Gewalt anheimgestellt, die Gewalt nicht nur über das Eigentum und das Leben, sondern auch über die geistige und sittliche Entwicklung, über die religiöse Führung aller Menschen.

Die Menschen bauen sich eine so schreckliche Maschinerie der Macht auf, überlassen es dem ersten besten, sich dieser Macht zu bemächtigen (alle Chancen aber sind dafür, daß sich ihrer der sittlich verkommenste Mensch bemächtigen wird), und unterwerfen sich sklavisch und wundern sich, daß sie es schlecht haben. Sie haben Furcht vor Minen und Anarchisten, fürchten aber diese schreckliche Einrichtung nicht, die sie stündlich mit den größten Schrecknissen bedroht.

Die Menschen hatten gefunden, daß es für sie nützlich sei, um sich vor den Feinden zu verteidigen, sich aneinander zu fesseln, wie es die sich verteidigenden Tscherkessen tun. Aber es ist gar keine Gefahr mehr da, und die Menschen fahren trotzdem fort, sich zu fesseln.

Sorgfältig fesseln sie sich so, daß ein Mensch mit ihnen machen könne, was er wolle; dann werfen sie das Ende des Strickes, mit dem sie sich gefesselt haben, hin und überlassen es dem ersten besten Schuft oder Narren, es zu ergreifen und mit ihnen nach seinem Belieben zu handeln.

Was anderes denn tun die Völker, indem sie eine mit Militärgewalt verbundene Regierung einsetzen, sich ihr unterwerfen und sie stützen?«[1]

» ›Aber wie kann man ohne Regierung leben? Ohne Regierung entsteht ein Chaos, die Anarchie, geht alle Zivilisation zu-

1 *Patriotismus und Regierung.*

grunde und kehren die Menschen in den Zustand ursprünglicher Wildheit zurück. Rührt nur einmal an die bestehende Ordnung der Dinge‹ – sagen gewöhnlich nicht nur die, denen diese Ordnung der Dinge Vorteil bringt, sondern auch die, denen sie augenscheinlich keinen Vorteil bringt, die sich aber so daran gewöhnt haben, daß sie sich ein Leben ohne Regierungsgewalt nicht vorstellen können – ›die Vernichtung der Regierung bringt das größte Unglück: Aufruhr, Raub, Mord, so daß schließlich nur böse Menschen regieren und alle guten unterjocht werden‹ – sagen sie.«[2]

»Alle Menschen, die im Besitze der Macht sind, behaupten, daß ihre Macht deswegen nötig sei, damit die Bösen die Guten nicht vergewaltigen, und verstehen darunter, daß eben sie die Guten seien, die andre Gute vor Bösen schützten.

Aber herrschen heißt Gewalt ausüben; Gewalt ausüben heißt das tun, was der, an dem Gewalt ausgeübt wird, nicht will, und was der, der Gewalt ausübt, sich selber sicherlich nicht wünscht; folglich heißt herrschen: einem andern das antun, was wir uns selbst nicht angetan wissen wollen.

Sich unterwerfen heißt: der Geduld den Vorzug vor der Gewalt geben. Der Geduld aber den Vorzug vor der Gewalt geben, heißt: gut sein oder doch besser als die, die andern das tun, was sie sich selbst nicht wünschen.

Und deswegen spricht alle Wahrscheinlichkeit dafür, daß stets und auch jetzt nicht bessere Menschen herrschten und herrschen, als die sind, über die sie herrschen. Auch unter denen, die sich der Gewalt unterwerfen, können schlechte Menschen sein; aber es ist unmöglich, daß gute Menschen über schlechte herrschen.«[3]

»Und ganz abgesehen davon, daß alle diese Gewalttätigkeiten, Räubereien, Morde, die mit der Herrschaft der Bösen und der Unterwerfung der Guten enden – ganz abgesehen davon, daß das alles früher bestanden hat und auch jetzt besteht, sowie

2 *Die Sklaverei unserer Zeit,* Kap. 13.
3 *Das Reich Gottes ist in Euch,* Kap. 10.

von der Annahme, daß eine Störung der bestehenden Ordnung der Dinge Verwirrung und Unordnung hervorrufe, das beweist noch lange nicht, daß jene Ordnung eine gute war.
›Rührt nur an die bestehende Ordnung – dann entsteht das größte Unglück.‹
Rührt nur an einem Ziegelstein von tausenden, die zu einer mehrere Faden hohen, schmalen Säule aufgetürmt sind, so stürzen alle Ziegel zusammen und werden zerschlagen. Aber der Umstand, daß jeder herausgezogene Ziegel und jeder Stoß eine derartige Säule und alle Ziegel zerstört, beweist noch nicht, daß es vernünftig sei, die Ziegel in eine unnatürliche und unzweckmäßige Lage zu bringen. Im Gegenteil, es beweist, daß man Ziegel nicht zu einer solchen Säule aufschichten darf, sondern daß man sie so hinlegen muß, daß sie sich festhalten, und daß man sie benutzen kann, ohne den ganzen Bau zu zerstören. Dasselbe ist mit der gegenwärtigen Staatseinrichtung der Fall. Die Staatseinrichtung ist ein sehr künstliches und schwankes Gebäude, und der Umstand, daß der geringste Stoß dieses Gebäude zerstört, beweist nicht nur nicht, daß das Gebäude unbedingt notwendig wäre, sondern beweist im Gegenteil, daß es vielleicht früher einmal nötig war, daß es jetzt aber gewiß nicht mehr nötig und deswegen schädlich und gefährlich ist.
Und zwar ist es deswegen schädlich und gefährlich, weil diese Einrichtung alles Böse, das in der Gesellschaft existiert, nicht nur nicht verringert und verbessert, sondern noch verschlimmert und um so mehr bestärkt. Es wird aber deswegen verschlimmert und bestärkt, weil es entweder gerechtfertigt und in anziehende Formen gekleidet oder aber verborgen wird.
Alle Volkswohlfahrt, die uns in sogenannten wohleingerichteten, durch Gewalt regierten Staaten vor Augen tritt, ist nur Schein, Einbildung. Alle Dinge, die die äußere Wohlanständigkeit beeinträchtigen könnten, alle Hungrigen, Kranken, unförmlich Entstellten werden so versteckt, daß man sie nicht

sehen kann; der Umstand aber, daß man sie nicht sieht, beweist noch nicht, daß sie nicht vorhanden wären: im Gegenteil, es sind ihrer um so mehr, je mehr sie verborgen werden, und um so grausamer handeln die gegen sie, die ihr Unglück verschuldet haben. Es ist richtig, daß jede Beeinträchtigung, und besonders das Aufhören der Regierung, d. h. der organisierten Gewalt, diese äußere Wohlfahrt stört; aber diese Störung ruft keine wirkliche Zerstörung des Lebens hervor, sondern enthüllt nur, was verborgen war, und gibt die Möglichkeit, es zu bessern.

Die Menschen haben bis auf die letzte Zeit, bis zum Ende des letzten Jahrhunderts, gedacht und geglaubt, daß sie ohne Regierung nicht leben könnten. Aber das Leben geht seinen Lauf, die Lebensbedingungen und die Ansichten der Menschen ändern sich, und trotz der Bemühungen der Regierung, die darauf gerichtet sind, die Menschen in diesem Zustande der Kindheit festzuhalten, in dem die Mißhandelten sich wohler fühlen, wenn nur jemand da ist, dem sie ihr Leid klagen können, treten die Menschen – besonders die arbeitende Bevölkerung, nicht nur in Europa, sondern auch in Rußland – immer mehr und mehr aus dem Zustande der Kindheit heraus und beginnen, ihre wahren Lebensbedingungen zu begreifen.

›Ihr sagt uns, daß ohne euch die Nachbarvölker: die Chinesen, die Japaner, uns unterjochen würden‹, sagen heute die Leute aus dem Volke; ›wir lesen aber Zeitungen und wissen, daß niemand uns mit Krieg bedroht, sondern daß nur ihr, die Regierungen, um irgendwelcher uns unverständlichen Ziele willen euch gegenseitig erbittert und dann unter dem Vorwande, eure Völker zu verteidigen, uns durch Abgaben zum Unterhalt von Kriegsflotten, Rüstungen, strategischen Eisenbahnen, die nur für euern Ehrgeiz und eure Ruhmsucht nötig sind, miteinander Kriege anfangt, wie ihr das jetzt mit den friedliebenden Chinesen getan habt. Ihr sagt, daß ihr zum Zwecke unseres Wohlergehens das Landeigentum schütztet, aber euer Schutz bewirkt nur, daß alles Land in den Besitz von nicht arbeitenden Gesellschaften, von Bankiers, von Reichen übergegangen ist oder übergeht, während wir, die ungeheure Mehrzahl des Volkes, des Landes beraubt sind und uns in der Gewalt von Leuten befinden, die nicht arbeiten. Ihr schützt den Grundbesitz nicht durch eure Gesetze über Grundeigentum, sondern nehmt ihn denen weg, die arbeiten. Ihr sagt, daß ihr das Arbeitsprodukt jedes Menschen schütztet, dabei tut ihr aber gerade das Gegenteil: alle Menschen, die Werte erzeugen, sind dank eurem angeblichen Schutz in eine Lage versetzt, daß sie nicht nur niemals den Lohn für ihre Arbeit empfangen können, sondern daß ihr ganzes Leben sich in vollständiger Abhängigkeit und unter der Macht von Leuten befindet, die nicht arbeiten ...‹

Da wird behauptet, daß ohne Regierung die sozialen Einrichtungen, die der Aufklärung und Erziehung dienen und für alle nötig sind, nicht existieren würden.

Aber warum soll man das annehmen? Warum soll man glauben, daß Leute, die nicht regieren, ihr Leben nicht ebensogut einzurichten verstünden, wie die Regierung es nicht für sich, sondern für andre einrichtet?

Wir sehen im Gegenteil, daß unter den verschiedensten Lebensbedingungen in unsrer Zeit Leute sich ihr Leben unvergleichlich besser einrichten, als es die Regierung für sie einrichtet. Ohne jede Einmischung der Regierung, oft sogar trotz der Einmischung der Regierung, bilden Menschen aller Art gesellschaftliche Unternehmungen – Arbeitervereine, Genossenschaften, Eisenbahngesellschaften, Kartelle, Syndikate. Wenn für soziale Zwecke Steuern nötig sind, warum sollte man denn nicht glauben, daß freie Leute ohne Gewalt nicht imstande sein würden, die nötigen Mittel zu sammeln und das einzurichten, was sonst mittels erzwungener Abgaben eingerichtet wird, wenn diese Einrichtungen nur allen Nutzen bringen? Warum sollte man glauben, daß Gerichte nicht ohne Gewalt existieren könnten? Gerichte, zu denen die Prozessierenden Vertrauen haben, hat es immer gegeben und wird es immer geben, und sie bedürfen nicht der Gewalt. Wir sind durch die lange Sklaverei so verdorben, daß wir uns keine Verwaltung ohne Gewalt vorstellen können. Das ist aber nicht wahr. Russische Bauerngemeinden, die in entfernten Gegenden angesiedelt sind, wo unsre Regierung sich nicht in ihr Leben einmischt, richten sich ihre eignen Steuern, ihre eigne Verwaltung, eignes Gericht und eigne Polizei ein und befinden sich so lange wohl dabei, bis die Regierung sich in ihre Verwaltung einmischt ...

Zehntausende von Desjatinen Wald, die einem Besitzer gehören, während tausend Menschen daneben kein Brennholz haben, bedürfen eines gewaltsamen Schutzes. Ebenso bedürfen die Betriebe und Fabriken des Schutzes, in denen mehrere Generationen von Arbeitern beraubt worden sind und noch immer beraubt werden. Noch mehr bedürfen des Schutzes die Hunderttausende von Puden Getreide eines Besitzers, der eine Hungersnot abwartet, um seine Vorräte der hungernden Bevölkerung zu dreifachem Preise zu verkaufen ...

Man sagt gewöhnlich: versucht einmal, das Landeigentumsrecht und das Recht auf Arbeitserzeugnisse zu beseitigen – so wird niemand mehr arbeiten, da er nicht sicher sein kann, daß man ihm das Erworbene nicht wegnimmt. Man muß umgekehrt sagen: der gewaltsame Schutz ungesetzlichen Eigentums, der jetzt ausgeübt wird, hat in den Menschen das natürliche Rechtsgefühl für die Benutzung der Gegenstände, d. h. das natürliche und angeborne Eigentumsrecht, ohne das die Menschheit nicht leben könnte und das in der Gesellschaft immer existiert hat und existiert, wenn nicht völlig vernichtet, so doch bedeutend geschwächt.

Es ist verständlich, wenn man sagt, Pferde und Ochsen könnten ohne die Gewalt vernünftiger Wesen – nämlich der Menschen – über sich nicht leben; aber warum sollen Menschen ohne die Gewalt nicht irgendwelcher höherer Wesen, sondern ebensolcher Wesen, wie sie selbst sind, über sich nicht leben können? Warum müssen die Menschen sich der Gewalt der Leute unterwerfen, die gerade jetzt die Macht in Händen haben? Wo ist der Beweis, daß diese Menschen vernünftiger wären, als die, über die sie Gewalt üben?

Der Umstand, daß sie sich erlauben, Gewalt über Menschen auszuüben, beweist, daß sie nicht nur nicht vernünftiger, sondern daß sie unvernünftiger sind als die, die sich ihnen unterwerfen ...

Man sagt: wie können Menschen ohne Regierung, d. h. ohne Gewalt leben? Man muß im Gegenteil sagen: wie können Menschen, vernünftige Wesen leben, die als innres Band ihres Lebens Gewalt und nicht auf vernünftigem Nachdenken beruhende Übereinstimmung anerkennen?

Eins von beiden ist möglich: entweder sind die Menschen vernünftige, oder sie sind unvernünftige Wesen. Wenn sie unvernünftige Wesen sind, so sind sie alle unvernünftig, und dann wird alles zwischen ihnen durch Gewalt entschieden, und es ist kein Grund dafür vorhanden, daß die einen das Recht der Gewalt besitzen, die andern aber nicht. Und die von der Regierung ausgeübte Gewalt ist nicht gerechtfertigt. Wenn aber die Menschen vernünftige Wesen sind, so müssen ihre Beziehungen zueinander auf vernünftiger Überlegung gegründet sein, und nicht auf der Gewalt von Menschen, die zufällig die Macht an sich gerissen haben ...«[4]

»Die Menschen sagen auch, daß ... die Vernichtung des Staates eine Vernichtung alles dessen nach sich ziehen würde, was die Menschheit geschaffen hat, daß der Staat, wie er es früher war, so auch in alle Zukunft die einzige Form menschlicher Entwicklung sein würde, und daß alles Böse, das wir bei den Völkern sehen, die in irgend einer Staatsverfassung leben, nicht von dieser Verfassung, sondern von dem Mißbrauch herrühre, der beseitigt werden könne, ohne daß die Verfassung vernichtet werde, und daß die Menschheit, ohne die Re-

4 *Die Sklaverei unserer Zeit,* Kap. 13.

gierung zu beseitigen, sich entwickeln und bis zu einem hohen Grade von Wohlstand gelangen könne. Und die Leute, die so denken, führen zur Unterstützung ihrer Meinung unwiderleglich erscheinende, philosophische, historische und selbst religiöse Beweise an.

Man kann Bände zur Verteidigung der ersten Ansicht schreiben (sie sind längst geschrieben und werden noch immer geschrieben), aber man kann auch viel gegen sie schreiben (und das ist ebenfalls geschehen, wenn auch erst neuerdings, so doch von zahlreichen Leuten und in glänzendem Stil).

Man kann nicht, wie die Verteidiger der Regierung es tun, beweisen, daß eine Vernichtung der Regierung ein allgemeines Chaos, allseitigen Raub, Mord, die Vernichtung aller sozialen Anstalten und die Rückkehr der Menschheit zur Barbarei nach sich ziehen würde ... Noch weniger kann man das durch einen Versuch beweisen, da die Frage darin besteht, ob man den Versuch machen oder nicht machen soll. Die Frage, ob die Zeit gekommen sei, die Regierung abzuschaffen, wäre nicht zu entscheiden, wenn es nicht eine andre, aus dem Leben genommene Art einer unbestreitbaren Entscheidung gäbe.

Ganz unabhängig von jedem Urteil darüber, ob die Jungen genug herangewachsen sind, um aus dem Ei zu kriechen, oder ob sie noch nicht genügend herangewachsen sind, entscheiden die Vögel diese Frage ganz von selbst, wenn sie aus Platzmangel in den Eierschalen diese mit dem Schnabel durchpicken und selbst auskriechen.

Dasselbe ist mit der Frage der Fall, ob für die Menschen die Zeit für die Aufhebung der Regierung und ihren Ersatz durch eine neue Form hereingebrochen ist oder nicht. Wenn jemand infolge seines besseren Wissens die Anforderungen einer Regierung nicht mehr erfüllen kann, keinen Platz mehr unter ihr hat und gleichzeitig des Schutzes der Regierung nicht mehr bedarf, so wird die Frage, ob die Menschen reif genug seien, um die Regierung abzuschaffen, oder ob sie nicht reif genug seien, auf ganz andre Weise und ebenso unwiderleglich entschieden wie bei den Vögeln, die aus den Eiern kriechen, in die sie keine Macht der Welt mehr zurückbringen kann – sie wird nämlich von den Menschen selbst entschieden, die dem Staate entwachsen sind und durch keine Macht wieder unter seine Botmäßigkeit gebracht werden können.

›Es ist sehr wohl möglich, daß der Staat früher nötig war und auch jetzt für alle die Zwecke nötig ist, die ihr ihm zuschreibt‹, sagt ein Mann, der sich die christliche Lebensanschauung zu eigen gemacht hat, ›ich weiß nur, daß ich einerseits den Staat nicht mehr nötig habe, und daß ich andererseits die Pflichten nicht mehr erfüllen kann, die für die Existenz des Staates notwendig sind. Richtet ihr für euch ein, was ihr für euer Leben nötig habt, ich kann weder die Notwendigkeit, noch die Schädlichkeit des Staates für alle Welt beweisen; ich weiß nur, was für mich nötig ist und was nicht nötig ist, was ich kann und was ich nicht kann. Ich weiß von mir, daß für mich eine Trennung von andern Völkern nicht nötig ist, und deswegen kann ich meine ausschließliche Zugehörigkeit zu irgend einem Volk und Staat und meine Untertanenpflicht gegen irgend eine Regierung nicht anerkennen; ich weiß von mir, daß ich alle diese staatlichen Einrichtungen, die in den einzelnen Staaten getroffen werden, nicht nötig habe, und ich kann deswegen die Leute, die meiner Arbeit bedürfen, ihrer nicht berauben und sie in der Form von Abgaben für überflüssige und, so viel ich weiß, schädliche Einrichtungen hingeben; ich weiß von mir, daß ich weder eine Regierung noch auf Gewalt gegründete Gerichte nötig habe, und deswegen kann ich weder an dem einen noch an dem andern teilnehmen; ich weiß von mir, daß ich nicht über andre Völker herzufallen brauche, um sie zu töten oder mich mit Waffen in der Hand gegen sie zu verteidigen, und kann deswegen nicht an Kriegen und den Rüstungen zu ihnen teilnehmen. Es ist sehr wohl möglich, daß es Menschen gibt, die nicht anders können, als alles das für nötig und unbedingt erforderlich halten. Ich kann nicht

mit ihnen streiten, ich weiß nur von mir und weiß es unzweifelhaft – daß ich alles das nicht nötig habe.‹ «[5]
Solcher Menschen gibt es sehr viele; aber die Leute unterwerfen sich trotzdem der Regierung und unterstützen sie weiter. Warum geschieht das?

7

Die Ursache ist, glaube ich, folgende: unter den christlichen Völkern der Welt ist in der großen Mehrzahl der Fälle die Haupttriebkraft der Völker: die Religion, im Schwinden begriffen und verdunkelt, wenn sie nicht ganz fehlt. Wie beschaffen die Religion eines Volkes auch immer sein mag und einen wie groben Ausdruck sie auch immer finden mag, es hat sich immer nur auf religiöser Grundlage diese oder jene Lebensordnung bei ihm herausgestellt, und nur auf Grund von Veränderungen, die in der Religion eines Volkes stattfinden, ändert sich seine Lebensordnung.[1]
Dem ist aber so, weil die Hauptrichtung und der Hauptinhalt jedes Menschenlebens durch die Bestimmung bedingt wird, die er sich im Leben zuschreibt. Und da die Bestimmung eines Menschen nur die Religion gibt, so ist es klar, daß für einzelne Persönlichkeiten wie für ganze Völker (so verschiedenartig die Lebensform der Völker auch immer sein mag) die Lebensrichtung und Lebensordnung vornehmlich durch ihre Religion

5 *Das Reich Gottes ist in Euch,* Kap. 10.
1 Ich weiß, daß unter den Gelehrten unsrer Zeit die Ansicht sehr verbreitet ist, daß das Leben eines Volkes nicht von innern, geistigen, sondern von äußern, namentlich ökonomischen Ursachen bedingt werde. Eine solche Meinung zu widerlegen, halte ich für überflüssig, da der gesunde Menschenverstand, die historische Wirklichkeit und namentlich das sittliche Gefühl ihre ganze Unrichtigkeit beweisen. Diese Ansicht ist unter beschränkten und namentlich der höheren, den Menschen vom Tier unterscheidenden Fähigkeit: die Notwendigkeit einer Bestimmung seiner Beziehungen zur Welt zu empfinden, d. h. des religiösen Bewußtseins beraubten Menschen entstanden und befestigt worden, und deswegen ist das Bemühen, solche Leute davon zu überzeugen, daß das, was sie nicht empfinden und nicht mit Händen greifen können, existiert, ganz nutzlos. L. T.

bestimmt wird. Es versteht sich von selbst, daß die Lebensführung jedes Volkes außer durch die Religion auch noch durch andre Ursachen beeinflußt wird, aber die Hauptveränderung und der Übergang von einem niedrigen, weniger vollkommnen Zustande zu einem höheren, vollendeteren ist immer nur durch die Religion bedingt. Die europäischen Völker sind von dem niedrigen Zustande zu dem höheren vorgeschritten, als sie das Christentum annahmen; ebenso sind zu einer höheren Entwicklungsstufe die Araber und Türken vorgeschritten, als sie Mohammedaner wurden, und die asiatischen Völker, als sie den Buddhismus, Konfutsianismus oder Taotsismus annahmen.

Jede Veränderung im religiösen Bekenntnis eines Volkes zieht unvermeidlich eine Änderung auch in den äußern Lebensformen des Volkes nach sich. So war es immer, und so ist es auch jetzt. Aber es gibt Zeiten, wo im religiösen Bekenntnis der Menschen bereits eine Veränderung vor sich gegangen ist, wo aber diese Veränderung in den äußern Lebensformen noch keinen Ausdruck hat finden können, und wo das frühere, auf einem von den meisten Leuten schon nicht mehr anerkannten religiösen Bekenntnis gegründete Leben noch fortdauert. Das kommt daher, daß die Aufklärung, die Läuterung, die Veränderung und das Wachstum des religiösen Bekenntnisses ununterbrochen und unmerklich geschieht. Die Lebensformen verändern sich nicht so schrittweise, wie es dem unmerklichen Wachstum des Bekenntnisses entsprechen würde: sie verändern sich ruckweise. Der Keim eines Kornes wächst ununterbrochen, die Samenhaut aber zerreißt. Ebenso ist es mit dem religiösen Bekenntnis und den Formen des sozialen Lebens.

Etwas Ähnliches macht jeder Mensch durch, der von einem Alter in ein andres übergeht. Beim Kinde, das zum Jüngling wird, und beim Jüngling, der zum Manne wird, beim Manne, der zum Greise wird, gehen die Bewußtseinsveränderungen schrittweise, unmerklich vor sich. Wenn aber jemand von einem Alter ins andre übergeht, lebt er bisweilen noch lange in den Lebensanschauungen des früheren Alters weiter. Er glaubt nicht mehr an das, woran er früher geglaubt hat, hat sich aber auch noch kein neues Verhältnis zur Welt gebildet und lebt in solchen Zeiten ohne jeden innern Halt.

Was im Leben des einzelnen Menschen vor sich geht, geschieht auch im Leben eines ganzen Volkes. Und wie einzelne Leute in solchen Übergangszeiten oft ein ganz eignes, unvernünftiges, qualvolles, stürmisches Leben durchmachen, so geschieht es auch bei ganzen Völkern, wenn ihre Lebensformen nicht mehr ihrem Bekenntnis entsprechen.

Eine solche Zeit, glaube ich, ist die, die jetzt die christlichen Völker durchleben.

Das religiöse Bekenntnis, auf dem die existierenden Lebensformen gegründet sind, hat die Menschheit hinter sich; die neue religiöse Lebensauffassung ist aber noch nicht anerkannt, und die Menschen unsrer Zeit leben ohne jedes bestimmte Verständnis für den Sinn und die Bedeutung ihres Lebens, und ohne jeden innern Leitfaden für ihre Handlungen.

Der eine, große Teil der Menschen unsrer Zeit bekennt sich zu dem auf verschiedene Weise verdrehten, aber stets entstellten christlichen Glauben, worunter man eine vor 1600 Jahren von einer Synode zusammengestellte, die größten Albernheiten enthaltende Dogmensammlung versteht. Und dieser, allem Wissen der Gegenwart und dem gesunden Menschenverstande widersprechende angebliche christliche Glaube, der außer blindem Vertrauen für und blindem Gehorsam gegen die Personen, die sich als Geistliche bezeichnen, keine Richtschnur für die Handlungen gibt, nimmt die Stelle ein, die eine wahre, eine Erklärung des Sinnes des Lebens gebende und aus diesem Sinne des Lebens abgeleitete Richtschnur des Handelns einnehmen müßte.

Der andre, kleinere Teil der Menschen, der sich als aufgeklärt und gebildet bezeichnet, befindet sich in einer für eine gute und verständige Lebensführung noch unvorteilhafteren Lage. Diese Leute, die sich von dem Betruge des angeblich christlichen Glaubens freigemacht haben, stehen im Banne eines andern Betruges, der noch schlimmer ist als das kirchliche Christentum: der sogenannten gelehrten Weltanschauung, aus der man nicht eine vernünftige Richtschnur für seine Handlungen entnehmen kann. Diese Weltanschauung besteht im Verzicht auf die Haupteigenschaft der menschlichen Natur, die den Menschen vom Tier unterscheidet – dem Verzicht auf eine Erklärung unsrer Lage und Bestimmung in der Welt – dem Verzicht auf das, was das Wesen des religiösen Bekenntnisses bildet – und im Ersatz dieses Bekenntnisses durch eine Anzahl zufälliger, durch nichts untereinander verbundner, überflüssiger Beobachtungen und Kenntnisse der allerverschiedensten Gegenstände. Nach dieser Weltanschauung (wenn man den Mangel einer Weltanschauung so nennen kann) ist jede Religion ihrem Wesen nach irrig, und es gibt keine Möglichkeit, eine vernünftige Erklärung des Sinnes des Lebens und der aus ihm entspringenden Richtschnur für die Handlungen zu finden, da eine durchaus genügende Richtschnur für die Handlungen von der Wissenschaft überhaupt und besonders von der angeblichen Soziologie gegeben werde, nach deren Gesetzen sich die Menschheit bewege. Aber da diese Wissenschaft alle Lebensgesetze nur für die Zukunft bestimmt, so stehen die Leute mit dieser Weltanschauung in Wirklichkeit entweder unbewußt unter dem Einflusse früherer, religiöser Vorschriften, oder sie leben ohne alle Grundsätze, überlassen sich ungehindert ihren Leidenschaften und Lüsten und rechtfertigen sie sogar »wissenschaftlich«. Das ist der klägliche Irrtum der Minderheit von Leuten, die sich für die führenden Geister halten.

Der dritte Teil der Menschen unsrer Zeit ist der größte. Er besteht aus Leuten von aller Art, aus allen Ständen, allen Bildungsgraden, die sich von jeder Beschränkung durch kirchlichen Glauben freigemacht und sich vom wissenschaftlichen Aberglauben nur das eine angeeignet haben: daß es keine Religion zu geben brauche – sie leben nicht nur wie das Vieh

ein egoistisches, ihren Lüsten ergebnes Leben, sondern halten ein solches Leben (Kampf ums Dasein, Übermenschentum) für den Inbegriff aller menschlichen Weisheit.
Aus einem derartigen Glauben des *einen*, größeren Teils und aus der zu nichts verpflichtenden, selbstgefälligen, niedrigen Weltanschauung, oder besser gesagt: aus dem Fehlen jeder Weltanschauung des kleineren Teils, sowie aus der vollständigen moralischen Verkommenheit des größten Teils besteht das Leben unsrer Zeitgenossen. Da aber weder aus solchem Glauben, noch aus seiner Verleugnung und seinem Ersatz durch eine zufällige Sammlung von Kenntnissen der verschiedensten Gegenstände, die sich Wissenschaft nennt, noch aus sittlicher Verwahrlosung, eine treibende, oder auch nur haltende Kraft entspringen kann, die der Tätigkeit der Menschen unsrer Zeit und Gesellschaft die Richtung angeben könnte, so geht auch das Leben ohne jedes leitende Prinzip nur auf Grund des Beharrungsvermögens der Vergangenheit vor sich und entfernt sich mehr und mehr von dem unklar empfundenen, unsrer Zeit und Gesellschaft eignen religiösen Bewußtsein und wird deswegen immer unsinniger und qualvoller.

8

Die Lage der christlichen Weltbewohner ist gegenwärtig folgende: ein kleiner Teil von Leuten besitzt einen großen Teil des Bodens mit riesigen Reichtümern, die immer mehr in den Händen weniger zusammenfließen und wenigen Familien zu einer üppigen, verzärtelten, unnatürlichen Lebensführung helfen. Der andre, größere Teil der Menschen, der des Rechtes und deswegen der Möglichkeit beraubt ist, den Boden zu benutzen, wird durch Abgaben bedrückt, die auf allen unentbehrlichen Gebrauchsgegenständen ruhen, er ist infolgedessen zu unnatürlicher, ungesunder Arbeit in den Fabriken verurteilt, die den Reichen gehören, er hat oft weder bequeme Wohnungen noch gute Kleidung, noch gesunde Nahrung, noch die

für ein geistiges, seelisches Leben notwendige Muße, er lebt und stirbt in Abhängigkeit und Haß gegen die, die aus seiner Arbeit Vorteil ziehen und ihn nötigen, so zu leben.
Und die einen wie die andern fürchten sich gegenseitig voreinander, sie vergewaltigen sich, sie betrügen, berauben und töten sich gegenseitig, wo sie nur können. Der größte Teil der Tätigkeit der einen wie der andern wird nicht auf produktive Arbeit, sondern auf den Kampf verwendet. Es kämpfen Kapitalisten gegen Kapitalisten, Arbeiter gegen Arbeiter und Kapitalisten gegen Arbeiter: und die Folge ist, daß trotz der zu großer Vollkommenheit gediehenen Maschinenproduktion die Bodenschätze auf der Erde und im Innern der Erde unwiederbringlich verschwendet, und besonders, daß Menschenleben unproduktiv, qualvoll, unnütz vergeudet werden. Das quälendste hierbei ist, daß, wie die Reichen, so auch die Armen wissen, daß ein solches Leben sinnlos ist, daß es für Reiche wie Arme weit vorteilhafter wäre, ihre Kräfte zu vereinigen, die Arbeit und die Arbeitserzeugnisse zu teilen; aber weder die einen, noch die andern sehen eine Möglichkeit, die bestehende Ordnung der Dinge zu ändern, und leben weiter in gegenseitigem Haß, sich gegenseitig schädigend und dabei der Verschlimmerung ihrer Lage mehr und mehr bewußt.
Außer allem diesem Unglück findet noch der intensive, unablässige Kampf der Völker und Staaten miteinander statt, der sich im Verlust eines großen, auf Kriegsrüstungen verwendeten Teiles der menschlichen Arbeit äußert, und fast unaufhörlich finden auch Kriege selbst statt, in denen Hunderttausende von Menschen im blühendsten Lebensalter zugrunde gehen und Millionen von Menschen verdorben werden. Und genau wie bei aller Not, die sie erleiden, wissen die Menschen, daß das nicht sein muß und daß alle diese Rüstungen und Kriege unsinnig, verderblich sind und mit nichts anderm enden können als mit der elenden Vertierung aller; aber trotzdem geben sie alle immer weiter ihre Arbeit und ihr Leben für Kriegsrüstungen und die Kriege selbst hin. Alle wissen, daß das alles

nicht sein soll und nicht sein kann, und dennoch tun alle fortwährend das, was das Elend eines derartigen Zustandes fördert und vergrößert. Und das Bewußtsein dieser gegen die Vernunft, die eignen Wünsche und den eignen Vorteil gerichteten Lebensführung ist derart qualvoll, daß die am feinsten empfindenden und leidenschaftlichsten Menschen, da sie keinen Ausweg aus diesem Widerspruch sehen, ihn durch Selbstmord lösen (diese Leute werden immer zahlreicher). Andre, die ebenso unter dem Bewußtsein des Widerspruches zwischen ihrer Vernunft und dem Leben leiden, verfallen dem unvollständigen Selbstmord – der Unterdrückung der Vernunft mittels Selbstbetäubung durch Tabak, Wein, Branntwein, Opium, Morphium. Die dritten bemühen sich, ohne Selbstbetäubung gerade durch Narkotika, gleichfalls zu vergessen, sie suchen alle Arten von erregendem und benebelndem Zeitvertreib, Schauspiele, Lektüre, verschiedenartiges Nachdenken über ganz nutzlose Dinge, die sie Wissenschaft und Kunst nennen. Die ungeheure Mehrzahl aber, die von der Arbeit erdrückt wird und sich ebenfalls unablässig durch narkotische Mittel betäubt, die ihr von ihren Ausbeutern angeboten werden, hat keine Zeit, über ihre Lage nachzudenken, sie lebt, obgleich sie fühlt, daß das, was geschieht, nicht sein sollte, nur ihren tierischen Bedürfnissen.

Und wie die Reichen, so leben und sterben auch die Armen Generation für Generation, ohne sich Gedanken darüber zu machen, warum sie dieses unsinnige, qualvolle Leben leben, oder im unklaren Bewußtsein, daß dieses ganze Leben ein schrecklicher, grausamer Irrtum war.

9

Dieser Zustand ist besonders deswegen schrecklich, weil die Menschen, die ein derartiges qualvolles Leben leben, sich in ihres Herzens Grunde der Möglichkeit eines ganz andern Lebens bewußt sind, eines vernünftigen, brüderlichen Lebens

ohne unsinnigen Luxus der einen und Armut und Unwissenheit der andern, ohne Hinrichtungen, ohne Verderbtheit, ohne Gewalt, ohne Rüstungen, ohne Kriege.
Inzwischen ist die auf Gewalt gegründete Lebensführung den Menschen so zur Gewohnheit geworden, daß sie sich kein gemeinsames Leben ohne Regierungsmacht vorstellen können; und sie haben sich sogar derart daran gewöhnt, daß sie selbst das Ideal eines vernünftigen, freien, brüderlichen Lebens durch die Regierungsmacht, d. h. durch Gewalt, zu verwirklichen suchen.
Dieser Irrtum ist der Grund aller Abscheulichkeiten sowohl des vergangnen, als auch des gegenwärtigen und sogar des zukünftigen Lebens der christlichen Völker. Ein frappierendes Beispiel dieses Irrtums bietet die große französische Revolution.
Die Führer der Revolution haben deutlich die Ideale der Gleichheit, Freiheit, Brüderlichkeit verkündet, in deren Namen sie die Gesellschaft reformieren wollten. Aus ihren Prinzipien entsprangen praktische Maßregeln: Aufhebung der Stände, Gleichmachung des Besitzes, Beseitigung der Ämter und Titel, Aufhebung des Landeigentums, Abschaffung des stehenden Heeres, Einkommensteuer, Arbeiterpension, Trennung von Staat und Kirche, ja sogar Einführung einer allen gemeinsamen auf der Vernunft gegründeten religiösen Lehre. Alles das waren verständige und wohltätige Maßregeln, die aus den durch die Revolution verkündeten unzweifelhaft wahren Prinzipien der Gleichheit, Freiheit, Brüderlichkeit entsprangen. Diese Prinzipien, wie auch die aus ihnen entsprungenen Maßnahmen, sind wahr gewesen und auch geblieben und werden wahr bleiben und werden der Menschheit so lange als Ideal vorschweben, bis sie tatsächlich erreicht sind. Aber diese Ideale können niemals durch Gewalt erreicht werden. Inzwischen waren die Menschen jener Zeit derart an den Zwang als einziges Mittel zur Einwirkung auf andre gewöhnt, daß sie nicht den Widerspruch sahen, der in dem Gedanken

einer Verwirklichung der Gleichheit, Freiheit, Brüderlichkeit mittels Gewalt liegt; – daß sie nicht sahen, daß Gleichheit ihrem Wesen nach jede Macht und jede Unterordnung ausschließt, daß Freiheit unvereinbar mit Zwang ist, und daß zwischen Gebietenden und Gehorchenden keine Brüderlichkeit herrschen kann. Daher rühren alle Schrecken des Terrorismus.
An diesen Schrecken sind nicht die Prinzipien schuld, wie viele glauben (die Prinzipien bleiben, wie sie waren: nämlich wahr), sondern die Art ihrer Verwirklichung. Der Widerspruch, der in der großen französischen Revolution so klar und scharf zum Ausdruck gekommen ist und statt zum Heil zum größten Unglück geführt hat, ist auch jetzt vorhanden. Auch jetzt durchdringt dieser Widerspruch alle modernen Versuche, die soziale Ordnung zu verbessern. Alle sozialen Verbesserungen sollen mit Hilfe der Regierung, d. h. mittels Gewalt ins Werk gesetzt werden. Dieser Widerspruch tritt nicht nur in der gegenwärtigen, er tritt auch – in der Vorstellung der Leiter der Sozialdemokratie, der Revolutionäre, der Anarchisten – in der zukünftigen Lebenseinrichtung zutage.
Die Menschen wollen das Ideal eines vernünftigen, freien und brüderlichen Lebens auf Grund einer Zwangsmacht verwirklichen; und doch ist jede Zwangsmacht, wie man sie auch benennen oder umtaufen mag, stets das von wenigen Leuten usurpierte Recht der Verfügung über andre und – im Falle des Ungehorsams – der Nötigung mittels der äußersten Maßregel: des Mordes.
Durch Mord sollen die Ideale menschlichen Wohlergehens verwirklicht werden!
Die große französische Revolution war das enfant terrible, das in seinem, das ganze Volk ergreifenden Entzücken neben der Erkenntnis der großen Wahrheiten, die von ihr entdeckt wurden, beim Beharrungsvermögen der Gewalt in der naivsten Form die ganze Torheit des Widerspruchs kund tat, mit dem sich die Menschheit damals herumquälte und heute noch quält: liberté, égalité, fraternité, ou la mort.

Die Ursache des sonderbaren Widerspruchs, infolge dessen die Menschen versuchen, die Ideale der Gleichheit, Freiheit, Brüderlichkeit mittels einer diesen Idealen direkt entgegengesetzten und ihre Verwirklichung ausschließenden Tätigkeit durchzusetzen, ist (wie schon oben gesagt) der Umstand, daß den Leuten schon ein dem Alter der Menschheit entsprechendes religiöses Bewußtsein innewohnt, daß das Leben aber noch in den früheren Formen verläuft und die Leute so an sie gewöhnt sind, daß sie sich ein Leben ohne die aus einer bereits überlebten religiösen Weltanschauung entsprungenen Formen nicht vorstellen können. – Ein Kind ist zum Erwachsenen geworden, will aber immer noch aus alter Gewohnheit gefüttert, gekleidet, unterrichtet werden.

Die Formen des Lebens entsprechen dem Alter der Menschheit nicht mehr; aber man hat sich das dem Alter entsprechende Bewußtsein noch nicht angeeignet. Daher richten die Leute unsrer Zeit auch alle Versuche zur Verbesserung ihrer Lage auf eine Berichtigung, Verbesserung, Veränderung der äußeren Regierungsformen – dessen, was seinem Wesen nach mit dem Ideal eines vernünftigen, freien und brüderlichen Lebens unvereinbar ist, und was nicht nur zur Verwirklichung dieses Lebens, sondern samt und sonders vernichtet werden muß, um nur eine Annäherung an dieses Leben zu ermöglichen.

»Wenn nur die Regierung richtig funktionierte, oder wenn anstatt der schlechten eine gute eingesetzt würde«, denkt die Mehrzahl der Leute in unsrer Zeit, »so würde alles in Ordnung kommen und gut werden, die Leute würden gleich, sie würden frei sein und würden in Harmonie leben.« Die einen glauben, daß man dazu nur den ruhigen Lebenslauf der vorhandenen Regierungen nicht zu stören, die existierende, einmal feststehende Ordnung unverändert beizubehalten brauche, und die Regierungen würden schon alles aufs beste besorgen, wenn man sie nur nicht störte. Das sind die sogenannten Konservativen. Die andern glauben und sagen, daß die gegenwärtige schlimme Lage der Dinge durch Einführung neuer Gesetze und Bestimmungen, die die Gleichheit und Freiheit der Menschen garantierten, verändert und gebessert werden müsse und könne. Das sind die sogenannten Liberalen. Die dritten nehmen an, daß die jetzige Verfassung gar nichts tauge, daß sie zerstört werden und durch eine andre, vervollkommnete ersetzt werden müsse, durch die völlige Gleichheit, besonders in wirtschaftlicher Hinsicht eingeführt, die Freiheit garantiert und die Verbrüderung aller Menschen ohne Unterschied der Reiche befestigt werden würde. Das sind die sogenannten Revolutionäre verschiedner Schattierungen.

Alle diese Menschen stimmen, wenn sie auch nicht einig untereinander sind, doch in dem einen Hauptpunkt überein, daß nur durch die Regierungs-, d. h. durch eine Zwangsmacht die Lage der Menschen verbessert werden könne.

So denken und reden die Begüterten, die Zeit haben, über soziale Fragen nachzudenken. (In der letzten Zeit sind solche Leute besonders zahlreich aufgetreten. Ich glaube, es ist keine Übertreibung, wenn man sagt, daß die meiste Zeit aller wohlhabenden, müßigen Leute von Erwägungen, gegenseitigen Belehrungen und Gezänk darüber in Anspruch genommen wird, wie die Regierung am besten verfahren solle, und wie die Regierung verfahren solle, um die Ideale der Gleichheit, Freiheit, Brüderlichkeit in höherem oder geringerem Grade zu verwirklichen.)

Die ungeheure Mehrzahl von armen Arbeitern aber, die keine Zeit zur Diskussion über soziale Fragen und zu gegenseitiger Belehrung hat, denkt und redet im Grunde genommen ganz dasselbe, nämlich, daß eine Verbesserung der sozialen Lage nur durch die Regierung herbeigeführt werden könne, und wünscht nicht nur nicht die Vernichtung der Regierung, sondern setzt ihre ganze Hoffnung auf eine verbesserte gegenwärtige oder zukünftige Regierungsmacht. Und Arm und Reich denken nicht nur so, sondern sie handeln auch so.

In China, in der Türkei, in Abessinien, in Rußland wird die alte Ordnung ohne jede Veränderung beibehalten, aber es geht immer schlechter und schlechter; in England, in Amerika, in Frankreich bemüht man sich, die soziale Lage durch Verfassungen und Parlamente zu verbessern, aber die Ideale der Gleichheit, Freiheit, Brüderlichkeit sind gerade so weit wie früher von der Verwirklichung entfernt.
In Frankreich, in Spanien, in den südafrikanischen Republiken, jetzt in Rußland, hat man die Revolution organisiert und organisiert sie noch heute; aber ob nun diese Revolutionen gelingen oder nicht gelingen – nach jeder Revolution kehrt, wie eine verdrängte Welle, stets derselbe Zustand wie bisher zurück, bisweilen sogar ein noch schlimmerer. Ob die Menschen die frühere Regierungsmacht beibehalten oder sie verändern: die Freiheitsbeschränkung und die Feindschaft zwischen den Leuten bleibt dieselbe. Dieselben Hinrichtungen, Gefängnisse, Verbannungen, dieselbe Unmöglichkeit, ohne Abgaben die nach einem bestimmten Plan hervorgebrachten Produkte zu kaufen oder vom Arbeitswerkzeug Gebrauch zu machen; ebenso wie unter Joseph dem Schönen – überall wird den Arbeitern das Recht geraubt, den Boden zu benutzen, auf dem sie geboren sind; dieselbe Feindschaft der Völker gegen andre Völker; dieselben Raubzüge wie schon unter Dschingis-Chan, Raubzüge gegen schutzlose Völker Afrikas, Asiens und gegeneinander; dieselben Grausamkeiten, dieselben Foltern der Einzelhaft und der Strafbataillone wie zu Zeiten der Inquisition; dieselben stehenden Heere und dieselbe militärische Sklaverei; dieselbe Ungleichheit, die zwischen Pharao und seinen Sklaven herrschte, herrscht auch jetzt zwischen den Rockefellers, den Rothschilds und ihren Sklaven.
Die Formen verändern sich, aber das Wesen der Beziehungen zwischen den Leuten verändert sich nicht, und deswegen nähern sich die Ideale der Gleichheit, Freiheit, Brüderlichkeit ihrer Verwirklichung auch nicht um einen Schritt. Selbst wenn eine solche Annäherung an die Verwirklichung dieser Ideale

vor sich ginge, so geschähe das nicht infolge einer Veränderung der Regierungsformen, sondern eher trotz des hemmenden Einflusses der Regierungen. Wenn man aufgehört hat, in Städten auf den Straßen zu rauben, so ist das nicht infolge irgendwelcher neuen Gesetze, sondern infolge besserer Beleuchtung der Straßen geschehen. Wenn die Menschen nicht mehr so oft Hungers sterben, so rührt das nicht von Gesetzen und Regierungsverfügungen, sondern von den neuen Verkehrswegen her. Wenn man aufgehört hat, Zauberer zu verbrennen oder sie der Folter zu unterwerfen, um die Wahrheit herauszubekommen, oder ihnen die Nasen, die Zungen und die Ohren zur Vollstreckung der Justiz abzuschneiden, so ist das nicht die Folge einer neuen Regierungsverfügung, sondern der Folge der Entwicklung an Kenntnissen und guten Gefühlen und ist ganz unabhängig von Regierungsverfügungen geschehen.

Die äußeren Formen ändern sich mit dem Alter der Menschheit, d. h. mit der Entwicklung der Verstandeskräfte und der Macht über die Natur, aber das Wesen bleibt dasselbe, gerade so, wie man beim Fall eines Körpers dessen Lage wohl verändern kann, aber die Linie, auf der sich sein Schwerpunkt bewegt, stets eine und dieselbe bleibt.

Werft eine Katze von einer Höhe hinunter: sie kann sich drehen, oder mit dem Kopf nach oben oder nach unten fliegen, – ihr Schwerpunkt tritt nie aus der Fallrichtung heraus. Genau so ist es mit Veränderungen der äußeren Formen der Regierungsgewalt.

Es sollte so scheinen, daß Menschen, die sich für vernünftige Wesen halten und deren Leben von den Idealen der Vernunft und des Guten bestimmt wird, eins von beiden tun müßten: entweder auf die mit jeder Gewalt unvereinbaren Ideale der Vernunft verzichten, oder auf die Gewalt verzichten und sie nicht weiter organisieren und unterstützen. Aber die Menschen tun weder das eine noch das andre, sondern sie verändern nur auf alle mögliche Weise die Formen der Gewalt, wie jemand, der eine unnütze Last trägt, ihr bald diese, bald jene

Form gibt, oder sie vom Rücken auf die Schultern, von den Schultern auf die Hüften und wieder auf den Rücken legt, aber nicht darauf kommt, das eine zu tun, was not ist: sie abzuwerfen.

Und was hierbei das allerschlimmste ist, ist der Umstand, daß die Menschen, im Bemühen, die Formen der Regierungsgewalt zu ändern, d. h. etwas umzugestalten, dessen Umgestaltung niemals die Lage selbst verbessern kann – sich immer mehr und mehr von der Tätigkeit entfernen, die allein ihre Lage verbessern könnte.

II

Die Menschheit – die christliche, vielleicht sogar die ganze Menschheit – steht jetzt an der Schwelle einer riesigen Umwälzung (von der Art wie sie im einzelnen Menschen vor sich geht, wenn er vom Kinde zum Manne wird), einer Umwälzung, die nicht in Jahrhunderten, aber vielleicht in Jahrtausenden vor sich geht. Diese Umwälzung ist doppelt: eine innre und eine äußere. Die innre besteht darin, daß der Glaube, die Religion, d. h. die Erklärung des Sinnes des Lebens in allen früheren Zeiten (und zwar je weiter zurück, desto mehr), sich nur in der Form geheimer, mystischer, wunderbarer Offenbarungen und mit ihnen zusammenhängender Zeremonien als möglich erwies. Jetzt ist aber die Menschheit in ihren höchsten, besonders in ihren christlichen Vertretern so weit vorgeschritten, daß sie keine mystische Erklärung des Sinnes des Lebens mittels wunderbarer Offenbarungen und ebenso überflüssiger, gottesdienstlicher Zeremonien mehr nötig hat; sondern jetzt ist eine einfache, vernünftige Erklärung des Sinnes des Lebens genügend stark und noch beweiskräftiger geworden als die frühere, mystische Erklärung, weil aus dieser neuen Erklärung statt der früheren zeremoniellen Vorschriften mit größerer Verbindlichkeit als früher die Erfüllung lebendiger, sittlicher Forderungen entspringt.

Ein solcher innrer Umschwung, der im Laufe von Jahrtausenden vor sich geht, geschieht auch jetzt und ist so weit vorgeschritten, daß die Mehrheit der Menschen schon imstande ist, sich diese neue religiöse Anschauung zu eigen zu machen. Der Erwachsene beginnt zu fühlen, daß er kein Kind mehr ist.
Von der Art ist der innre Umschwung. Der äußere Umschwung aber, der mit dem innern zusammenhängt und aus ihm entspringt, besteht in der Veränderung der Formen des sozialen Lebens, in der Veränderung des Prinzipes, das die Menschen früher im sozialen Leben miteinander verband und sie jetzt noch verbindet: im Ersatz der Gewalt durch vernünftige Überzeugung und Zustimmung. Die Menschheit hat alle möglichen Formen der auf Gewalt gegründeten Regierung versucht, aber überall, in der vollkommensten Republik wie in der rohesten Despotie, bleibt qualitativ und quantitativ das Übel der Gewalt ein und dasselbe. Herrscht keine Willkür und ist kein Haupt einer despotischen Regierung vorhanden – so stößt man auf den Müßiggang und die Selbstregierung republikanischer Massen; fehlt die persönliche Sklaverei, so ist Geldsklaverei vorhanden; fehlen direkte Steuern und Abgaben, so gibt es indirekte; fehlen selbstherrliche Paschas, so gibt es selbstherrliche Könige, Kaiser, Milliardäre, Minister, Parteien. Die Insolvenz der Gewalt als Mittel, die Menschen miteinander zu vereinigen, und ihre Unvereinbarkeit mit den Anforderungen des Gewissens unsrer Zeit ist allzu augenscheinlich, als daß die bestehende Ordnung weiter fortdauern könnte. Aber die äußeren Bedingungen können nicht ohne Änderung des innern, seelischen Zustandes der Menschen geändert werden.
Und deswegen müssen alle Bemühungen der Menschen auf Vollendung dieser innern Veränderung gerichtet sein.
Was ist dazu nötig? Eins vor allem: die Beseitigung aller Hindernisse, die den Menschen verwehren, ihre Lage zu begreifen und sich die religiösen Grundlagen anzueignen, die schon dunkel in ihrem Bewußtsein leben. Diese Hindernisse sind

in unsrer Zeit von doppelter Art: religiöser Betrug und wissenschaftlicher Betrug.
Der erste besteht darin, daß Menschen, denen das Vorteil bringt, den Leuten versichern, daß die Religion – um eine Antwort auf die Hauptlebensfragen der Menschen zu geben, um eine Richtschnur fürs Leben, um eine wirkliche Religion zu sein – daß sie dazu mit Mystizismus, Priestertum, Wundern, Zeremonien, gottesdienstlichen Handlungen verquickt sein müsse.
Der zweite, wissenschaftliche Betrug besteht darin, daß ebenfalls Leute, denen wiederum das Vorteil bringt, der Mehrheit einreden, die Religion sei ein Überbleibsel aus einer früheren, älteren Lebensperiode und könne in unserer Zeit durch die Lehre von den Lebensgesetzen, durch allgemeine aus dieser Erwägung und aus Experimenten abgeleitete Regeln für das menschliche Handeln vollkommen ersetzt werden.
Der Betrug der Geistlichen besteht darin, daß sie, anstatt eine Erklärung des Sinnes des Lebens zu geben, eine mit dem Wissen der Gegenwart unvereinbare Offenbarungslehre verkünden und daß sie statt einer Richtschnur für das Handeln eine Reihe von Gebräuchen und Zeremonien geben, die nicht mit dem Leben zusammenhängen. Der Betrug der Wissenschaftler besteht darin, daß sie eine metaphysische Religion, d. h. eine Erklärung des Sinnes des Lebens, für ganz überflüssig halten, im Glauben, daß eine Richtschnur für das Handeln ohne religiöse, metaphysische Grundlage möglich sei.
Die Geistlichen glauben und behaupten, die Religion, an die sie selbst nicht mehr glauben können, könnte dem Volke nützen. Die Männer der Wissenschaft aber glauben und behaupten, daß die Religon – das, wodurch die Menschheit gelebt hat, lebt und fortschreiten kann – ein Rest von Aberglauben sei, den man aufgeben müsse, und daß die Menschen in Scheingesetzen, die aus der Scheinwissenschaft Soziologie abgeleitet sind, ihre Richtschnur finden könnten.
Eben diese Leute, besonders die letzteren, die sich Männer der

Wissenschaft nennen, bilden in unsrer Übergangszeit das Haupthindernis für den Eintritt der Menschheit in den Zustand des innern Bekenntnisses und der äußeren Organisation, die dem Alter der Menschheit angemessen sind.
Besonders schädlich sind die sogenannten Männer der Wissenschaft deswegen, weil der Betrug der Geistlichen schon so klar und so widerwärtig zutage getreten ist, daß die Mehrzahl der Menschen nicht mehr daran glaubt; und wenn sie die Kirchenlehre trotzdem noch befolgt, so tut sie das nur aus Überlieferung, aus Gewohnheit, aus Schicklichkeitsgründen, und befreit sich immer mehr von ihr.
Der wissenschaftliche Aberglaube dagegen steht jetzt in voller Blüte, und die Leute, die sich von der kirchlichen Lüge befreit haben und sich für frei halten, stehen, ohne es selbst zu bemerken, vollständig im Banne dieser neuen wissenschaftlichen »Kirche«. Die Verkünder dieser Lehre bemühen sich krampfhaft, einerseits die Menschen von den wesentlichsten, religiösen Fragen abzulenken, indem sie ihre Aufmerksamkeit auf allerhand Nichtigkeiten, als Entstehung der Arten, Untersuchung der Gestirne oder der Eigenschaften des Radiums, Zahlentheorie, vorsintflutliche Tiere und ähnliche überflüssige Dummheiten lenken, denen sie ebensolche Wichtigkeit beimessen wie die Priester der Vergangenheit der unbefleckten Empfängnis, den beiden Naturen usw. Andrerseits bemühen sie sich, in den Leuten den Glauben zu erwecken, daß Religion – d. h. eine Bestimmung der Beziehungen des Menschen zur Welt und deren Begründung – gar nicht nötig sei, daß eine schwülstige Sammlung von Worten über Recht, Sittlichkeit, über eine ausgedachte Wissenschaft »Soziologie«, die gar nicht existieren kann, die Religion völlig zu ersetzen vermöge. Diese Leute versichern, ebenso wie die Geistlichen, sich und andern, daß sie die Menschheit retteten, und glauben ebenso an ihre Sündenreinheit und stimmen ebensowenig jemals miteinander überein und zerfallen ebenso unter sich wegen zahlloser Lehren und bilden ebenso, wie die Kirche seinerzeit, ge-

genwärtig die Hauptursache der menschlichen Unwissenheit, Roheit, Verderbtheit und verzögern deswegen die Befreiung der Menschheit von dem Übel, an dem sie leidet, und aus dem Zauberkreise, in dem sie sich dreht. Diese Menschen haben das getan, was die Baumeister getan haben, von denen in der Schrift die Rede ist: »sie haben den Stein verworfen, der stets ein Grund- und Eckstein war und sein wird«, sie haben das verworfen, was allein die Menschheit vereint hat und sie vereinigen kann: das religiöse Bewußtsein.

Daraus entsteht auch der Zauberkreis – der Ersatz eines Übels durch ein andres –, in dem sich die christliche Bevölkerung unsrer Zeit zwecklos dreht. Die Menschen sind der höheren menschlichen Eigenschaft, des religiösen Bewußtseins, bar und können – ob sie nun die aus Aberglauben bestehende kirchliche Lehre oder komplizierte, unnötige, wissenschaftliche Erwägungen anerkennen, die noch weniger als der kirchliche Aberglaube die Kraft zu einer von menschlichen Befehlen unabhängigen Tätigkeit geben – sie können also nicht nur die bestehende Ordnung nicht stürzen, sondern können auch, so gern sie das auch möchten, die Lage der Menschen nicht um das geringste verbessern und den Idealen der Gleichheit, Freiheit, Brüderlichkeit, die sie verwirklichen möchten, auch nicht um das geringste näher kommen.

Sie haben keine Kraft dazu.

Die ewigen Ideale verwirklichen können nur Menschen, die nicht nur dieses, sondern auch ein ewiges Leben leben. Nur für solche Menschen ist das möglich, was anderen, die nur dieses eine Leben leben, als ein Opfer erscheint. Nur durch Opfer an den Gütern dieses Lebens wird die Menschheit vorwärts gebracht.

Dieses Opfer kann aber nur ein religiöser Mensch vollbringen, d. h. jemand, der sein Leben in der Welt nur für ein Teilchen, für eine vorübergehende Erscheinung im gesamten Weltleben hält, und der sich deswegen den Anforderungen und Gesetzen dieses Weltlebens unterordnen muß. Für jemand

aber, der dieses Leben für sein ganzes Leben hält, hat ein solches Opfer keinen Sinn – und da er nicht imstande ist, das Opfer zu bringen, kann er das Übel im Leben auch nicht vernichten oder verringern. Er wird als Übel stets von einer Stelle nach der andern hinbewegen, wird aber niemals imstande sein, es zu vernichten.
Und deswegen gibt es nur *eine* Befreiung der Menschen von dem Bösen, das sie erdulden: unter allen Völkern die eine wahre, für unsre Zeit höchste religiöse Lehre zu verbreiten, von der ein dunkles Bewußtsein den Menschen schon innewohnt.

12

Solange die Menschheit sich nicht eine allen gemeinsame, vernünftige, dem Alter der Menschheit entsprechende Glaubenslehre angeeignet hat (wie die Menschen sich religiöse Lehren stets aneignen: die einen – die Minderheit – bewußt, frei; die andern aber – die Mehrheit – auf dem Wege des Glaubens, des Vertrauens, der Beeinflussung), so lange werden die Formen des Lebens sich wohl verändern, das Übel des Lebens aber wird nicht nur dasselbe bleiben, sondern es wird sich vergrößern und immer mehr vergrößern.
Und eine solche Glaubenslehre existiert schon lange und ist den meisten Leuten der Gegenwart bereits bewußt. Diese Lehre ist die allen bekannte, von allen anerkannte christliche Lehre in ihrer wahren, von Verdrehungen und falschen Auslegungen befreiten Bedeutung. Diese Lehre in ihren hauptsächlichsten sowohl metaphysischen als auch ethischen Prinzipien wird von allen Menschen, nicht nur Christen, sondern auch von Angehörigen andrer Glaubenslehren bekannt, da sie mit allen großen Religionslehren der Welt in ihrer unverdorbnen Form völlig zusammenfällt – mit dem Brahmanismus, dem Konfutsianismus, dem Taotsismus, dem Judentum, dem Mohammedanismus, dem Swedenborgianismus, dem Spiritualismus, der Theosophie und sogar mit dem Positivismus Contes.

Das Wesen aller dieser Lehren besteht darin, daß der Mensch ein geistiges Wesen sei, das seinem Ursprung: Gott gleiche; daß die Bestimmung des Menschen – die Erfüllung des Willens seines Ursprunges: Gottes sei; daß Gottes Wille dem Menschen zum Heile diene; daß das Heil der Menschen durch Liebe erreicht werde, die Liebe aber darin zutage trete, daß man andern tue, was man sich selbst wünsche. Darin besteht die ganze Lehre.

Diese Lehre ist keine mystische Offenbarung von übernatürlichen Erscheinungen einer Gottheit und deren Dogmen und Satzungen, wie die christliche Kirche behauptet, und ist auch nicht nur eine Morallehre, die ein harmonisches, für alle vorteilhaftes und vernünftiges, soziales Leben betrifft, wie die irreligiösen Männer der Wissenschaft das Christentum auffassen. Diese Lehre ist eine vernünftige Erklärung des Sinnes des menschlichen Lebens, derzufolge die Richtschnur für das Handeln nicht als eine bestimmte Regel von außen gegeben wird, sondern von selbst aus dem Sinne entspringt, den der Mensch seinem Leben beimißt. Wenn diese Lehre auch nichts Übernatürliches anerkennt, wie die Kirche fälschlich behauptet, so ist sie doch auch nicht nur eine aus der Vernunft entspringende Richtschnur im sozialen Leben, wie die irreligiösen Männer der Wissenschaft glauben.

Diese Lehre ist *die Religion*, d. h. die Bestimmung der Beziehungen des Menschen zur Welt und die Bestimmung seines Ursprunges. Diese Lehre gibt Antwort auf die Fragen: was ist ein Mensch in bezug auf die Unendlichkeit in Raum und Zeit, in denen er erscheint, und worin besteht die Bestimmung seines Lebens? Und sie gibt deswegen den Menschen, die sich zu dieser Lehre bekennen, nicht eine Reihe von Regeln und Vorschriften, die durch übernatürliche Wunder erhärtet würden, wie das die Kirche tut; und sie gibt ihnen auch keine zweifelhaften und wünschenswerten, bedingten und im gegenwärtigen Augenblick für das soziale Leben erwünschten Vorschriften für ihr Handeln, die aus der Erfahrung und aus

Experimenten abgeleitet sind, wie das die Wissenschaft tut – sondern sie gibt eine vernünftige Erklärung des Sinnes des Lebens aller Menschen, aus der von selbst ewige und in allen Lagen stets gleichbleibende Regeln für das Handeln hervorgehen.

Dadurch unterscheidet sich die wahre christliche Lehre vom Kirchenchristentum mit seinem Mystizismus und seinen Wundern und von der utilitaristischen, auf nichts begründeten Morallehre irreligiöser Menschen, die, ohne es selbst zu bemerken, aus der von ihnen nicht anerkannten christlichen Lehre nur die Ergebnisse, aber nicht ihr Wesen selbst entnehmen.

Solange diese Lehre in der (von der Kirche) verdorbnen Form und nicht ihrer hauptsächlichen Grundlage geglaubt wird – solange sie des metaphysischen Prinzipes: der Beziehungen des Menschen zu Gott beraubt ist, solange diese Lehre nicht in ihrer wahren Bedeutung von den Christen erkannt und unter allen so verbreitet ist wie jetzt der kirchliche Glaube – so lange werden auch alle die verschiednen Formen insbesondre der Regierungsgewalt, unter der die Menschen jetzt am allermeisten leiden, keine Änderung erfahren.

Welche Maßregeln müssen hierzu ergriffen werden?

Wir sind so an den falschen Gedanken gewöhnt, daß eine Verbesserung im Leben der Menschen durch äußere (meistens gewaltsame) Mittel bewirkt werden könne, daß es uns scheint, als ob auch die Veränderung des innern Zustandes der Menschen nur durch äußere, auf andre einwirkende Maßregeln erreicht werden könne. Aber das ist nicht so.

Und es ist ein großes Glück für die Menschen, daß das nicht so ist. Wenn es so wäre und die Menschen sich gegenseitig durch äußere Mittel verändern könnten, so könnten erstens unvernünftige, leichtsinnige Menschen andre irrtümlich verändern, sie verderben und ihres Heiles berauben; und zweitens könnte eine derartige Tätigkeit der Menschen zur Erreichung des Lebensheiles durch äußere Mittel unbezwinglichen Hindernissen begegnen.

Aber das ist nicht der Fall: die Veränderung des innern, geistigen Zustandes der Menschen steht stets in der Macht jedes einzelnen Menschen, und der Mensch weiß stets untrüglich, worin das wahre Heil seiner eignen Person und aller Menschen besteht, und nichts kann die Tätigkeit zur Erreichung dieses Zieles hemmen oder aufhalten. Der Mensch erreicht dieses Ziel aber – nämlich sein Heil und das Heil andrer Leute – nur durch innre Umwandlung seiner selbst, durch Erklärung und Befestigung des vernünftigen, religiösen Bewußtseins in *sich* und durch das diesem Bewußtsein entsprechende *eigene* Leben. Wie nur ein brennender Gegenstand andre Gegenstände entzünden kann, so verbreitet und bekräftigt auch nur wahrer Glaube und wahres Leben eines einzelnen durch Mitteilung an andre die religiöse Wahrheit. Und nur die Verbreitung und Bekräftigung der religiösen Wahrheit verbessert die Lage der Menschen.

Und deswegen besteht das Mittel zur Befreiung von allem Bösen, das die Menschen erleiden, darunter von dem schrecklichen Bösen, das die Regierungen vollführen (wie gegenwärtig alles Unglück in Rußland), so sonderbar das auch scheint, nur in dem einen – in der innern Arbeit jedes Menschen an sich selbst.

»Martha, Martha, du beunruhigst dich um vieles; eines ist not.«

Jasnaja Poljana, 1905

Das Wesen der revolutionären Bewegung in Rußland

Der japanische Sieg hat der ganzen christlichen Welt gezeigt, daß der Weg falsch war, den die christlichen Völker gegangen sind und noch gehen. Den Russen aber hat dieser Krieg mit seinen fürchterlichen, unsinnigen Leiden und seinem zwecklosen Verbrauch an Arbeit und an Menschenleben noch mehr gezeigt, nämlich: außer dem Widerspruch zwischen der christlichen und der auf Gewalt gegründeten Ordnung, den alle christlichen Völker hier gemeinsam haben erkennen können, hat er den Russen noch besonders die schreckliche Gefahr gezeigt, in der sie beständig dadurch schweben, daß sie ihrer Regierung Gehorsam leisten.

Ohne jede Notwendigkeit, um irgendwelcher dunkler, persönlicher Zwecke willen, im Interesse von einigen nichtigen Persönlichkeiten, die sich an der Spitze der Verwaltung befinden, hat die russische Regierung ihr Volk in einen unsinnigen Krieg verwickelt, der auch im glücklichsten Falle keine andern als schädliche Folgen für das russische Volk hätte haben können. Hunderttausende von Menschenleben sind verloren, verloren sind die Werke der Arbeit des Volkes, verloren ist für die, die darauf stolz waren, der Ruhm Rußlands. Und das allerschlimmste ist, daß die Leute, die an allen diesen Übeltaten schuld sind, nicht nur kein Bewußtsein ihrer Schuld haben, sondern die Schuld an allem noch andern in die Schuhe schieben und, da sie in ihrer Stellung bleiben, Rußland vielleicht schon morgen in ein noch schwereres Unglück stürzen können.

Jede Revolution beginnt in einem Augenblick, wo die Gesellschaft der Weltanschauung entwachsen ist, auf die sich die bestehenden Formen des gesellschaftlichen Lebens gründen, wo der Widerspruch zwischen dem Leben, wie es ist, und dem Leben, wie es sein sollte und könnte, der Mehrzahl der Menschen so klar wird, daß es ihnen unmöglich erscheint, ihr Leben unter den bisherigen Bedingungen fortzusetzen. Und zuerst bricht die Revolution bei dem Volke aus, in dem die größte Zahl von Menschen diesen Widerspruch einsieht. Was nun die Mittel betrifft, deren sich die Revolution bedient, so hängen sie von dem Ziele ab, auf das die Revolution hinarbeitet.

Im Jahre 1793 lebte das Bewußtsein des Widerspruches zwischen der Idee von der Gleichheit der Menschen und der despotischen Gewalt der Könige, der Geistlichkeit, des Adels, der Beamten nicht nur in den Völkern, die unter dem Joche seufzten, sondern auch in den besten Menschen aus den herrschenden Klassen der ganzen christlichen Welt. Nirgends aber waren diese Klassen gegenüber dieser Ungleichheit so feinfühlig, und nirgends war das Bewußtsein des Volkes unter der Knechtschaft so wenig abgestumpft wie in Frankreich, und darum brach die Revolution von 1793 eben in Frankreich aus. Als das nächstliegende Mittel zur Verwirklichung der allgemeinen Gleichheit erschien es natürlich, den Machthabern das, was sie besaßen, mit Gewalt abzunehmen, und deshalb versuchten es die Revolutionäre von damals, ihre Ziele durch Gewalt zu erreichen.

In diesem Jahre, 1905, ist der Widerspruch zwischen dem Bewußtsein von der Möglichkeit und Gesetzmäßigkeit eines freien Lebens und der Unvernunft und Gefährlichkeit des Gehorsams gegenüber auf Zwang gegründeten Gewalten, die den Menschen willkürlich die Früchte ihres Fleißes rauben, um sie für Rüstungen zu verwenden, die nie ein Ende haben können – Gewalten, die es jeden Augenblick in der Hand haben, die Völker zur Teilnahme an den grausamsten und sinnlosesten Menschenschlächtereien zu zwingen – dieser Widerspruch wird nicht nur von den Völkern empfunden, die unter solcher Gewalt zu leiden haben, sondern auch von den besten Menschen in den herrschenden Ständen. Und nirgends wird er so scharf empfunden wie im russischen Volke. Und daß dieser Widerspruch besonders scharf im russischen Volke empfunden wird, ist erstens eine Folge des albernen und schandbaren Krieges, in den das russische Volk von seiner Regierung hineingehetzt worden ist, zweitens eine Folge davon, daß sich im russischen Volke noch die ackerbauende Wirtschaftsweise erhalten hat, drittens, und das ist die Hauptsache, eine Folge des noch besonders lebendigen christlichen Bewußtseins dieses Volkes. Darum glaube ich eben, daß die Revolution von 1905, die die Befreiung der Menschen von der Gewalt zum Ziele hat, in Rußland ausbrechen muß und schon ausgebrochen ist. Und die Mittel zur Erreichung des Zieles dieser Revolution, das Befreiung der Menschen heißt, müssen augenscheinlich andre sein, als die Gewalt, durch die die Menschen bisher die allgemeine Gleichheit zu erreichen versucht haben. Die Männer der großen Revolution, die nach der Gleichheit trachteten, konnten sich wohl noch verirren und glauben, die Gleichheit erreiche man mit Gewalt, obgleich es auch ihnen wohl hätte in die Augen springen müssen, daß die Gleichheit nicht durch Gewalt erreicht werden kann, weil Gewalt an sich die grellste Ausstrahlung der Ungleichheit ist. Die Freiheit aber, die das Hauptziel der heutigen Revolution darstellt, kann nun schon ganz gewiß auf keinen Fall durch Gewalt erreicht werden. Aber dabei glauben die Leute, die die Revolution in Rußland machen: wenn sie nur alles veranstalteten, was bei den europäischen Revolutionen veranstaltet worden ist: feierliche Leichenzüge, Erstürmung der Gefängnisse, glänzende Reden »allez dire à votre maître«, eine konstituierende Versammlung usw., dann würden sie, nachdem die bestehende Regierung gestürzt und eine neue eingerichtet wäre: eine konstitutionelle Monarchie oder gar eine sozialistische Republik – dann würden sie jenes Ziel der heutigen Revolution erreicht haben.

Aber die Geschichte wiederholt sich nicht. Die gewaltsame Revolution hat sich überlebt. Alles, was sie den Menschen geben konnte, hat sie ihnen schon gegeben. Und zugleich hat sie gezeigt, was sie nicht erreichen kann. Die jetzt beginnende Revolution in Rußland vollzieht sich in einem nach seinem Charakter ganz besonders gearteten Volke von Millionen Menschen, sie findet nicht im Jahre 1793 statt, sondern im Jahre 1905, kann also weder dieselben Ziele haben noch diese mit denselben Mitteln erreichen wie die Revolutionen, die vor sechzig, achtzig, hundert Jahren bei den geistig ganz anders gearteten germanischen und romanischen Völkern stattgefunden haben.

Das ackerbautreibende russische Hundertmillionenvolk, das im eigentlichen Sinne das ganze russische Volk bildet, braucht keine Duma und keine Gewährung von allerlei Freiheiten – deren Aufzählung ja augenfälliger als sonst irgend etwas beweist, daß keine wahrhafte, einfache Freiheit vorhanden ist – es braucht keine Ersetzung einer Gewaltherrschaft durch eine andere, sondern es braucht die wirkliche, ganze Befreiung von jeder auf Gewalt begründeten Herrschaft.

Der Sinn der Revolution, die jetzt in Rußland beginnt und der ganzen Welt bevorsteht, liegt nicht in der Trennung der Kirche vom Staate oder der Erwerbung gesellschaftlicher Unternehmungen durch den Staat, nicht in der Organisation der Wahlen und der scheinbaren Beteiligung des Volkes an der Macht, nicht in der Errichtung der allerdemokratischsten, meinetwegen sogar sozialistischen, Republik mit allgemeinem Stimmrecht, sondern – *in der wirklichen Freiheit.*

Eine nicht nur scheinbare, sondern wirkliche Freiheit wird nicht durch Barrikaden erreicht, nicht durch Mord, nicht durch was für immer neue mit Gewalt eingeführte Einrichtungen, sondern nur dadurch, daß man aufhört, irgend einer menschlichen Gewalt, möge sie heißen wie sie wolle, Gehorsam zu leisten.

1905

Aufruf an die Russen

I

An die Regierung

Unter Regierung verstehe ich diejenigen Menschen, welche, die bestehende Gewalt benützend, die geltenden Gesetze umzuändern und zur Ausführung zu bringen vermögen. In Rußland waren solche Menschen bis jetzt und fahren fort es zu sein: der Zar, die Minister und die höchststehenden Ratgeber.

Die öffentlich verkündigte Grundlage jedweder regierenden Gewalt ist nur eine: dem Heile jenes Volkes zu dienen, über welches sie Gewalt hat.

Was tut ihr denn jetzt, ihr regierenden Personen von Rußland?

Ihr kämpft gegen die Revolutionäre mit Winkelzügen und Ausflüchten und was das Schlimmste, mit eben so schlechten und noch schlechteren Grausamkeiten, als jene gegen euch verwenden. Aber von zwei kämpfenden Parteien wird stets nicht diejenige siegen, die verschlagener, schlauer oder böser und grausamer ist, sondern diejenige, welche jenem Ziele näher steht, dem die Menschheit entgegengeht.

Ob nun die Revolutionäre die Ziele, nach denen sie streben, richtig oder unrichtig bestimmen, sie streben nach irgendeiner neuen Lebenseinrichtung; ihr aber wünscht nur eins: euch in der vorteilhaften Position, in der ihr euch befindet, zu erhalten. Darum könnt ihr gegen die Revolution nicht standhalten mit eurem Banner der Autokratie – wenn auch konstitutionell herausgeputzt, und mit dem verderbten Christentum – wenn auch mit einem Patriarchat und allerlei mystischen Erläuterungen. Alles das hat seine Zeit überlebt und kann nicht wiederhergestellt werden. Euer Heil beruht nicht in irgendeiner Duma mit diesen oder anderen Wahlsystemen und ganz und gar nicht in Mitrailleusen und Hinrichtungen, sondern darin, daß ihr eure Sünde vor dem Volk bekennt und sie abzubüßen und gut zu machen trachtet, solange ihr es noch vermögt. Stellt dem Volk höhere und wahrhaftigere Ideale der Gerechtigkeit, der Güte und Wahrheit auf, als sie eure Gegner aufstellen; stellt den Menschen ein solches Ideal vor, und nicht etwa zu dem Zweck, um euch zu retten, sondern macht euch ernstlich und aufrichtig an seine Verwirklichung, und ihr werdet nicht nur euch selbst, sondern auch Rußland von den Schrecknissen erretten, die bereits eingetreten sind und noch bevorstehen.

Ihr braucht ein solches Ideal nicht zu erfinden, es ist das Ideal des russischen Volkes seit alters her und besteht in der Wiederherstellung des natürlichen und gesetzlichen Anrechtes – nicht bloß der Bauern, sondern des ganzen Volkes – auf sein Land.

Leuten, die nicht gewohnt sind, mit eigenem Verstande zu denken, scheint dieses Ideal nicht realisierbar zu sein, denn es ist das keine Wiederholung dessen, was in Europa und Amerika bereits realisiert ist. Eben deshalb aber, weil dieses Ideal noch nirgends verwirklicht wurde, eben deshalb ist es ein wahres Ideal unserer Zeit und dabei ein nächstliegendes Ideal, das, früher als in anderen Ländern, jetzt eben in Rußland verwirklicht werden kann und muß. Macht eure Sünde gut mit einer guten Tat, trachtet, solange ihr noch in der Macht seid, das alte himmelschreiende grausame Unrecht des privaten Bodenbesitzes, welches so lebhaft vom gesamten ackerbautreibenden Volke empfunden wird und unter dem es so grausam zu leiden hat, abzuschaffen – und die Besten, die sogenannte Intelligenz, werden auf eurer Seite sein. Mit euch werden alle aufrichtigen Konstitutionalisten sein, die nicht umhin können einzusehen, daß, ehe man das gesamte Volk zur Wahl von Abgeordneten aufruft, dieses von der Bodensklaverei, in der es lebt, befreit werden muß. Auch die Sozialisten werden sich zu euch bekennen müssen, weil das Ideal, das sie sich aufstellen – die Sozialisierung der Produktionsmittel – vor allem durch die Sozialisierung des Hauptproduktionsmittels der Arbeit: des Grund und Bodens erlangt wird. Auch die Revolutionäre werden mit euch sein, weil jene Revolution, die ihr durch die Befreiung des Bodens vom Privatbesitze ins Leben rufen werdet, die Realisierung eines der Hauptpunkte ihres Programmes darstellt. Mit euch wird vor allem jenes hundert Millionen zählende russische Landvolk sein, welches einzig und allein die wahre russische Nation darstellt.

Tut nur, was zu tun ihr verpflichtet seid, indem ihr die Stelle der Regierung einnehmt, und macht, solange es noch Zeit ist, die Verwirklichung des wirklichen Volksheiles zu eurer Aufgabe, und ihr werdet statt jenes Gefühles der Angst und Erbitterung, das ihr jetzt empfindet, die Freude der innigen Annäherung an die hundert Millionen des russischen Volkes und der Übereinstimmung mit demselben erfahren; ihr werdet das Gefühl der Liebe und Dankbarkeit dieses sanftmütigen Volkes kennenlernen, das euch eure Sünden nicht nachtragen, sondern euch lieben wird für die gute Tat, die ihr ihm erweist, ganz so wie es jetzt diejenigen und denjenigen liebt, die es von der Leibeigenschaft befreit haben.

Gedenket, daß ihr nicht Könige, Minister, nicht Senatoren und Statthalter seid, sondern *Menschen*, und sobald ihr dies getan, werdet ihr statt der Leiden, der Verzweiflung und Angst, die Freude, die im Verzeihen und in der Liebe liegt, erkennen und lernen.

Damit das aber geschehe, müßt ihr euch diesem Werke nicht bloß äußerlich und als einem Rettungsmittel, sondern aufrichtig, ernst und mit aller Kraft der Seele widmen, und ihr werdet sehen, welche begeisterte, vernünftige und einträchtige Tätigkeit die besten Schichten der Gesellschaft entfalten werden, indem sie aus allen Ständen die Besten auswählen und diejenigen, die jetzt Rußland verwirren, fallen lassen werden, so daß sie jede Bedeutung verlieren. Tut das, und alle die

schrecklichen tierischen Instinkte der Rache, Bosheit, Habsucht, des Neides, der Ehr- und Ruhmsüchtigkeit und vor allen Dingen der Unwissenheit, die jetzt an die Oberfläche kommen und das russische Volk verpesten, beunruhigen und quälen, – woran ihr Schuld tragt, – werden verschwinden.
Ja, für euch, regierende Personen, gibt es nur zwei Ausgänge: eine brudermörderische Metzelei mit allen Schrecken der Revolution und trotzdem ein unvermeidlicher, schändlicher Untergang, oder die friedliche Verwirklichung der ewigen und gerechten Forderung des ganzen Volkes und eine Weisung des Weges für die anderen christlichen Völker sowie die Möglichkeit, jene Ungerechtigkeit, an der die Menschen so lange und grausam zu leiden hatten, aufzuheben.
Mag nun die Form gesellschaftlicher Organisation, der ihr eure Gewalt verdankt, überlebt sein oder nicht, gebraucht sie, solange ihr sie ausübt, nicht um die Übel, die ihr verübt habt, und den Haß gegen euch, den ihr bei den Leuten erweckt habt, zu verzehnfachen, sondern um ein großes, gutes Werk nicht nur für das eigene Volk, sondern auch für die ganze Menschheit zu vollbringen. Ist aber diese Form bereits überlebt, nun, so möge ihr letzter Akt ein Akt der Güte und der Wahrheit sein und nicht ein Akt der Lüge und der Grausamkeit!

2

An die Revolutionäre

Unter Revolutionären verstehe ich diejenigen Menschen, von den friedlichen Konstitutionalisten angefangen bis zu den gewalttätigsten Revolutionären, welche die bestehende regierende Gewalt durch eine andere, anders organisierte und von anderen Leuten zusammengesetzte ersetzen möchten.

Revolutionäre aller Schattierungen und Namen, ihr betrachtet die bestehende Gewalt als schädlich und trachtet auf verschiedene Weise – durch Veranstaltung von Versammlungen, die die Regierung bewilligt oder nicht bewilligt, durch Gesetzentwürfe, durch das Veröffentlichen von Artikeln, durch öffentliche Reden oder durch Streiks, Demonstrationen und schließlich, als natürliche und unvermeidliche Folge und Ausgang all dieser Tätigkeiten, durch Mord, Hinrichtungen, bewaffnete Aufstände, – die bestehende Gewalt durch eine andere zu ersetzen.

Obschon ihr alle über die Beschaffenheit dieser neuen Gewalt untereinander uneinig seid, laßt ihr euch doch, um die von einer jeden eurer Parteien vorgeschlagenen Einrichtungen durchzuführen, durch keinerlei Verbrechen wie: Morde, Explosionen, Hinrichtungen, Bürgerkrieg abhalten.

Ihr findet nicht genug verächtliche Worte, um eurer Verdammung und Verachtung gegen jene regierenden Personen, die gegen euch kämpfen, Ausdruck zu verleihen. Aber alle Grausamkeiten der regierenden Personen, wenn sie sie im Kampfe gegen euch begehen, werden in ihren Augen dadurch gerechtfertigt, daß sie alle, vom Zaren angefangen bis zum letzten Schutzmann, in der schrankenlosen Achtung vor der eingebürgerten und durch Alter und Tradition geheiligten Ordnung erzogen, vollkommen überzeugt sind, daß, indem sie diese Ordnung beschützen, sie eben das tun, was Millionen Menschen, welche die Gesetzlichkeit der bestehenden Ordnung und ihrer Stellung anerkennen, von ihnen verlangen. So daß die moralische Verantwortung für ihre Grausamkeiten nicht auf sie allein fällt, sondern sich auf eine Menge von Personen verteilt. Ihr aber, Leute der verschiedensten Stände und Berufe, Ärzte, Lehrer, Techniker, Studenten, Professoren, Journalisten, Studentinnen, Eisenbahnangestellte, Arbeiter, Advokaten, Kaufleute, Gutsbesitzer, die ihr euch bis jetzt mit euren besonderen Berufen befaßt habt, die nichts Gemeinsames mit dem Verwaltungswesen haben, die ihr von niemandem außer von euch selbst berufen und anerkannt seid, ihr habt es plötzlich und mit voller Gewißheit ausgedacht, welche Verfassung es eigentlich sei, deren Rußland jetzt benötige, um nehmt nun im Namen dieser Verfassung, die jeder von euch auf seine Art auffaßt, ihr nehmt allein die ganze Verantwortung für die gräßlichen Taten, die ihr begeht, auf euch, indem ihr Bomben werft, zerstört, mordet, hinrichten laßt. Tausende von Menschen sind getötet, alle Russen sind in Verzweiflung und Wut geraten, sind vertiert. Und weshalb alles das? Deshalb, weil inmitten einer kleinen Gruppe von Menschen, kaum einem Zehntausendstel des ganzen Volkes, einige beschlossen haben, daß zum Zweck der besten Einrichtung des russischen Reiches eine Fortdauer jener Duma erforderlich sei, die in letzter Zeit sich versammelte, andere dagegen, daß eine andere Duma mit allgemeinen, geheimen, gleichen usw. Wahlen, noch andere, daß eine Republik, und noch andere, daß nicht eine einfache, sondern eine sozialistische Republik notwendig sei. Und aus diesen Gründen provoziert ihr den Bürgerkrieg.

Ihr sagt, ihr tut das für das Volk, euer Hauptziel dabei sei das Heil des Volkes. Aber das Volk von hundert Millionen, für welches ihr das tut, ersucht euch doch nicht darum und hat alles das, was ihr mit so schrecklichen Mitteln zu erreichen trachtet, gar nicht nötig. Das Volk hat euch alle nicht nötig und hat euch stets betrachtet, betrachtet euch und kann euch als nichts anderes betrachten denn als unnütze Brotfresser, die es auf die eine oder andere Art der Früchte seiner Arbeit berauben und ihm das Leben schwer machen. Stellt euch nur klar dieses russische Landvolk von hundert Millionen vor, welches, streng genommen, allein den Leib des russischen Volkes darstellt, und begreift, daß ihr alle, Professoren, Fabrikarbeiter, Ärzte, Techniker, Journalisten, Studenten, Gutsbesitzer, Studentinnen, Tierärzte, Kaufleute, Advokaten, Eisenbahnbeamte, ihr alle, die ihr so sehr um sein Heil besorgt seid, daß ihr alle bloß schädliche Parasiten auf diesem Leibe seid, dem ihr die Säfte aussaugt, bis ihr selbst mitsamt diesem Leib der Fäulnis und dem Verderben anheimfallt.

Stellt euch nur lebendig diese Millionen ewig geduldig arbeitender und all euer unnatürliches, künstliches Leben auf ihren Schultern tragender Menschen vor und paßt diesen Menschen alle die Reformen an, nach denen ihr strebt, und ihr werdet sehen, wie diesem Volke alles das fremd ist, was ihr angeblich zu seinem Heile erstrebt. Das Volk hat andere Aufgaben vor sich, es sieht viel tiefer das ihm bevorstehende Ziel, es gibt der Erkenntnis seiner Bestimmung nicht mit Zeitungsartikeln Ausdruck, sondern mit dem ganzen Leben seiner hundert Millionen Menschen.

Doch nein, ihr könnt das nicht begreifen, ihr seid fest überzeugt, daß dieses rohe Volk keine eigenen Grundlagen habe und daß es ein großes Glück sei, wenn ihr es mit dem letzten Artikelchen, das ihr gelesen habt, aufklärt und zu ebensolchen bedauernswerten, hilflosen und demoralisierten Wesen, wie ihr selbst seid, umformt.

Ihr sagt, daß ihr gerechte Lebensbedingungen wollt, ihr könnt aber bloß bei einer unrechten und ungerechten Lebenseinrichtung existieren. Wenn eine wirklich gerechte Lebenseinrichtung ins Leben tritt, bei der es für Menschen, die fremde Arbeit ausnutzen, keinen Platz gibt, so müßt ihr alle, Gutsbesitzer, Kaufleute, Professoren, Advokaten, Lehrer und ebenso auch ihr Fabrikarbeiter, Fabrikanten, Techniker, Produzenten von Kanonen, Schnaps, Tabak, Spiegeln und Samtwaren usw. allesamt mit dem Regierungspersonale Hungers sterben.

Nicht nur, daß ihr keine wirklich gerechte Lebenseinrichtung braucht, sondern nichts kann für euch gefährlicher sein, als eine Lebenseinrichtung, bei der alle Menschen auf gleiche Weise eine für alle Menschen nützliche Arbeit verrichten müssen.

Hört nur auf, euch zu betrügen und prüfet aufrichtig den Platz, den ihr im russischen Volk einnehmt, auf daß es euch klar werde, daß euer Kampf gegen die Regierung ein Kampf zweier Parasiten auf einem gesunden Körper ist und daß für das Volk beide kämpfenden Parteien gleich schädlich sind.

Darum sprecht von *euren* Interessen, nicht aber von denjenigen des Volkes, lügt nicht, indem ihr von ihm sprecht und laßt das Volk in Ruhe. Kämpfet gegen die Regierung, wenn ihr euch dessen nicht enthalten könnt, wisset aber, daß ihr für euch und nicht für das Volk kämpft und daß in diesem gewaltsamen Kampfe nicht bloß nichts Edles und Gutes steckt, sondern daß dieser Kampf eine sehr unvernünftige, schädliche und vor allen Dingen unsittliche Sache ist.
Eure Tätigkeit hat, wie ihr sagt, die Verbesserung der allgemeinen Verhältnisse der Menschen zum Zweck. Auf daß aber die Lage der Menschen besser werde, ist es nötig, daß die Menschen selbst sich bessern. Es handelt sich hier um einen ähnlichen Schluß, wie der, daß, um ein Gefäß Wasser zu wärmen, sich alle seine Tropfen erwärmen müssen. – Auf daß die Menschen besser werden, ist es erforderlich, daß sie sich selbst, ihrem inneren Leben immer mehr Aufmerksamkeit zuwenden. Die äußere soziale Tätigkeit aber, besonders der soziale Kampf, lenkt stets die Aufmerksamkeit der Menschen vom inneren Leben ab und demoralisiert sie deshalb unbedingt, drückt das Niveau der sozialen Sittlichkeit herab, wie das überall der Fall war und wie wir das in auffallendem Maße jetzt in Rußland sehen. Das Sinken des Niveaus sozialer Sittlichkeit bewirkt aber, daß die unsittlichsten Elemente der Gesellschaft immer mehr nach oben gelangen und so eine unsittliche öffentliche Meinung sich bildet, die Verbrechen, Räubereien, Ausschweifungen und selbst Mordtaten zuläßt und sogar billigt. Und es stellt sich im Leben ein falscher Kreislauf ein: die durch den sozialen Kampf aufgebotenen schlechtesten Elemente der Gesellschaft widmen sich mit Eifer einer sozialen Tätigkeit, die ihrem niedrigen Sittlichkeitsniveau entspricht, diese Tätigkeit aber zieht wiederum die schlechtesten Elemente der Gesellschaft an. Und so sinkt die Sittlichkeit immer tiefer und die unsittlichsten Leute, wie z. B. ein Danton, Marat, Napoleon, Talleyrand usw. werden die Helden des Tages, so daß die Teilnahme an der sozialen Agitation

und im sozialen Kampfe nicht nur keine erhabene, nützliche, gute Tat darstellt, wie das diejenigen, die sich mit diesem Kampfe abgeben, zu denken und zu sagen pflegen, sondern im Gegenteil, eine zweifellos unvernünftige, schädliche und unsittliche Sache ist.

Bedenket das besonders, ihr jungen Leute, die ihr noch nicht im klebrigen Kot politischer Tätigkeit versunken seid, befreit euch von der schrecklichen Hypnose, in der ihr befangen seid, befreit euch von der Lüge eines vermeinten Dienstes am Volke, in dessen Namen ihr alles für erlaubt haltet, denkt vor allem an die edleren Eigenschaften eurer Seele, die von euch weder direkte, geheime und sonstige Wahlen, noch bewaffnete Aufstände oder konstituierende Nationalversammlungen und ähnliche Dummheiten und Grausamkeiten verlangt, sondern nur eins: daß ihr ein rechtes und wahres Leben lebt.

Auf daß ihr aber ein rechtes und wahres Leben führt, dürft ihr vor allem euch selbst nicht betrügen, dürft nicht denken, wenn ihr euch euren kleinlichen Leidenschaften – der Ehr- und Ruhmsucht, dem Neide, der Bravourmacherei, dem Verlangen, euren überschüssigen Kräften freien Spielraum zu schaffen, hingebt oder dem Wunsche, eure persönliche Stellung zu bessern, frönt, daß ihr damit dem Volke dient, sondern ihr müßt auf euch selbst zurückblicken und trachten, eure Mängel zu verbessern und selbst besser zu werden. Wollt ihr aber an das gesellschaftliche Leben denken, so denkt vor allem an eure Sünden an dem Volke und trachtet, seine Arbeit möglichst wenig auszunutzen, und wenn ihr ihm schon nicht helfen könnt, so es doch wenigstens nicht in Verwirrung und Verwicklung zu stoßen, nicht jene schrecklichen Verbrechen zu begehen, wie es viele von euch tun, indem sie das Volk betrügen, aufreizen, zu Räubereien und Aufständen aufwiegeln; alles das endet ja doch nur mit noch größeren Leiden und mit noch größerer Knechtung dieses Volkes!

Die verwickelten und schwierigen Zustände, unter denen wir jetzt in Rußland leben, erfordern von euch jetzt nicht Zeitungsartikel, nicht Reden in Versammlungen, nicht ein Herumschlendern auf den Straßen, bewaffnet mit Revolvern, nicht schleichende Aufwiegelungen der Bauern, wobei ihr euch oft jeder Verantwortlichkeit entzieht, sondern ein offenes, strenges Verhalten gegen euch selbst, dem eigenen Leben gegenüber, dem Leben, welches einzig und allein in unserer Macht steht und dessen Veredelung allein imstande ist, den Allgemeinzustand der Menschheit zu verbessern.

3

An das Volk

Unter Volk verstehe ich das gesamte russische Volk, vorzugsweise aber das arbeitende, ackerbautreibende Volk, auf dessen Arbeit das Leben aller übrigen beruht.

Russisches Arbeitsvolk, besonders ihr Ackerleute, Bauern, ihr befindet euch jetzt in Rußland in einer besonders schwierigen Lage. Wie schwer ihr es auch hattet bei wenig Land, großen Steuern, Zollabgaben und Kriegen, welche die Regierung anzettelte, ihr habt bis zur jüngsten Zeit im Glauben an den Zaren gelebt, in der Zuversicht, daß man ohne seine Macht nicht leben könne, und habt euch demütig der Regierung unterworfen.

Wie schlecht euch die Zarenregierung auch lenkte, ihr habt euch demütig unterworfen, solange sie die einzige war. Aber jetzt, nachdem ein Teil des Volkes zum Aufstand überging und der Regierung des Zaren zu gehorchen aufgehört hatte, sie zu bekriegen begann, wo an vielen Orten statt einer Regierung zwei entstanden sind und jede Gehorsam verlangt, könnt ihr euch nicht mehr, wie früher, ohne zu prüfen, ob euch die Regierung zum Guten oder zum Bösen führt, weil sie eben vorhanden ist, demütig unterwerfen, sondern müßt eure Wahl treffen, welcher von beiden ihr zu gehorchen habt. Was sollt ihr da tun? Nicht die Zehntausende von Arbeitern, die sich in Städten herumtreiben und unstet bewegen, sondern ihr, das wirkliche, große, hundert Millionen zählende, ackerbautreibende Landvolk?

Die alte Zarenregierung spricht zu euch: »Höret nicht auf die Rebellen: sie versprechen euch viel, werden euch aber hintergehen. Mir bleibt treu, und ich werde alle eure Bedürfnisse befriedigen.«

Die Rebellen sagen euch: »Glaubet nicht der Zarenregierung: wie sie euch stets gepeinigt hatte, wird sie euch weiter peinigen. Uns schließt euch an, uns helft, und wir werden euch eine Regierung errichten, wie sie die freiesten Staaten haben. Ihr werdet dann selbst eure Beamten wählen, werdet euch selbst regieren und selbst eure Übelstände verbessern.«

Was sollt ihr tun?

Die alte Regierung unterstützen? Die alte Regierung aber verspricht euch schon längst, euren Notstand zu beheben, und nicht nur, daß sie es nicht tut, nein, sie vergrößert nur noch eure Hauptübelstände: die Boden-, Steuer- und Militärmisere.

Euch den Rebellen beigesellen? Die Rebellen versprechen euch, eine ebensolche Regierung einzusetzen, wie sie in den freiesten Staaten besteht. Aber überall dort, wo solche aus Wahlen hervorgehende Regierungen bestehen, in den freiesten Staaten, wie z. B. in den Republiken Frankreich und Amerika, wird, ganz wie bei uns, an den größten nationalen Übelständen nichts gebessert: überall befindet sich, ganz so wie bei uns, und mehr noch als bei uns, der Boden in den Händen der Reichen; überall wird das Volk, ganz wie bei uns, ohne daß man es fragt, mit Steuern und Zöllen belastet; auch werden überall, ganz wie bei uns, ohne das Volk zu befragen, Heere erhalten, Kriege erklärt und geführt, sobald die Machthabenden es für sich nötig finden. Auch hat sich hier noch keine neue Regierung festgesetzt und man weiß noch nicht, welcher Art eine solche sein wird.

Aber nicht genug daran, daß es euch keine Vorteile bietet,

euch der oder jener Regierung beizugesellen: ihr könnt das vor Gott und dem Gewissen nicht verantworten. Der alten Regierung beistehen, heißt dasselbe tun, was in letzter Zeit in Odessa, Sevastopol, Kiev, Riga, Moskau und dem Kaukasus geschehen ist, heißt: einkerkern, morden, hängen, lebendig verbrennen, hinrichten, auf den Gassen niederschießen, Kinder und Frauen töten. Sich den Revolutionären beigesellen, heißt dasselbe tun: Menschen töten, Bomben werfen, brennen, rauben, gegen Soldaten kämpfen, hinrichten, hängen.
Deshalb braucht und müßt ihr, arbeitendes christliches Volk, jetzt, wo euch die Zarenregierung zum Kampf gegen eure Brüder aufruft und zu dem gleichen auch die Revolutionäre euch einladen, nicht mehr eures Vorteils halber, sondern vor Gott und eurem Gewissen unzweifelhaft eines tun: *euch weder der alten noch der neuen Regierung anschließen und weder der einen noch der andern in ihren unchristlichen Taten beistehen.*

Sich der Mitschuld an den Taten der alten Regierung zu enthalten, heißt aber: nicht beim Militär, nicht bei der Polizei dienen, keine Desjatskij und Wachmannsdienste verrichten; bei keinen staatlichen Institutionen, Behörden, Landesvertretungen, Versammlungen und Dumas mitwirken. Sich an den Taten der Revolutionäre nicht beteiligen, heißt aber: keine Versammlungen, Verbindungen, keinerlei Streiks veranstalten; keinen Brand stiften, fremde Häuser nicht zerstören, sich keinen bewaffneten Aufständen anschließen.
Zwei einander feindlich gesinnte Regierungen stehen auch jetzt gegenüber und beide fordern euch zu bösen, unchristlichen Taten auf. Was könnt ihr also anderes tun, als euch jedweder Regierung ferne halten?
Man sagt, es sei schwer, wenn nicht unmöglich, ohne eine Regierung zu leben. Ihr russischen Arbeiter, besonders ihr Ackerleute wißt aber, daß, wenn ihr in Dörfern ein friedliches, arbeitsames Leben führt, bei gleichen Rechten auf den

Boden, wenn ihr eure Gemeindeangelegenheiten beim Mir selbst ordnet, daß ihr da einer Regierung durchaus nicht bedürft.

Ihr seid der Regierung notwendig, nicht aber die Regierung euch Ackersleuten. Darum ist es vernünftig und wohlgetan, daß ihr euch in den jetzigen schweren Verhältnissen, wo es gleich schlecht ist, sich der einen oder der andern Regierung anzuschließen, keiner Regierung unterwerft.

Wenn das bezüglich der ackerbautreibenden Bevölkerung zutrifft, was aber sollen die in Fabriken und Werkstätten Arbeitenden tun, deren es in vielen Gegenden mehr gibt als der Ackerleute und deren Leben gänzlich in der Macht der Regierung steht?

Ganz dasselbe wie die Landarbeiter: *keiner Regierung gehorchen* und mit allen Kräften danach streben, zum Landleben zurückzukehren. Ihr städtisches Arbeitervolk braucht nur ebenso wie das Landvolk aufzuhören, der Regierung zu gehorchen, ihr zu dienen, und die Regierungsgewalt wird aufhören, und mit der Vernichtung dieser Gewalt werden von selbst auch jene Zustände der Knechtschaft vernichtet werden, in denen ihr lebt, weil diese Zustände nur durch gewaltsame Macht der Regierung aufrecht erhalten werden. Diese gewaltsame Macht aber liefert ihr selbst. Nur diese Macht ist es, die die ein- und ausgeführten Waren mit Zöllen belegt, nur sie treibt von den Gegenständen der eigenen Landesproduktion Zölle ein, nur die regierende Gewalt ist es, die Gesetze vorschreibt, um Monopole von Privatpersonen und das Eigentumsrecht auf den Boden zu beschützen, nur diese Gewalt ist es, die über das Militär, welches ihr selbst liefert, verfügt, euch in beständiger Abhängigkeit und im Gehorsam sich und ihren Helfershelfern, den Reichen, gegenüber erhält.

»Wie soll man aber ohne Regierung alle großen gesellschaftlichen Angelegenheiten ordnen, wenn alle in getrennten Gesellschaften leben? Wie sollen Kommunikationswege, Eisenbahnen, Telegraphen, Postwesen, Dampfschiffe, höhere Lehr-

anstalten, Bibliotheken, wie der Handel sich organisieren, wenn es keine Regierung gibt?«
Die Menschen sind derart daran gewöhnt, daß die Regierungen alle gesellschaftlichen Angelegenheiten verwalten, daß sie meinen, diese selbst würden von den Regierungen ins Leben gerufen, und daß man ohne Regierung weder höhere Schulanstalten, noch Verkehrswege, Postwesen, Bibliotheken und Handelsverbindungen errichten könne. Das ist aber nicht richtig. Die größten gesellschaftlichen Unternehmungen werden nicht bloß bei irgendeinem, sondern bei den verschiedensten Völkern ohne jede Hilfe der Regierung von Privatpersonen veranstaltet. So werden allerlei internationale Gelehrten-, Handels- und industrielle Verbindungen veranstaltet. Nicht nur, daß die Regierungen solche auf freiwilligem Einvernehmen gegründeten Verbindungen nicht fördern, sondern sie sind denselben sogar nur hinderlich, wenn sie sich in derartige Dinge einmengen.
»Wenn ihr aber der Regierung nicht gehorchen, keine Steuern zahlen und keine Soldaten liefern werdet, so werden fremde Völker kommen und euch unterjochen«, – pflegen noch diejenigen zu sagen, die es notwendig haben, über euch zu herrschen. Glaubet das nicht. Lebt nur, den Boden als Gemeingut betrachtend, ohne Soldaten zu stellen und ohne Steuern zu zahlen, ausgenommen diejenigen, die ihr freiwillig zu gemeinschaftlichen Zwecken gebt, ordnet friedlich und gemeinschaftlich eure Zwistigkeiten, und es werden, wenn sie Kenntnis von dieser eurer Lebensführung erlangen, keine fremden Völker kommen, um euch zu unterjochen, und wenn sie auch kommen, so werden sie beim Anblick einer solchen Lebensführung diese von euch übernehmen und werden sich, statt euch zu bekriegen, euch anschließen. Alle Völker hatten ja und haben noch, ganz so wie ihr, von ihren Regierungen und ihrem gegenseitigen Kampfe – sei es nun ein militärischer oder ein Handels- und Industrie- oder ein Klassenkampf verschiedener Parteien – zu leiden. Bei allen christlichen Völkern geht

eine innere Arbeit vor sich, deren Hauptzweck ist: sich von den Regierungen zu befreien. Diese Befreiung aber bietet den Völkern, von denen die meisten den Ackerbau aufgegeben haben und ein industrielles städtisches Leben führen, wobei sie die Arbeit anderer Völker benutzen, besonders große Schwierigkeiten. Solche Befreiung bereitet sich jetzt unter ihnen vermittelst des Sozialismus vor. Für euch aber, russische Arbeiter, die ihr vorzugsweise vom Ackerbau lebt und eure Bedürfnisse selbst befriedigt, ist diese Befreiung besonders leicht. Die Regierung stellt schon längst für euch keine Notwendigkeit, selbst keine Bequemlichkeit dar, sondern eine große Last und Not, für die sich keinerlei Entschädigung bieten läßt.

Die Regierung, nur die Regierung, nimmt euch vermöge ihrer Gewalt das Land weg, die Regierung reißt in der Form von Steuern und Zollabgaben einen großen Teil dessen an sich, was ihr mit euer Arbeit erwerbt, nur sie bringt euch um die Arbeitskraft eurer Söhne, indem sie sie unter die Soldaten einreiht und zum Morden aussendet.

Die Regierung ist ja keine ebenso von Gott eingesetzte unvermeidliche Bedingung des menschlichen Lebens wie z. B. der Ackerbau, die Ehe, die Familie, der Verkehr der Menschen untereinander, Einrichtungen, die immer sein werden, solange es Menschen geben wird. Die Regierung ist eine menschliche Einrichtung, die eingesetzt wird, wenn sie notwendig ist, um abgeschafft zu werden, wenn sie aufhört, notwendig zu sein, wie alle anderen menschlichen Einrichtungen.

Im Altertum gab es Menschenopfer, Götzendienst, Orakel, Torturen, Sklavereien und vieles andere. Und alles das wurde aufgehoben, sobald das Volk in dem Grade aufgeklärt war, daß diese Institutionen eine überflüssige Last und Not darstellten. Ebenso verhält es sich auch mit den Regierungen. Die Regierungen sind zu einer Zeit entstanden, wo das Volk wild, grausam und roh war. Ebenso grausam und roh waren auch die Regierungen, die man einsetzte. Beinahe alle Regierungen haben ihre Gesetze von den heidnischen Römern übernommen. Und die Regierungen sind bis heute dieselben rohen Institutionen geblieben, mit gewaltsamen Erpressungen, Militär, Gefängnissen, Hinrichtungen, wie sie in der vorchristlichen Zeit waren. Aber das Volk, das allmählich aufgeklärt wurde, benötigte solcher Regierungen immer weniger, und so sind heutzutage die meisten christlichen Völker dahingelangt, daß die Regierungen für sie nur ein Hindernis bedeuten.

Das Ei bedarf einer Schale, solange das Küchlein nicht ausgebrütet ist. Sobald aber der junge Vogel fertig ist, bildet die Schale nur ein Hindernis. Ganz so verhält es sich auch mit den Regierungen: die meisten christlichen Völker sind sich dessen bewußt. Besonders lebhaft wird das jetzt vom russischen Landvolk empfunden.

»Die Regierung ist notwendig, ohne Regierung kann man nicht leben«, sagen die Menschen, besonders jetzt davon durchdrungen, wo im Volke Unruhen entstehen. Wer sind denn diese Leute, die so sehr um die Integrität der Regierung besorgt sind? Es sind dieselben Leute, die von der Arbeit des Volkes leben und, sich ihrer Sünde bewußt, überführt zu werden befürchten und ihre Zuversicht darauf setzen, daß die mit ihnen durch Interessengleichheit verbündete Regierung ihre Lüge beschützt. Diese Leute haben eine Regierung sehr nötig, nicht jedoch ihr, das Volk. Für euch ist die Regierung stets nur eine Last gewesen; ist aber jetzt, nachdem sie mit ihrer schlechten Verwaltung einen Aufstand und eine Spaltung in zwei Regierungen heraufbeschworen hat, zu einem sichtlichen Unheil und einer großen Sünde geworden, von der ihr euch um eures leiblichen und geistigen Heils willen unbedingt lossagen müßt.

Ob ihr euch nun, russische Arbeiter, von der Unterordnung unter jedwede Regierung mit einem Male befreit oder ob ihr noch von Leuten der alten oder der neuen Regierung oder eventuell auch von Regierungen fremder Völker zu leiden und zu dulden haben werdet, es bleibt euch schließlich nichts

anderes übrig, als daß ihr aufhört, euch der Regierung unterzuordnen, und daß ihr ein neues Leben ohne sie beginnt.
Land- und Stadtarbeiter, wenn ihr euch in der ersten Zeit für euren Ungehorsam von der alten wie von der neuen Regierung, wie auch an den Folgen innerer Uneinigkeiten, die unter euch entstehen können, zu leiden haben werdet, so ist doch all der Jammer, der infolge dieser Ursachen entstehen könnte, gar nichts im Vergleich mit dem Jammer und dem Leiden, das ihr jetzt von der Regierung zu erleiden habt und noch erleiden müsset, falls ihr, der einen oder der anderen Regierung gehorchend, in jene Mordtaten, Hinrichtungen und bürgerliche Zwistigkeiten hineingezogen werdet, die bereits vor sich gegangen sind und noch fernerhin von den kämpfenden Regierungen verübt werden, falls ihr denselben nicht durch eure Lossagung von ihnen ein Ende bereitet.
Ergebt euch nur dem, was die eine oder andere Regierung von euch verlangt und wozu sie euch einladet, beginnt nur, die alte Regierung stützend, einen Kampf gegen die Revolutionäre, indem ihr euch an der Armee, Polizei, an den Scharen der schwarzen Bande beteiligt, oder aber, indem ihr die Revolutionäre stützend, an den Streiks, Plünderungen, Waffenaufständen oder irgendwelchen Verbindungen, Wahlen und Dumas Anteil nehmt, – und ihr werdet, abgesehen davon, daß ihr viele Sünden auf eure Seele ladet, euch kaum versehen, bis die eine oder andere Regierung, die den Sieg davonträgt, möget auch ihr es gewesen sein, die ihr zum Siege verholfen haben, euch wiederum die Schlinge der Sklaverei um den Hals legt.
Wollet nur nicht nachgeben, euch weder den einen noch den anderen unterwerfen, und ihr werdet all euer Unheil los werden und frei sein.
Aus den jetzigen schweren Umständen gibt es für euch, russisches Arbeitervolk, nur einen Ausweg: die Weigerung des Gehorsams jeder gewalttätigen Obrigkeit gegenüber, frommes und demütiges Ertragen der Gewaltakte, aber Enthaltung von jeder Teilnahme an denselben.

Dieser Ausweg ist einfach und leicht und führt unbedingt zum Heil. Um jedoch so handeln zu können, müßt ihr die Macht Gottes und sein Gesetz anerkennen.
»Wer bis ans Ende ausharrt wird das Heil erlangen!« Euer Heil ruht in euren Händen!
Ihr Arbeitervolk braucht nur aufzuhören, der Regierung zu gehorchen, und ihr werdet nicht mehr genötigt sein, von den Fabrikbesitzern Bedingungen anzunehmen, die sie euch stellen, sondern ihr werdet selbst eure Bedingungen stellen oder werdet eure eigenen genossenschaftlichen Fabriken für Gegenstände, die das Volk benötigt, errichten, oder ihr werdet bei freien Bodenverhältnissen zum natürlichen Landbauleben übergehen.
»Wollten wir aber, wir Russen, sofort so zu leben beginnen, daß wir der Regierung nicht gehorchen, so würde es kein Rußland geben«, werden diejenigen sagen, denen es scheint, daß darin, daß es ein Rußland, d. h. eine Vereinigung vieler, verschiedener Völker unter einem Szepter, gibt, etwas Wichtiges, Großes und Nützliches vorliegt.
Diese Vereinigung vieler und verschiedener Völker, die sich Rußland nennt, ist jedoch für euch russische Arbeiter nicht nur nicht notwendig, sondern eben diese Vereinigung ist es, die eine der Hauptursachen eures Elends darstellt.
Wenn man euch besteuert und von euch Zölle eintreibt, wie man es auch mit euern Vorfahren tat, dabei kolossale Schulden anhäufte, die ihr bezahlen müßt, wenn man Soldaten aus eurer Mitte nimmt und sie dann nach allen Weltenden aussendet, um mit Menschen zu kämpfen, die nichts mit euch zu tun haben und mit denen ihr nichts zu schaffen habt, so geschieht dies alles einzig deshalb, um dieses Rußland, d. h. die gewaltsame Vereinigung Polens, Finnlands, des Kaukasus, Mittelasiens, der Mandschurei und anderer Länder und Völker, unter einer Gewalt zu erhalten. Aber nicht genug daran, daß von dieser Vereinigung, die Rußland heißt, alle unsere Drangsale kommen – diese Vereinigung beruht auch auf einer

großen Sünde, an der auch ihr unwillkürlich beteiligt seid, indem ihr der Regierung gehorcht. Auf daß ein Rußland existiere, so wie es ist, muß man die Polen, Finnen, Letten, Georgier, Tataren, Armenier und andere in Unterwürfigkeit erhalten. Um sie aber in Unterwürfigkeit zu halten, muß man ihnen verbieten zu leben, wie sie leben möchten, und wenn sie sich dem Verbot nicht fügen, sie züchtigen und töten. Wozu braucht ihr euch an diesen bösen Taten zu beteiligen, um so mehr, da sie auch die Ursache eures Elends sind? Diejenigen, die es nötig haben, daß ein solches Rußland existiere und über Polen, Georgien, Finnland herrsche, mögen ihre Zwecke selbst verfolgen, so gut sie es verstehen und vermögen. Ihr aber, Arbeiter, habt das ganz und gar nicht nötig, eure Bedürfnisse sind ganz anderer Art. Euch ist not, genügend Land zu haben und daß euch niemand gewaltsam euer Hab und Gut nehme, eure Söhne zum Militär einreihe, und vor allen Dingen, daß euch niemand zu bösen Taten zwinge. Und alles das wird vermieden werden, wenn ihr nur den Forderungen der Regierungen, die eure Leiber und Seelen zerstören und verderben; fürder keine Folge leisten werdet!

1906

Ich kann nicht schweigen!

Über die Hinrichtungen in Rußland

Ich weiß, daß die Menschen nur Menschen sind, daß wir alle schwach sind, daß wir alle uns irren und daß der eine den andern nicht richten kann. Ich habe lange gegen das Gefühl angekämpft, das in mir gegen die Schuldner dieser entsetzlichen Verbrechen aufsteigt, und das um so stärker, je höher sie auf der sozialen Leiter stehen, doch ich kann und will nicht länger gegen dieses Gefühl ankämpfen.

Ich kann und will es nicht, erstens weil für diese Leute, die ihr Verbrechen nicht sehen, die Entlarvung notwendig ist, ebenso notwendig, wie für jene Masse, die unter dem Einfluß der äußerlichen Verehrung und Lobpreisung, die diesen Leuten zu Teil wird, ihre schrecklichen Taten noch gut findet und sogar versucht, ihnen nachzuahmen. Zweitens kann und will ich nicht länger dagegen ankämpfen, weil (ich gestehe es offen) ich hoffe, daß ich für meine Entlarvung dieser Leute auf irgend eine Weise aus der Gesellschaft ausgestoßen werde, in deren Mitte ich lebe und in welcher ich mich unmöglich nicht als mitschuldig an den Verbrechen, die um mich her begangen werden, fühlen könnte.

Denn alles, was jetzt in Rußland getan wird, wird im Namen des allgemeinen Wohles getan, im Namen der Beschützung und der Ruhe der Einwohner Rußlands. Und wenn dem so ist, dann wird es auch für mich getan, der ich auch in Rußland lebe. Für mich also besteht die Not des Volkes, das des ersten und natürlichsten Menschenrechtes beraubt ist – des Rechtes, das Land zu benutzen, auf welchem es geboren wurde; für mich verläßt die halbe Million Menschen das gesunde Bauernleben, für mich werden sie in Uniformen gekleidet und lernen zu töten; meinetwegen besteht diese falsche sogenannte Geistlichkeit, deren oberste Pflicht es ist, das wahre Christentum zu verdrehen und zu verheimlichen; für mich geschehen alle diese Verbannungen von Menschen von Ort zu Ort; für mich irren diese Hunderte von Tausenden hungriger Arbeiter in Rußland umher; für mich sterben diese Hunderte von Tausenden Unglücklicher an Typhus und Skorbut in den Festungen und Gefängnissen, welche für eine solche Menge nicht ausreichen. Für mich leiden die Mütter, Frauen und Väter der Verbannten, Arrestanten und Gehenkten. Für mich sind diese Spione und Bestechungen; für mich diese mordenden Schutzleute, die Belohnungen dafür erhalten. Für mich ist die gemeinsame Beerdigung Dutzender und Hunderter von Erschossenen; für mich tun die Henker ihre entsetzliche Arbeit, zuerst mit Mühe dafür gewonnen, dann mit rasch gemindertem Abscheu. Für mich bestehen diese Galgen mit den eingeseiften Schlingen, an denen Frauen, Kinder und Bauern hängen; für mich besteht der furchtbare Haß der Menschen gegeneinander.

Und wie sonderbar es auch klingen mag, daß all dieses für mich geschieht und daß ich Mitbeteiligter an diesen entsetzlichen Taten bin, ich kann dennoch das Gefühl nicht überwinden, daß eine unzweifelhafte Abhängigkeit meines geräumigen Zimmers, meines Mittagsmahles, meiner Kleidung, meiner Bequemlichkeit von diesen schrecklichen Verbrechen besteht, die begangen werden, um jene unschädlich zu machen, die mir nehmen möchten, was mir gehört. Und wenn ich auch weiß, daß all diese heimatlosen, erbitterten, verderbten Leute, die mich des Nötigen berauben würden, wenn die Drohungen der Regierung nicht wären, nur durch diese selbe Regierung entstanden sind, so kann ich doch das Gefühl nicht überwinden, daß meine Ruhe jetzt tatsächlich von all dem Schrecken abhängt, welcher jetzt von der Regierung begangen wird.

Und da ich dieses einsehe, kann ich es nicht länger ertragen, sondern muß mich aus dieser unerträglichen Lage befreien.

Es ist unmöglich so zu leben. Ich wenigstens kann und werde nicht so leben.

Deswegen auch schreibe ich dieses und werde es, soweit ich kann, sowohl in Rußland als auch im Auslande verbreiten, damit eins von beiden: entweder diese unmenschlichen Taten aufhören, oder daß man meine Verbindung mit diesen Dingen aufhebt, indem man mich entweder ins Gefängnis sperrt, wo es mir klar zum Bewußtsein kommen mag, daß diese Schrecken schon nicht mehr meinetwillen begangen werden, oder, was noch besser wäre (so gut, daß ich von solchem Glück nicht zu träumen wage), daß man mich wie jene zwanzig oder zwölf Bauern in ein Totenhemd steckt und unter meinen Füßen die Bank fortstößt, damit ich durch mein eigenes Gewicht auf meiner alten Kehle die eingeseifte Schlinge zusammenziehe.

Um zu einem dieser Ziele zu gelangen, wende ich mich an alle Teilnehmer dieser schrecklichen Taten, an alle – von den Gefängniswärtern, welche ihren Brüdern, welche Frauen und Kindern die Kappen und Schlingen anlegen, bis zu Euch, Hauptorganisatoren und Urheber dieser entsetzlichen Verbrechen.

Brüder! Kommt zur Vernunft, überlegt endlich, begreift, was ihr tut! Denkt, wer ihr seid!

Jasnaja Poljana, Juni 1908

Die Verfolgung meiner Leser

Am 7. Mai 1908 wurde mein in Novgorod lebender Bekannter Vladimir Moločnikov unter dem Vorwande, daß man in seinem Hause von mir verfaßte Bücher gefunden habe, ergriffen, vor Gericht gestellt und zu einjähriger Festungshaft verurteilt. Als ich dieses erfuhr, sandte ich der Zeitung *Rus* folgende Erklärung (diese Erklärung gelangte nur verändert und gekürzt zum Abdruck):

»Wiederum ist in Novgorod ein von seiner Umgebung geachteter, doch unbemittelter Mann namens Vladimir Moločnikov ergriffen und von Leuten, die sich Richter nennen, für ein Jahr ins Gefängnis gesperrt worden, was seine Familie sicher ruinieren dürfte, und das dafür, weil man bei ihm meine Werke fand, die er Leuten, die es wollten, zum Lesen gab. Immer und immer wieder geschieht das Erstaunliche: man quält und ruiniert Leute, die meine Bücher verbreiten, mich aber läßt man in Ruhe, mich, den Hauptschuldigen, nicht nur an der Verbreitung, sondern auch an dem Erscheinen dieser Bücher.

Es müßte doch klar sein, daß das Ergreifen der Leute, die meine Schriften verbreiten, und ihre Internierung in Gefängnissen auf keine Weise das Interesse für meine Schriften, wenn es ein solches gibt, vermindern kann, weil sowohl in Rußland als auch im Auslande meine Bücher in großer Anzahl vorhanden sind und ich, der Verfasser und Hauptverbreiter dieser Bücher, wie ich das schon vor zwölf Jahren erklärte, Zeit meines Lebens nicht aufhören werde, sie zu verfassen und zu verbreiten. Der Leute, die das Verbreiten meiner Schriften als gute Tat betrachten, werden immer mehr; desto mehr, je mehr sie dafür verfolgt werden. Und deshalb müßte es doch klar sein, daß das einzige vernünftige Mittel, um dieser Tätigkeit ein Ende zu machen, das wäre, mit mir ein Ende zu machen. Mich in Ruhe zu lassen und diejenigen zu ergreifen und zu

quälen, die meine Schriften verbreiten, ist nicht nur empörend ungerecht, sondern auch erstaunlich dumm.
Wenn das richtig sein soll, was, wie man mir erzählte, ein Minister erdachte, um meiner Tätigkeit ein Ende zu bereiten: mich dadurch, daß man mir nahestehende Leute quält, zu zwingen, meine Tätigkeit aufzugeben, so wird durch diese Taktik dennoch das Ziel nicht erreicht. Es wird deshalb nicht erreicht, weil ich diese meine Tätigkeit, so lange ich lebe, nicht aufgeben kann, wie schmerzlich mir auch die Leiden meiner Freunde sein mögen. Ich kann es deswegen nicht, weil ich durch meine Arbeit nicht irgend welche äußere Ziele erstrebe, sondern das erfülle, was ich unmöglich nicht erfüllen könnte: die Forderungen des göttlichen Willens – wie ich diesen Willen verstehe, und wie ich ihn unmöglich nicht verstehen könnte.
Und so denke ich, daß das einzig nicht empörend Ungerechte und äußerst Dumme, was die Leute, denen meine Schriften nicht gefallen, tun könnten, nicht wäre, diejenigen einzusperren, zu verurteilen und zu quälen, welcher doch viele sind und welche sich stets finden werden, sondern mich allein, den einzig Schuldigen. Man soll dabei nicht meinen, daß ich mich durch die Gerüchte in den Zeitungen vor irgend einem Jubiläum von mir vor Vergewaltigungen verschiedener Art geschützt halte. In dieser Beziehung gebe ich mich durchaus keiner Selbsttäuschung hin und weiß sehr gut, daß all das Gerede von der Notwendigkeit, meinen achtzigsten Geburtstag zu feiern, bei entschlossenem Vorgehen der Regierung gegen mich sich bei den meisten meiner angeblichen Verehrer in die Überzeugung umwandeln wird, daß es schon längst notwendig gewesen sei, wider mich zu den Maßregeln zu greifen, die man gegen meine Freunde ergriffen hatte. ›Es war schon längst an der Zeit, so zu verfahren.‹
Und deswegen bitte ich wiederholt all diejenigen, denen die Verbreitung meiner Schriften unangenehm ist, sich an mich zu halten und nicht an völlig schuldlose Menschen. Ich rate ihnen deshalb dazu, weil sie nur auf diese Weise, ohne sich

durch das Begehen eines offenkundigen Unrechts zu kompromittieren, tatsächlich auch ihr Ziel erreichen werden: wenn auch nur zeitweilig, sich von einem ihrer Ankläger zu befreien.«

Außer dieser Erklärung bat ich, in der Annahme, daß Moločnikov gegen das Urteil Berufung einlegen werde, zwei mir bekannte Advokaten – Maklakov und Muravjov – seine Verteidigung zu übernehmen, was sie mir auch versprachen. Desgleichen wurde mir von mir bekannten Senatoren ihr Beistand im Senat zugesichert. Doch Moločnikov wollte von einer Revision nichts wissen, um nicht dadurch anzuerkennen, daß die Leute, die ihn vergewaltigten, die Berechtigung zur Vergewaltigung hatten. Einige Zeit von der sofortigen Inhaftierung dadurch befreit, daß Freunde für ihn Kaution stellten, wandte er sich, nachdem er nach Möglichkeit seine zerrütteten Verhältnisse geordnet und die Lage seiner ohne Stütze bleibenden Familie gesichert hatte, an die Teilnehmer der an ihm verübten Vergewaltigung mit der sie sehr befremdenden Bitte, die zugedachte Handlung nicht hinzuschieben, sondern sie schnellsten zur Ausführung zu bringen. Man antwortete, daß alles zu seiner Zeit gemacht werden würde – nach bestimmten Paragraphen eines Büchleins, das sie »Gesetz« nannten.
Nach dem Paragraphen dieses Büchleins wäre das Urteil bei einer Revision in einmonatliche Festungshaft umgewandelt worden, doch sagte mir der, den ich darum befragte, daß der Zeitpunkt versäumt sei, und daß mithin die gegen Moločnikov beabsichtigte Vergewaltigung zur Ausführung gebracht werden würde.
Gleichzeitig mit dieser Nachricht erhielt ich die Kopie des über Moločnikov von der Versammlung von Leuten, die sich Obergerichtshof nannte, gefällten Urteils, das wie folgt lautet:

Laut Befehl Seiner Kaiserlichen Majestät hörte am 7. Mai des Jahres 1908 der St. Petersburger Obergerichtshof in der ersten Strafkammer in der Gerichtsverhandlung, an welcher teilnahmen: der erste Vorsitzende, Senator . . ., der Gehilfe des Staatsanwalts . . ., das Mitglied des Obergerichtshofs . . ., der Gehilfe des Sekretärs . . .,* den Prozeß gegen den Starorusser Bürger Vladimir Anatol Moločnikov, der auf Grund des § 132, II, des Strafgesetzbuches angeklagt war.

Der beim St. Petersburger Obergerichtshof angeklagte Starorusser Bürger V. A. Moločnikov wird darin beschuldigt, daß er im August des Jahres 1907 in seiner Wohnung in Novgorod zum Zweck der Verbreitung folgende Broschüren von L. N. Tolstoj versteckt hatte, in welchen in einer für den Angeschuldigten klaren Form zur Widersetzlichkeit gegen das Gesetz aufgefordert wurde:

1) 62 Exemplare einer Broschüre *Wie soll sich das Arbeitervolk befreien?*, in welcher dargelegt wird, daß das arbeitende Volk nur dann sein Leben gut einrichten könne, wenn es »nach Gott« leben werde, daß heißt nach den Lehren des Evangeliums: niemand zu töten, sich nicht zu streiten, nicht ausschweifend zu sein, nicht zu beschwören, keinen Eid abzulegen – weder vor dem Gericht noch den Untertanen- und den Fahneneid – niemand zu bestrafen, in ein Gefängnis einzusperren, zu verbannen und hinzurichten. »Nach Gott« leben heißt Gott mehr fürchten und ihm mehr folgen als dem Kreischef, dem Gouverneur, dem Zaren; und wenn der Kreischef, der Gouverneur, der Zar etwas verlangen und Gott es verbietet, so nicht dem Kreischef, dem Gouverneur, dem Zaren zu folgen, sondern Gott. 2) 28 Exemplare einer Broschüre *Das Christentum und die Militärpflicht*, in welcher der Gedanke durchgeführt wird, daß die allgemeine Militärpflicht

* Ich nenne die Namen der Leute nicht, die an diesem Prozeß teilnahmen, weil das, was ich zu sagen habe, nicht *die* einzelnen Personen angeht, deren moralische Gesunkenheit ich aufrichtig bedauere und über welche ich kein Urteil fällen will.

den wirklichen Lehren Christi widerspreche, indem die Militärpflicht den Menschen ihren eigenen Willen nähme und sie das zu tun zwinge, was das Christenum zu tun verbiete – zum Schutze des Vaterlandes Menschen zu töten. »Der Mensch muß doch nur aus dieser Hypnose der Nachahmung erwachen, in welcher er lebt, und nüchtern auf das blicken, was der Staat von ihm verlangt, um nicht nur sofort seinen Gehorsam zu verweigern, sondern auch in schreckliches Erstaunen und Unwillen darüber zu geraten, daß man sich an ihn mit solchen Forderungen wenden kann – und dieses Erwachen kann jede Minute erfolgen.« 3) 15 Exemplare der Broschüre *Du sollst nicht töten, Denkschrift für Soldaten, Brief an einen Feldwebel, Denkschrift für Offiziere*, in welcher der Gedanke durchgeführt wird, daß Soldaten und Offiziere dem Militärdienst entsagen und nicht den Befehl des Vorgesetzten, aufs Volk zu schießen, befolgen müßten, weil jedes Töten von Gott verboten sei. 4) 10 Exemplare der Broschüre *Das Herannahen des Endes, Brief an die Schweden, Carthago delenda est, Brief des Bauern Olchovik;* in dieser Broschüre wird der Gedanke durchgeführt, daß der Krieg und der Militärdienst ein Übel sei, unvereinbar mit den christlichen Lehren, weswegen jeder vernünftige Mensch sich dem Militärdienst entziehen müßte. 5) 6 Exemplare der Broschüre *Besinnt euch!*, in welcher bezüglich des russisch-japanischen Krieges gesagt wird, daß der Krieg ein entsetzliches Werk sei, unvereinbar mit der Vernunft und den christlichen Lehren, und daß das einzige Mittel, die Kriege zu vernichten, in dem Erwachen der Erkenntnis in jedem einzelnen Menschen liege, daß er am Militärdienst nicht teilnehmen dürfe. 6) 6 Exemplare der Broschüre *Brief an die Liberalen*, in welcher der Gedanke durchgeführt wird, daß das Staatsleben eine Vergewaltigung der Menschen durch andere sei, und daß deswegen Menschen, welche christlich und verständig leben wollten, sich dem Staatsdienst entziehen müßten, das heiß sie müßten weder am Zivil- noch am Militärdienst teilnehmen. 7) 10 Exem-

plare der Broschüre *Nikolaj Palkin*, in welcher bewiesen wird, daß es Sünde und schlecht sei, sich der Obrigkeit zu unterwerfen und am Staatsleben teilzunehmen, daß der Militärdienst eine Sünde sei, und daß jeder vernünftige Mensch sich weigern müßte, im Heer zu dienen und Mitbeteiligter am Morden zu sein.
In der Gerichtsverhandlung erklärte der Angeklagte Moločnikov, daß alle bei ihm gefundenen Schriften von L. N. Tolstoj von ihm, dem Anhänger der Tolstojschen Lehren, in einer Buchhandlung gekauft seien, der Inhalt all der Schriften sei ihm bekannt gewesen, und gekauft habe er sie in bedeutender Anzahl zum Verteilen an diejenigen, die sie zu lesen wünschten und mit den Tolstojschen Ansichten bekannt werden wollten. Durch die Aussage des Angeklagten hält der Obergerichtshof die Schuldfrage für erwiesen, findet, daß Moločnikov überführt ist, sich gegen den § 132, II des Strafgesetzbuches vergangen zu haben, und erklärt, daß die in diesem Paragraphen vorgesehene Strafe – Festungshaft bis zu drei Jahren – dem Verhältnisse dieses Prozesses angemessen, bei Moločnikov auf eine Festungshaft von der Dauer eines Jahres anzuwenden sei. Kraft dessen verfügt der Obergerichtshof über den Starorusser Bürger Vladimir Anatol Moločnikov, 37 Jahre alt, auf Grund des § 132, II, des Strafgesetzbuches eine Festungshaft von der Dauer eines Jahres und die Vernichtung der materiellen Beweisstücke.

Wenn man dieses Urteil liest, traut man kaum seinen Augen, und es erscheint wie eine erdachte böse Parodie. Doch nein, es ist dieses eines von jenen wichtigen Dokumenten, welche für eine reiche Vergütung von wichtigen Herren verfaßt werden, von Herren, die sich Senatoren, Richter, Staatsanwälte u. a. nennen. Sie werden verfaßt und dem Archiv einverleibt – zum Andenken an die ewige Schande der Leute, die sie verfaßten, und der ganzen Gesellschaft, in welcher solche Dinge möglich sind.
Wenn die Leute, welche dieses Urteil abfaßten, der Verbrei-

tung der ihnen schädlich erscheinenden Bücher ein Ende setzen wollten, so scheint es doch, daß es vollkommen genügte zu sagen: »Die bei Moločnikov gefundenen Bücher sind schädlich, weil sie gegen die herrschende Ordnung gerichtet sind; deswegen müssen sie verboten und ihre Verbreiter müssen bestraft werden.« Doch ihnen ist das zu wenig! Wie es scheint, wollen sie die Gelegenheit benützen und alles das, was von der Mehrheit der Menschen stets für heilig gehalten wurde und gehalten wird, noch beschimpfen. Und kühn und frech tun sie es, und sie unterstreichen besonders ihre volle Unabhängigkeit nicht nur von der Gerechtigkeit, in deren Namen sie angeblich bestehen, nicht nur ihre volle Unabhängigkeit von irgend welchen sittlichen oder religiösen Prinzipien, sondern auch vom gesunden Menschenverstand.

Ein des Lebens unkundiger Bauer kann sich betrinken, sich in dem Schmutz der Gosse wälzen, schimpfen, sich raufen, seinem Freunde die Zähne einschlagen, seine Frau prügeln, ein Pferd stehlen. Doch ich kann mir auch nicht einen Bauer in ganz Rußland denken, der es in nüchternem oder sogar in betrunkenem Zustande behaupten würde, ein Mensch müsse dafür bestraft werden, daß er Bücher verbreitet, in welchen gesagt ist, daß das arbeitende Volk nur dann sein Leben gut einrichten könne, wenn es »nach Gott«, das heißt, wenn es nach den Lehren des Evangeliums lebe: niemanden zu töten, sich nicht zu streiten, nicht ausschweifend zu sein, nicht zu beschwören; und daß das »nach Gott« leben bedeute: Gott mehr zu fürchten und ihm mehr zu folgen, als dem Kreischef, dem Gouverneur, dem Zaren; und wenn der Kreischef, der Gouverneur, der Zar etwas verlangen und Gott es verbietet, nicht dem Kreischef, dem Gouverneur, dem Zaren zu folgen, sondern Gott, und daß jedes Töten von Gott verboten sei.

Und doch ist das, daß ein Mensch, der solche Gedanken verbreitet, dafür bestraft werden muß, aufgeschrieben, durch Siegel bekräftigt von Senatoren unterzeichnet, und in der Aufschrift ist daran erinnert, daß so etwas in Rußland im Jahre 1908 auf Befehl Seiner Kaiserlichen Majestät getan wird.

Ja, nichts konnte überzeugender als dieses merkwürdige Urteil den denkenden Menschen nicht nur die Prinzipienlosigkeit, die Grausamkeit und Sittenlosigkeit der herrschenden Staatsordnung zeigen, sondern auch ihre ganze schreckenerregende Dummheit. Die Leute, die diese Staatsordnung hüten wollen, bemühen sich nicht einmal, sich den Schein zu geben, als glaubten sie an irgend etwas, als möchten sie auch nur gut scheinen, als hielten sie für den Menschen den gesunden Verstand für notwendig. Nein, diese Leute, die auf der höchsten Staffel der Gesellschaft stehen, halten sich nicht nur zu nichts dergleichen verpflichtet, ein Anklang daran sogar scheint ihnen nicht wünschenswert. Wenn ihre Vorgänger es noch für nötig hielten, sich zu verstellen, so finden es die jetzigen schon als vollständig überflüssig: sie wissen, daß die Ordnung, welche sie stützen und welche sie für die Bequemlichkeit ihres Lebens nötig haben (sie bekommen Gehälter), auf Betrug und Vergewaltigung fußt, und etwas Gemeinsames weder mit der Religion noch mit dem gesunden Menschenverstand hat. Sie wissen, daß das allen sehr gut bekannt ist, und daß Verstellung deswegen vollständig unnütz ist. Man kann bei Gelegenheit (wie es bei diesem Prozeß getan wurde) in einer frohen Stunde sogar über alle uns nicht mehr nötigen Dummheiten lachen: über das Gute, über Moral und Verstand.

Ja, niemals zeigte eines von meinen, in dieser Art verfolgten Werken mit solcher Klarheit und Überzeugungskraft all die Grausamkeit, Verdorbenheit und all das für die Menschenseele Schädliche dieser vergewaltigenden Staatsordnung, in welcher wir leben, und den ganzen grauenerregenden Grad moralischer Verkommenheit, bis zu welcher *die* Menschen gesunken sind, die an dieser Ordnung teilhaben – desto mehr, je höher sie auf der Leiter der gesellschaftlichen Ordnung stehen. Nicht eines von meinen Werken zeigt es mit solcher Klarheit und zweifelloser Überzeugungskraft, mit welcher es dieser erstaunliche Urteilsspruch tut. Und deswegen glaube ich, daß dieses Urteil für einen denkenden Menschen eine große, die Augen öffnende Bedeutung hat, und halte es für notwendig, es zu publizieren.

Juli 1908

Das Gesetz der Gewalt

Die Menschen der christlichen Welt, die unter der Form der christlichen Lehre ein von der Kirche geschaffenes Zerrbild derselben angenommen hatten, ein Zerrbild, das ihnen das Heidentum ersetzte und sie anfänglich durch ihre neuen Formen zum Teil befriedigte, hörten mit der Zeit selbst auf, an dieses von der Kirche verunstaltete Christentum zu glauben, und kamen schließlich so weit, daß sie ohne irgendwelche religiöse Lebensauffassung und ohne die ihr entsprechenden Grundsätze der Lebensführung blieben. Da aber ohne eine solche allen oder mindestens den meisten Menschen eigene Lebensauffassung und ohne die ihr entsprechenden Grundsätze der Lebensführung das Leben der Menschen unvernünftig und elend sein muß, so wurde es in der Tat auch immer unvernünftiger und elender, je länger die christliche Welt in einem solchen Leben verharrte. Und dieses Leben hat in unserer Zeit einen solchen Grad der Unvernunft und des Elends erreicht, daß es in den bisherigen Formen nicht mehr fortgesetzt werden kann.

Die Mehrzahl des arbeitenden Volkes, die des Bodens und infolgedessen der Möglichkeit beraubt ist, die Früchte ihrer Arbeit zu genießen, haßt die Grundbesitzer und Kapitalisten, die sie in ihrer Sklaverei erhalten. Die Grundbesitzer und Kapitalisten, denen das Verhalten der Arbeiter nur zu wohl bekannt ist, fürchten und hassen sie und halten sie mit Hilfe der von der Regierung organisierten Gewalt in der Sklaverei fest. Je mehr sich die Lage der Arbeiter verschlechtert, desto mehr wächst ununterbrochen ihre Abhängigkeit von den Reichen, und mit derselben Gleichmäßigkeit und Stetigkeit wächst der Reichtum der Reichen, ihre Macht über das Arbeitervolk, ihre Furcht und ihr Haß.

Mit derselben Gleichmäßigkeit wachsen die endlosen, unabsehbaren Rüstungen der Völker gegeneinander, die die Arbeitskraft der versklavten Arbeiter in immer größerem Maße bei der Errichtung von Bauten *auf* und *unter* dem Erdboden, im Meere und in der Luft verschlingen und die nur für den internationalen Massenmord bestimmt sind. Und dieser Mord fand immer und findet noch heute statt und muß stattfinden, denn alle christlichen Völker (nicht als Einzelwesen, sondern als Völker), die in Staaten vereinigt sind, hassen einander und alle nichtchristlichen Staaten und sind jeden Moment dazu bereit, sich aufeinander zu stürzen. Außerdem gibt es keine einzige christliche Großmacht, die nicht auf Grund irgendwelcher, niemand verpflichtender patriotischer Überlieferungen einen oder einige kleine Volksstämme gegen ihren Willen in ihrer Gewalt hält und sie zwingt, an dem Leben des von ihnen gehaßten großen Volkes teilzunehmen, wie z. B. Österreich, Preußen, England, Rußland, Frankreich mit den von ihnen unterworfenen Völkern: Polen, Irland, Indien, Finnland, dem Kaukasus, Algier usw. Und außer dem immer wachsenden Haß der Armen gegen die Reichen, außer dem Haß der großen Völker gegeneinander wächst auch der Haß der bedrückten Völker gegen ihre Bedrücker. Und was am schlimmsten ist – alle diese Arten von Haß, die der menschlichen Natur zuwider sind, werden nicht nur nicht verurteilt, wie jedes schlimme Gefühl, das Menschen gegeneinander empfinden, sondern sie werden im Gegenteil als Verdienst und als Tugend gepriesen. Der Haß der unterdrückten Arbeiter gegen die Reichen und Herrschenden wird als Liebe zur Freiheit, Gleichheit und Brüderlichkeit gepriesen. Der Haß der Deutschen gegen die Franzosen, der Engländer gegen die Yankees, der Russen gegen die Japaner usw. gilt im Gegenteil als hohe patriotische Tugend. Und ebenso und noch mehr wird der patriotische Haß der Polen gegen die Russen und Preußen, der Haß der Preußen und Russen gegen die Polen und der Haß der Russen gegen die Finnen gelobt und gepriesen.

Das ist aber noch nicht alles. All dieses Unheil würde noch nicht beweisen, daß das Leben der christlichen Völker in dieser

Richtung nicht fortgesetzt werden könnte. Dieses Unheil könnte eine zufällige, vorübergehende Erscheinung sein, wenn all diese Völker von irgendeinem gemeinsamen religiösen Prinzip beherrscht wären. Das ist aber nicht der Fall; es gibt kein leitendes religiöses Prinzip unter den Völkern der christlichen Welt.

Es gibt nur eine religiöse, eine kirchliche Lüge; und nicht nur *eine,* sondern verschiedene, die sich feindselig gegenüberstehen: die katholische, die griechisch-katholische, die lutherische usw. Es gibt wissenschaftliche Lügen, und zwar sehr viele verschiedene, die einander befeinden und befehden. Es gibt politische Lügen und internationale Parteilügen. Es gibt Lügen der Kunst, Lügen der Überlieferung und Lügen der Gewohnheit. Es gibt viele sehr verschiedenartige Lügen, aber ein leitendes moralisches Prinzip, das auf einer religiösen Weltanschauung basiert, gibt es nicht. Und die Menschen der christlichen Welt leben dahin wie die Tiere, nur geleitet durch ihre persönlichen Interessen und den gegenseitigen Kampf, und unterscheiden sich nur dadurch von den Tieren, daß diese sich seit undenklichen Zeiten denselben Magen, dieselben Krallen und dieselben Stoßzähne erhalten, während die Menschen mit immer größerer Geschwindigkeit von Landstraßen zu Eisenbahnen, von der Pferdekraft zu den Dampfmaschinen, von der mündlichen Rede und der Schrift zur Buchdruckerei, zu Telegraphen und Telephonen, von den Segelbooten zu Ozeandampfern, von den Handwaffen zu Pulver, Kanonen, Mausergewehren, Bomben und Kriegsaeroplanen übergehen. Und das Leben mit seinen Telegraphen, Telephonen, seiner Elektrizität, seinen Bomben und Aeroplanen und dem Haß aller gegen alle, das Leben, das von keinem vereinigenden geistigen Prinzip geleitet, sondern, im Gegenteil, von allen tierischen Instinkten, die die geistigen Kräfte zu ihrer Befriedigung benutzen, zerrissen wird – dieses Leben wird immer mehr erfüllt von Wahnsinn und Elend.

Die Mehrzahl der Menschen der christlichen Welt fühlt die immer wachsende Not ihrer Lage und gebraucht, um sich aus derselben zu befreien, das Mittel, das die Menschen gemäß ihrer Weltanschauung für das wirksamste halten. Dieses Mittel ist die Anwendung der Gewalt gegen andere Menschen. Die einen, die die bestehende Ordnung als vorteilhaft für sich betrachten, suchen diese Ordnung durch die Gewalt des Staates aufrecht zu erhalten, andere wieder suchen durch die gleiche Gewalt ihrer *revolutionären* Tätigkeit die bestehende Ordnung zu zerstören und eine bessere an ihrer Stelle aufzurichten.

Es gab viele Revolutionen und unterdrückte Revolutionen in der christlichen Welt. Die äußeren Formen veränderten sich, aber wenn die wesentlichen Züge der Staatsordnung: die Herrschaft einzelner über viele, die Korruption, die Lüge, die Angst der herrschenden Klassen vor den Unterdrückten, und alle Erniedrigung, Versklavung, Übertölpelung und Verbitterung der Volksmassen sich auch der Form nach veränderten, so verminderten sie sich doch nicht dem Wesen nach, sondern vermehrten und vermehren sich noch heute in merklicher Weise. Was sich jetzt in Rußland abspielt, zeigt nun besonders deutlich nicht nur die Zwecklosigkeit, sondern die offenbare Schädlichkeit der Anwendung von Gewalt als Mittel, um die Menschen zu vereinigen.

In der letzten Zeit werden allerdings in den Zeitungen Nachrichten wie die folgenden immer seltener: daß hier eine Kasse beraubt, dort ein Gendarm, ein Offizier, ein Schutzmann getötet und dort ein Attentat aufgedeckt wurde usw., dagegen werden die Nachrichten immer häufiger, daß Todesurteile gefällt und Hinrichtungen vollzogen worden sind.

Man erschießt und henkt ununterbrochen nun schon zwei Jahre, und Tausende sind inzwischen hingemordet worden. Von den Bomben der Revolutionäre sind gleichfalls Tausende verwundet und getötet worden. Aber da in letzter Zeit die Zahl der von der Regierung hingemordeten immer größer wird, während die Zahl der von den Revolutionären Gemordeten immer kleiner wird, so triumphieren die herrschenden Klassen, und es scheint ihnen, daß sie den Sieg errungen haben und jetzt ihr früheres Leben fortsetzen werden, indem sie den Betrug durch die Gewalt und die Gewalt durch den Betrug aufrechterhalten.

Das Wesen des Irrtums aller nur möglichen politischen Lehren (der konservativsten wie der fortschrittlichsten), welche die Menschen in diese elende Lage gebracht haben, ist stets dasselbe – es besteht darin, daß die Menschen dieser Welt es für möglich hielten und noch halten, die Menschen so durch Gewalt zu vereinigen, daß sie sich ohne Widerspruch einer und derselben Lebensordnung und den aus derselben entspringenden Gesetzen der Lebensführung fügen.

Es ist verständlich, wenn Menschen, ihrer Leidenschaft folgend, imstande sind, andere Leute, die nicht mit ihnen einverstanden sind, durch Gewalt dazu zu zwingen, ihren Willen zu tun. Man kann einen Menschen freilich mit Gewalt irgendwo hineinstoßen oder -schleppen, wohin er selbst nicht gehen will. (Tiere wie Menschen handeln unter dem Einfluß der Leidenschaft stets so.) Auch das ist verständlich. Es ist aber vollkommen unverständlich, wenn man behauptet, daß die Gewalt als Mittel dienen könne, um die Menschen zu veranlassen, Handlungen zu begehen, die für uns wünschenswert sind.

Jede Gewalt besteht darin, daß die einen, unter Androhung von Qualen oder des Todes, die anderen zwingen, das zu tun, was die Gewaltmenschen wollen. Und darum tun die Vergewaltigten das, was sie nicht wollen, aber nur so lange, als sie schwächer sind als die Vergewaltiger oder es nicht verstehen, der Strafe zu entgehen, die ihnen wegen Nichterfüllung der Forderung der anderen droht. Wenn sie stärker geworden sind, hören sie natürlich nicht nur auf, das zu tun, was ihnen zuwider ist, sondern befreien sich auch, erbittert vom Kampf mit ihren Vergewaltigern und von allen erlittenen Qualen, zuerst von ihren Peinigern und zwingen dann diejenigen, die mit ihnen nicht einverstanden sind, das zu tun, wovon sie glauben, daß es gut und notwendig für sie ist. Und darum scheint es ganz klar zu sein, daß der Kampf der Vergewaltiger mit den Vergewaltigten die Menschen in keiner Weise vereinigen kann, sondern die Menschen im Gegenteil, je länger er andauert, immer mehr in zwei feindliche Lager spaltet.

Es scheint doch, es sei so klar, daß es sich nicht verlohnen würde, darüber zu sprechen, wenn der Betrug nicht seit jeher so verbreitet wäre: daß die Anwendung von Gewalt für die Menschen nützlich sein und sie vereinigen könne. Dieser Betrug wird nicht nur von denen stillschweigend als unzweifelhafte Wahrheit anerkannt, für die die Gewalt vorteilhaft ist, sondern auch von der Mehrzahl jener Menschen, die mehr als alle unter der Gewalt gelitten haben und noch leiden. Dieser Betrug existierte schon lange vor dem Christentum und blieb und bleibt noch heute in der gesamten christlichen Welt in voller Kraft.

Der Unterschied zwischen dem, was im Altertum, vor der christlichen Ära stattfand, und dem, was sich jetzt in der christlichen Welt abspielt, besteht bloß darin, daß die Grundlosigkeit der Anschauung, als könne die Gewalt der einen über die anderen den Menschen Nutzen bringen und sie vereinigen, im Altertum den Menschen vollkommen verborgen war. Jetzt aber tritt der besonders deutlich in Christi Lehre ausgedrückte Gedanke, daß die Gewalt der einen über die anderen die Menschen nicht vereinigen, sondern nur entfremden könne, immer deutlicher hervor. Und sobald die Menschen begreifen, daß die Gewalt der einen über die anderen nicht nur qualvoll für sie selbst, sondern auch unvernünftig ist, sind dieselben Leute, die früher ruhig die Gewalt ertragen hatten, sofort erbittert und empören sich gegen ihre Unterdrücker.

Das geschieht heute bei allen Völkern seitens der Vergewaltigten.

Aber nicht genug, daß diese Wahrheit immer mehr zur Erkenntnis der Vergewaltigten gelangt – sie wird zu gleicher Zeit auch von den Unterdrückern begriffen. Diese besitzen heute nicht mehr die Zuversicht, daß sie, indem sie die Leute vergewaltigen, gut und gerecht handeln. Dieser Irrtum wird nicht nur unter den Regierenden, sondern auch bei denen, die gegen sie kämpfen, immer mehr zerstört. Von ihrer Machtstellung betört, erkennen diese wie jene im Grunde ihrer Seele – obwohl sie sich selbst durch allerhand lügenhafte Sophismen von der Nützlichkeit und Notwendigkeit der Gewalt zu überzeugen suchen – schon an, daß sie, indem sie ihre grausamen Taten vollbringen, nur ein Zerrbild davon erreichen, was sie wollen – und auch das nur zeitweilig – ein Zerrbild, das sie eigentlich dem Ziele nicht näher bringt, sondern sie sogar von ihm entfernt.

Beilage

Die nach der Ansicht der herrschenden Klassen schädlichsten Leute sind aufgehängt oder befinden sich in Sibirien, in den Festungen und Gefängnissen; anderer weniger schädlicher Zehntausende Menschen sind aus den Hauptstädten und den reichen Städten verjagt und irren, hungernd und in Lumpen gehüllt, im Lande umher; uniformierte Polizisten greifen die Menschen auf der Straße auf, Geheimpolizisten spüren ihnen heimlich nach, – alle Bücher und Zeitungen, die für die Regierung gefährlich sind, werden aus dem Verkehr gebracht. In der Duma streiten die Redner der verschiedenen Parteien miteinander, wie das Wohl des Volkes zu wahren sei, ob eine Flotte nötig sei oder nicht, wie der bäuerliche Grundbesitz zu regeln sei und wie und wann eine Kirchenversammlung einberufen werden soll. Wir sehen dort Führer, die durch die Säle wandeln, wir sehen Blocks, Premierminister, alles bis auf das Tipfelchen auf dem I, wie bei allen anderen zivilisierten Völkern. Man könnte meinen, was braucht man noch mehr? Indessen der Zusammenbruch der bestehenden Lebensordnung schreitet dennoch fort, gerade jetzt und bei uns in Rußland.

Nun wohl, ihr Regierenden! Ihr werdet noch fünf-, zehn-, dreißigtausend Menschen hängen und erschießen, wie ihr es offenbar beabsichtigt, indem ihr euch die Art zum Muster nehmt, wie früher die Revolutionen in Europa unterdrückt wurden. Nun wohl, ihr werdet das alles vollbringen. Aber es gibt ja doch außer der Schlinge des Henkers, außer Galgen, Spionen, Gewehren, Flintenkolben, Gefängnissen noch mächtige *geistige* Kräfte, die stärker sind als alle nur möglichen Galgen und Gefängnisse. An den Gräbern all derer, die ihr gehängt und erschossen habt, standen ja Väter, Brüder, Frauen, Schwestern, Freunde und Gesinnungsgenossen, und wenn diese Todesurteile euch von denen befreit haben, die in der Erde verscharrt sind, so haben sie euch zugleich nicht nur unter den Angehörigen der Ermordeten, sondern auch unter fremden Leuten die doppelte Anzahl doppelt erbitterter Feinde wachgerufen, d. h. weit mehr als die ihr getötet und in der Erde verscharrt habt. Je mehr ihr die Menschen verfolgt, desto mehr verliert ihr die Möglichkeit, euch von dem ärgsten Feinde, dem Haß der Menschen, zu befreien. Durch eure Verbrechen verzehnfacht ihr nur diesen Haß noch und macht ihn noch weit gefährlicher für euch selbst.

Aber nicht genug, daß ihr unter den Angehörigen der Hingerichteten die Zahl und den Haß eurer Feinde vermehrt, ihr verstärkt durch diese Todesurteile auch in den Leuten, die euch und euren Feinden fern stehen, das Gefühl der Grausamkeit und der Unmoral, gegen das ihr durch eure Todesurteile anzukämpfen glaubt. Denn diese Todesurteile werden ja nicht durch papierene Befehle, die ihr in euren Gerichten und Ministerien schreibt, vollzogen. Diese Todesurteile werden *von* lebenden Menschen und *an* Menschen ausgeführt. Ein junger ausgedienter Soldat, dem man noch das Schwanken und den Zweifel anmerkte, wie er sich zu diesem Vorfall verhalten müsse, erzählte mir, wie man ihm einmal befohlen hatte, ein trancheenartiges Grab für zehn lebende Menschen zu schaufeln, die erschossen werden sollten, und wie man einen Teil der Soldaten zwang, die Verurteilten zu töten, während die anderen – mit geladenen Flinten hinter den ersteren stehen mußten, um sie sofort niederzuschießen, wenn sie zögern sollten, die grausame und unmenschliche Tat, die man von ihnen verlangte, zu vollbringen. Kann denn die Vollstreckung einer solchen entsetzlichen Tat auf Befehl der Behörden an einer menschlichen Seele spurlos vorübergehen, von der man verlangt, daß sie die Obrigkeit achten und heilig halten soll. Dieser Tage las ich in der Zeitung die Nachricht, daß irgend ein unglückseliger Generalgouverneur einen Befehl veröffentlicht hat, in welchem er zwei »braven« Schutzleuten, wie er sagte, sein Lob aussprach und eine Belohnung von je 25 Rubel aussetzte, weil sie einen wehrlosen Gefangenen, der vom Wagen gesprungen war um zu entfliehen, niedergeschossen hatten. Ich wollte nicht glauben, daß die Behörden eine solche entsetzliche Tat begehen konnten, und bat die Redaktion der Zeitung, sich diese Nachricht bestätigen zu lassen. Man sandte mir das Original des Befehles und erklärte mir zugleich, daß solche Belobigungen für Mordtaten eine ganz alltägliche Erscheinung seien und oft von den hochgestelltesten Persönlichkeiten ausgesprochen würden.

Können solche Handlungen und solche Worte spurlos vorübergehen? Solche frech ausgesprochene, verzerrte Gedanken und Gefühle müssen in den Seelen der Menschen, die an solchen Taten teilnehmen und solche Befehle lesen, unvermeidlich furchtbare Spuren der Verderbtheit, der Unmoral und der Grausamkeit zurücklassen. Solche Taten und Worte müssen in den Leuten ein Gefühl des Mißtrauens und der Verachtung gegen die erwecken, die solche entsetzliche Handlungen, die dem menschlichen Gewissen widersprechen, vorschreiben, preisen und sogar belohnen.

Wenn also Tausende von Menschen hingerichtet worden sind, wieviel Hunderte und Tausende von Menschen, die daran

teilgenommen haben, müssen dadurch ihres letzten Überrestes aller religiösen und moralischen Prinzipien beraubt und dazu vorbereitet worden sein, die Menschen, die solche Handlungen begehen, wenn auch nicht zu hassen, so doch zu verachten und bei der ersten Gelegenheit dieselben Schandtaten gegen dieselben Leute zu verüben, die sie heute zwingen, diese Schandtaten gegen ihre Feinde zu begehen.
Welchen Einfluß üben außerdem die Millionen von Zeitungsnachrichten aus, daß soundso viel Menschen hingerichtet und zum Tode verurteilt sind, Nachrichten, die täglich gedruckt werden, wie die Witterungsberichte, die sich täglich und beständig wiederholen müssen? Wenn die Leser sich auch nicht fragen, wie diese auf Befehl der höchsten Behörden verübten Taten – ich sage nicht etwa mit dem *Evangelium,* sondern nur mit dem sechsten Gebot Mosis vereinbart werden können, so müssen sie doch infolge dieser Widersprüche von Verachtung zu den Geboten, zur Religion überhaupt und zu der Staatsgewalt erfüllt werden, die Handlungen begeht, welche dem religiösen Gesetz und dem Gewissen ganz offenbar widersprechen.
Ist es denn nicht klar, daß die von den herrschenden Gewalten begangenen Missetaten, welche das Ziel verfolgen, sich von den sichtbaren Feinden der Regierungsgewalt zu befreien, eine doppelte, ja zehnfache Zahl von unsichtbaren und weit schlimmeren Feinden ins Leben rufen? Es schiene, daß es für jeden denkenden Menschen klar sein müßte, daß eine solche Tätigkeit der Regierung die Lage nicht verbessern kann. Das muß nicht nur allen unbeteiligten Personen, sondern den Regierenden selbst klar sein. Sie müssen die Nutzlosigkeit ihrer Tätigkeit und zugleich das Verbrecherische derselben deutlich einsehen. Das müssen sie schon darum, weil die Lehre Christi von der Liebe zum Feinde, welche von den Menschen, die von der Gewalt leben, stets so sorgsam verheimlicht wurde und noch wird, wenn auch nicht in ihrer vollen und wahren Bedeutung, so doch in einzelnen Teilen in das Bewußtsein der Menschen

der christlichen Welt eingedrungen und – ich glaube, daß ich nicht irre – besonders lebhaft von den einfachen russischen Arbeitern erfaßt worden ist, welche jetzt so eifrig von der Regierung demoralisiert werden.
Wenn Marc Aurel trotz seinem Sanftmut und seiner Weisheit mit ruhigem Gewissen Kriege führen und Menschen hinrichten lassen konnte, so können die Menschen der christlichen Welt das schon nicht mehr ohne inneres Bewußtsein ihrer Schuld tun. Und was für heuchlerische und dumme Haager Konferenzen und bedingte Verurteilungen sie auch ersinnen mögen, alle diese heuchlerischen Dummheiten verhüllen ihre Verbrechen nicht, sondern zeigen im Gegenteil, daß sie sich selbst dessen bewußt sind, wie schlecht sie handeln. Sie mögen sich und andere so viel sie wollen zu überreden suchen, daß sie die entsetzlichen Verbrechen gegen die göttlichen und menschlichen Gesetze, die sie ununterbrochen begehen, aus irgendwelchen höheren Erwägungen vollbringen, sie können das Verbrecherische, Sündhafte, Niedrige ihres Tuns weder vor sich, noch vor anderen verbergen. Denn jeder weiß ja jetzt, daß ein Mord – welcher Art er auch sei – gemein, verbrecherisch und schlecht ist; und das wissen auch alle Zaren, alle Minister und Generäle, wie sehr sie sich auch hinter irgendwelchen erklügelten höheren Erwägungen zu verschanzen suchten.
Dasselbe bezieht sich auch auf die Revolutionäre, ohne Unterschied der Parteien, wenn sie den Mord als zulässig für die Erreichung ihrer Ziele betrachten.
Soviel sie auch sagen mögen, daß sie in dem Augenblick, wo die Macht in ihren Händen sein wird, der Gewaltmittel, die sie jetzt anwenden, nicht bedürfen werden, ihre Handlungen sind trotzdem ebenso unmoralisch und grausam, wie die der Regierungen. Und darum führen sie, auch wie die Missetaten der Regierung, zu denselben entsetzlichen Resultaten: zur Erbitterung, Vertierung und Demoralisierung der Menschen.
Ihre »Tätigkeit« unterscheidet sich von der der Regierungen nur

dadurch – und eben das macht sie weniger verbrecherisch – daß die Nutzlosigkeit der Tätigkeit der Regierungen offen zutage tritt, während das Wesen der revolutionären Tätigkeit, die sich meist nur in der Theorie und wie z. B. jetzt bei uns nur zur Zeit der Revolution teilweise in die Praxis umsetzt, nicht so offen zutage tritt.

Die Kampfmethoden jedoch sind bei diesen wie bei jenen in gleicher Weise der menschlichen Seele und den Grundsätzen der christlichen Lehre zuwider. Indem sie die Menschen in gleicher Weise erbittern und sie zum höchsten Grade der Unvernunft und Vertierung führen, erreichen sie nicht nur das Ziel nicht, das sie sich vergeblich stecken, sondern entfernen die Menschen nur noch von diesem Ziele.

Die Lage und die Tätigkeit der beiden kämpfenden Parteien, der Regierung und der Revolutionäre, mit ihren gewaltsamen Reformierungsmethoden, gleicht in Rußland wie in der ganzen christlichen Welt einer Anzahl von Menschen, die, um sich zu erwärmen, die Wände des Hauses zerbrechen, in welchem sie wohnen, und mit den Trümmern die Öfen heizen.

Jasnaja Poljana, 2. Juli 1908

Rede gegen den Krieg

Geliebte Brüder!
Wir haben uns hier versammelt, um gegen den Krieg zu kämpfen. Gegen den Krieg, das will heißen, gegen das, wofür sämtliche Völker der Erde, Millionen und Millionen von Menschen, einigen Dutzenden, manchmal bloß einem einzigen Menschen, nicht nur Milliarden von Rubeln, Talern, Franken, Jens, die einen großen Teil ihrer Arbeit repräsentieren, sondern auch sich selbst, ihr Leben uneingeschränkt zur Verfügung stellen. Und nun wollen wir, ein Dutzend Privatmenschen, die aus verschiedenen Erden der Erde zusammengekommen sind, ohne alle besondere Privilegien, vor allem ohne jede Macht über jemanden, kämpfen; und wenn wir kämpfen wollen, so hoffen wir auch, zu siegen über diese ungeheure Macht nicht etwa nur einer, sondern aller Regierungen, die über Milliarden Geldes und über Armeen von Millionen Menschen verfügen und es nur zu gut wissen, daß die Ausnahmestellung, die sie, d. h. die Menschen, welche die Regierung bilden, einnehmen, einzig und allein auf dem Militär beruht – auf dem Militär, welches nur dann Sinn und Bedeutung hat, wenn der Krieg besteht, derselbe Krieg, gegen den wir kämpfen wollen und den wir vernichten möchten.
Bei solchen ungleichen Kräften muß ein Kampf als Wahnsinn erscheinen. Macht man sich aber die Bedeutung der Kampfmittel, die sich in den Händen jener, die wir bekämpfen wollen, und die sich in unseren Händen befinden, klar, so werden wir nicht darüber staunen, daß wir uns zum Kampf entschließen, sondern darüber, daß das, was wir bekämpfen wollen, überhaupt noch besteht. In ihren Händen befinden sich Milliarden von Geld, Millionen williger Soldaten, in unseren Händen befindet sich nur ein Mittel, aber das allerwichtigste Mittel der Welt – die Wahrheit.
Und deshalb mögen unsere Kräfte noch so gering erscheinen im

Vergleich mit den Kräften unserer Gegner, unser Sieg ist ebenso gewiß, wie der Sieg des Lichtes der aufgehenden Sonne über die Finsternis der Nacht.
Unser Sieg ist gewiß, aber nur unter einer Bedingung – unter der Bedingung, daß wir die Wahrheit verkündigen und sie rückhaltlos, ohne alle Umschweife, ohne jede Konzession, ohne jede Milderung heraussagen. Diese Wahrheit ist so einfach, so klar, so einleuchtend, so verbindlich nicht bloß für den Christen, sondern für jeden vernünftigen Menschen, daß man sie nur in ihrer ganzen Bedeutung auszusprechen braucht, auf daß die Menschen ihr nicht mehr zuwiderhandeln *können.*
Diese Wahrheit ist in ihrer vollen Bedeutung in dem enthalten, was Jahrtausende vor uns in dem Gesetz, das wir das Gesetz Gottes nennen, in vier Worten gesagt ist: *Du sollst nicht töten!* Diese Wahrheit besagt, *daß der Mensch unter keinen Umständen und unter keinerlei Vorwand einen anderen töten kann oder darf.*
Diese Wahrheit ist so klar, so allgemein anerkannt, so verpflichtend, daß sie nur klar und bestimmt vor den Menschen aufgestellt zu werden braucht, damit das Übel, das Krieg heißt, vollkommen unmöglich werde. Und deshalb glaube ich, daß wir, die hier zum Weltkongreß versammelt sind, wenn wir diese Wahrheit nicht klar und bestimmt aussprechen, sondern uns an die Regierungen wenden und ihnen allerlei Maßnahmen vorschlagen, um die Übel des Krieges zu verringern und die Kriege seltener zu machen, auf diese Weise jenen Menschen gleichen, die mit dem Torschlüssel in den Händen gegen die Mauern Sturm laufen, die, sie wissen es wohl, ihre Anstrengungen nicht zu stürzen vermag. Wir wissen, daß alle diese Menschen gar kein Verlangen danach haben, ihresgleichen zu töten, zumeist sogar die Veranlassung nicht kennen, auf die hin man sie zur Ausführung dieser Tat zwingt, die ihnen widerlich ist; daß ihnen ihre Lage, in der sie Bedrückung und Zwang erleiden, zur Last fällt; wir wissen, daß

die Mordtaten, die von Zeit zu Zeit von diesen Menschen verübt werden, auf Befehl der Regierung geschehen, wissen, daß das Bestehen der Regierung durch die Armeen bedingt wird. Und nun finden wir, die wir die Vernichtung des Krieges anstreben, nichts Zweckmäßigeres zu seiner Aufhebung, als ihnen anzuraten – ja, wem denn? den Regierungen, die bloß durch das Militär, also durch den Krieg bestehen – solche Maßregeln zu ergreifen, die den Krieg vernichten sollen, d. h. wir raten den *Regierungen,* sich selbst zu vernichten.

Die Regierungen werden mit Befriedigung all solche Reden hören, denn sie wissen nicht nur, daß derlei Erörterungen den Krieg *nicht* vernichten und ihre Macht *nicht* untergraben, sondern auch, daß die eigentliche Ursache dadurch den Menschen nur noch besser verborgen wird, die Ursache, die sie vor ihnen verbergen müssen, damit Armeen und Kriege und auch sie selbst, die diese Armeen befehligen, fortbestehen können.

»Ja, aber das ist doch Anarchismus: niemals haben die Menschen ohne Regierung und Staat gelebt. Und darum sind Regierungen und Staaten und auch die Heeresmacht, die sie beschützt, unerläßliche Lebensbedingungen der Menschen«, wird man mir entgegnen.

Ganz abgesehen davon, ob ein Leben der christlichen Völker und überhaupt aller Völker *ohne* Militär und Krieg, von denen Regierungen und Staat beschützt werden, möglich ist oder nicht, zugegeben sogar, die Menschen müßten sich unbedingt zu ihrem Wohle den Institutionen, welche aus Menschen bestehen, die sich nicht kennen und die sie Regierungen heißen, knechtisch unterwerfen, zugegeben, sie müßten diesen Einrichtungen unweigerlich die Produkte ihrer Arbeit überliefern, sie müßten allen Forderungen dieser Einrichtungen unbedingt bis zum Mord an ihren Nächsten Folge leisten – auch wenn wir das alles zugeben, selbst dann bleibt noch eine Schwierigkeit, die unsere Welt nicht lösen kann. Diese Schwierigkeit besteht in der Unmöglichkeit, den christlichen Glauben, zu dem sich alle Menschen, welche die Regierung repräsentieren, mit besonderem Nachdruck bekennen, mit ihren aus Christen bestehenden Armeen, die sie zum Morde abrichten, zu vereinbaren. Man mag die christliche Lehre noch sehr entstellen, mag nach Belieben sich um ihre Hauptlehren mit Schweigen herumdrücken, die Grundidee dieser Lehre besteht doch nur in der Liebe zu Gott und den Nächsten. Zu Gott, das heißt zur allerhöchsten Vollkommenheit der Tugend, und zum Nächsten, das heißt zu allen Menschen ohne Unterschied. Deshalb, sollte man glauben, muß man eines von beiden anerkennen: entweder das Christentum mit der Liebe zu Gott und den Nächsten, oder den Staat mit Armeen und Krieg.

Es ist sehr wohl möglich, daß das Christentum seine Zeit überlebt hat und daß die modernen Menschen, wenn sie vor die Wahl gestellt werden, sich für das Christentum und die Liebe oder den Staat und den Mord zu entscheiden, finden werden, das Bestehen des Staates sei dermaßen wichtiger als das Christentum, daß man das Christentum vergessen und nur am Wichtigeren festhalten müsse: *am Staat und am Mord.*

Alles das mag schon sein, – wenigstens können die Menschen so *denken* und *fühlen.* Dann aber muß man es auch so *sagen.* Man muß *sagen,* die Menschen unserer Zeit müßten *aufhören* zu glauben, was die *gemeinsame Weisheit der ganzen Menschheit sagt,* was das Gesetz, zu dem sie sich bekennen, verkündigt, sie müßten aufhören zu glauben, was mit unvertilgbaren Zügen in das Herz eines jeden gegraben ist, und müßten statt dessen an das glauben, was ihnen – *den Mord inbegriffen* – die und jene Menschen befehlen, *Kaiser* und *Könige,* die durch Zufall oder Erblichkeit zu ihrer Stellung gekommen sind, oder *Präsidenten, Reichstagsabgeordnete* und *Deputierte,* die mit Hilfe von allerlei Schlichen gewählt worden sind. Das also muß man dann *sagen.*

Nun aber *kann* man das nicht sagen. Nicht bloß dies kann man nicht sagen, sondern weder das eine noch das andere kann man sagen. Sagt man, das Christentum *verbietet* den

Mord – so wird es kein *Militär* geben, es wird keinen *Staat* geben. Sagt man, wir, die *Regierung*, erkennen die *Berechtigung des Mordes* an und *leugnen* das Christentum – so wird sich niemand einer Regierung unterwerfen wollen, die ihre Macht auf Mord aufbaut. Und noch eins: wenn der Mord im Kriege zulässig ist, muß er erst recht dem Volke gestattet sein, das sein Recht in der Revolution sucht. Und deshalb sind die Regierungen, da sie weder das eine noch das andere sagen können, nur um eines besorgt: ihren Untertanen zu *verbergen*, daß es *notwendig* ist, zwischen diesen zwei Wegen die *Entscheidung* zu treffen.

Darum also haben wir, die wir hier versammelt sind, um dem Übel des Krieges zu steuern, wenn wir unser Ziel wirklich erreichen wollen, nur *eines* zu tun: wir müssen dieses Entweder-Oder mit voller Bestimmtheit und Klarheit aufstellen, in gleicher Weise vor den Menschen, welche die *Regierung* ausmachen, wie vor den *Massen des Volkes*, die das *Militär* bilden. Und dies müssen wir in der Art tun, daß wir nicht nur klar und offen die allen Menschen bekannte Wahrheit wiederholen: *ein Mensch darf den anderen nicht töten!* sondern noch dazu ausdrücklich erklären, daß *keinerlei Erörterungen die Menschen der christlichen Welt von der Verpflichtung, die diese Wahrheit in sich schließt, befreien können.*

Deshalb möchte ich unserer Versammlung den Vorschlag machen, einen *Aufruf an die Menschen* sämtlicher und besonders der christlichen Völker zu verfassen und zu veröffentlichen, worin wir klar und gerade heraus sagen, was zwar *alle wissen*, was aber niemand oder so gut wie *niemand sagt:* nämlich, daß der Krieg *nicht*, wie das jetzt die Menschen vorgeben, irgendeine besonders wackere und lobenswerte Sache sei, sondern daß er, wie jeder Mord, eine *abscheuliche und frevelhafte Handlung* ist, und zwar nicht nur für die, welche die militärische Laufbahn aus freien Stücken wählen, sondern auch für die alle, die sich ihr aus Furcht vor Strafe oder um eigennütziger Interessen willen widmen.

Im Hinblick auf die Personen, die die militärische Tätigkeit *freiwillig* wählen, möchte ich vorschlagen, daß wir in diesem Aufruf klar und präzis zum Ausdruck bringen, daß diese Tätigkeit, ungeachtet aller Feierlichkeit, allen Glanzes und der allgemeinen Billigung, die ihr zu Teil wird, *verbrecherisch* und *schändlich* ist, und zwar um so mehr, je höher die Stellung ist, die der Mensch im Militärdienst einnimmt. Ebenso möchte ich im bezug auf die Menschen aus dem Volke, die durch Androhung von Strafen oder durch Aussicht auf Gewinn zum Militär herangezogen werden, vorschlagen, daß wir klar und bestimmt auf den großen Irrtum hinweisen, den sie *gegen ihren Glauben,* wie gegen die *Sittlichkeit* und den *gesunden Menschenverstand* dadurch begehen, daß sie darein einwilligen, in die Armee zu treten: gegen den Glauben dadurch, daß sie in die Reihen von *Mördern* treten und das von ihnen anerkannte Gesetz Gottes verletzen; gegen die *Sittlichkeit* dadurch, daß sie aus Furcht, von seiten der Behörden bestraft zu werden oder um eigennütziger Interessen willen bereit sind, zu tun, was sie in ihrem Innern für schlecht erkennen; und gegen den *gesunden Menschenverstand* dadurch, daß sie, wenn sie in das Heer treten, im Kriegsfall von denselben, wenn nicht noch schwereren Leiden bedroht sind, als die sind, die ihnen für die *Dienstweigerung* drohen; gegen den *gesunden Menschenverstand* vor allem aber schon darum, weil sie demselben Schlag Menschen sich beigesellen, der sie *ihrer Freiheit beraubt* und sie *zum Militärdienst zwingt.*
Die Menschheit im allgemeinen und unsere christliche Menschheit im besonderen ist zu einem so schroffen Widerspruch zwischen ihren sittlichen Forderungen und der bestehenden Gesellschaftsordnung gelangt, daß unbedingt eines geändert werden muß, nicht das, was *nicht* geändert werden kann: *die sittliche Forderung des Gewissens* sondern das, was wohl *geändert* werden kann: die *Gesellschaftsordnung.* Diese Änderung, die der innere Widerspruch gebietet, der in der Vorbereitung zum Morde besonders scharf zutage tritt, wird von

Jahr zu Jahr, von Tag zu Tag immer dringender. Die Spannung, die diese bevorstehende Änderung seit langem erzeugt, hat heute schon einen solchen Grad erlangt, daß es, wie zum Übergang eines flüssigen Körpers in einen festen manchmal ein geringer Stoß genügt, ebenso auch zum Übergang aus jenem grausamen und unvernünftigen Leben der Menschen mit seiner Absonderung, seinen Rüstungen und Armeen, zu einem vernünftigen, den Forderungen der Erkenntnis der jetzigen Menschheit entsprechenden Leben möglicherweise nur einer geringen Anstrengung, vielleicht nur *eines* Wortes bedarf. Jede solche Anstrengung, jedes solche Wort kann zu jenem Stoß der abgekühlten Flüssigkeit werden, der plötzlich die Flüssigkeit in einen festen Körper verwandelt. Warum sollte unsere jetzige Versammlung nicht diese Anstrengung sein? So, wie im Märchen Andersens, als beim feierlichen Umzug der Kaiser durch die Straßen der Stadt ging, und das ganze Volk entzückt war ob der wunderbaren neuen Kleidung, ein Wort eines Kindes, das aussprach, was alle wußten, aber niemand sagte, alles geändert hat. Es sagte: »Er hat ja gar nichts an«, und die Suggestion hörte auf, und der Kaiser schämte sich, und alle Menschen, die sich eingeredet hatten, ein wunderschönes neues Kleid am Kaiser zu sehen, wurden nun gewahr, daß er *nackt* war. Auch wir müssen *dasselbe* sagen, wir müssen sagen, was alle *wissen* und nur nicht zu *sagen* wagen, wir müssen sagen, daß, wenn die Menschen dem Mord einen noch so veränderten Namen geben, der *Mord immer nur Mord bleibt* – eine frevelhafte, schmachvolle Tat. Und man braucht nur klar, bestimmt und laut, wie wir das hier zu tun vermögen, dies zu sagen, und die Menschen werden aufhören zu sehen, was sie zu sehen vermeinten und werden erblicken, was sie in Wirklichkeit sehen. *Sie werden aufhören, im Krieg den Vaterlandsdienst, den Heldenmut, den Kriegsruhm, den Patriotismus zu sehen, und werden sehen, was da ist: die nackte, frevelhafte Mordtat.* Und wie die Menschen das sehen, wird dasselbe geschehen, was in dem Märchen geschah: diejenigen, die die

Freveltaten üben, werden sich *schämen*, diejenigen aber, die sich eingeredet haben, daß sie im Mord *keine* Frevelhaftigkeit sehen, werden sie jetzt gewahr werden, und *werden aufhören, Mörder zu sein.*

Wie aber sollen sich die Völker gegen die Feinde wehren, wie soll die innere Ordnung aufrechterhalten werden, wie können die Völker *ohne* Militär bestehen?

Welche Form das Leben der Menschen annehmen wird, wenn sie den Mord unterlassen, wissen wir nicht und können es nicht wissen, eines aber ist sicher: daß es den Menschen, die mit *Vernunft* und *Gewissen* begabt sind, *natürlicher* ist, ihr Leben von *Vernunft* und *Gewissen* lenken zu lassen, als sich *knechtisch denen zu unterwerfen, die das gegenseitige Töten anordnen.* Und sicher ist darum auch, daß die Form der gesellschaftlichen Ordnung, die das Leben der Menschen annehmen wird, wenn sie sich bei ihren Handlungen *nicht* von der *Gewalt,* die auf *Todesdrohungen* gegründet ist, sondern von der *Vernunft* und vom *Wissen* leiten lassen, jedenfalls nicht schlimmer wird, als das Leben, das sie jetzt führen.

Das ist alles, was ich sagen wollte. Es wäre mir sehr leid, wenn ich jemanden beleidigt, gekränkt oder böse Gefühle in ihm erweckt hätte. Doch wäre es für mich, einen 80jährigen Greis, der jeden Augenblick des Todes gewärtig ist, eine Schande, nicht ganz offen die Wahrheit zu sagen, wie ich sie verstehe, die Wahrheit, die nach meiner festen Überzeugung *allein* die Menschheit von den unseligen Drangsalen zu erretten vermag, die der Krieg hervorbringt und unter denen sie leidet.

1909

Anhang

I

Korrespondenz mit Gandhi

An Gandhi Transvaal

Soeben habe ich Ihr sehr interessantes Schreiben erhalten, das mir große Freude bereitete. Gott helfe unsern teuren Brüdern und Mitarbeitern in Transvaal. Dieser Kampf der Milde mit Roheit, der Demut und Liebe mit Hochmut und Vergewaltigung macht sich auch hier unter uns immer stärker fühlbar, besonders in scharfen Zusammenstößen des religiösen Pflichtgefühls mit den Staatsgesetzen – infolge der Weigerung, Militärdienst zu tun. Solche Weigerungen kommen immer häufiger und häufiger vor.

Den Brief *An einen Inder* habe ich geschrieben, und die Übersetzung hat mich durchaus zufriedengestellt. Den Titel des Buches über Krishna wird man Ihnen aus Moskau mitteilen. Was die »Wiedergeburten« anlangt, würde ich für mein Teil nichts weglassen, da, wie mir scheint, der Glaube an die Wiedergeburt nie so fest Fuß fassen können wird, wie der an die Unsterblichkeit der Seele und die göttliche Wahrheit und Liebe. Doch gebe ich es Ihnen anheim, die Stelle auszulassen, wenn Sie es wünschen. Ihre Ausgabe zu fördern, würde mich sehr freuen. Die Übersetzung und Verbreitung meines Schreibens in indischer Sprache kann mir nur angenehm sein.

Die Frage nach Entschädigung, d. h. nach Entlohnung durch Geld, sollte in Verbindung mit einer religiösen Angelegenheit gar nicht auftauchen dürfen, meine ich.

Ich grüße Sie brüderlich und freue mich, in Verbindung mit Ihnen getreten zu sein.

Lev Tolstoj

M. K. Gandhi, Rechtsanwalt
21–24 Gerichtskammer, Corner R ... and Anderson Streets,
Tel. Nr. 1635. Postfach 6522. Telegrammadr.: »Gandhi«,
A. B. C., Tel. cod., 5. Aufl.
Transvaal, Südafrika.
Johannesburg, 4. April 10.

An den Grafen Lev Tolstoj

Dear Sir
Sie werden sich erinnern, daß ich Ihnen von London aus, wo ich mich vorübergehend aufhielt, geschrieben habe. Als Ihr ergebenster Anhänger sende ich Ihnen mit diesem Briefe ein Büchlein, das ich verfaßt habe. Ich habe darin meine eigene Schrift aus der Sprache Gujarats übertragen. Bemerkenswert ist, daß das Original von der indischen Regierung konfisziert wurde. Daher beeilte ich mich, die Übersetzung herauszugeben. Ich fürchte, Sie zu belästigen, aber wenn es Ihre Gesundheit erlaubt und Sie Zeit finden, das Büchlein durchzusehen, so brauche ich es wohl nicht auszusprechen, wie sehr ich Ihre Kritik schätzen würde. Ich sende Ihnen zugleich einige Exemplare Ihres *Briefes an einen Inder*, den Sie mir zu veröffentlichen gestatteten. Er wurde gleichfalls in einen indischen Dialekt übertragen.

Ihr ergebener Diener
M. K. Gandhi

An Mahatma Gandhi Jasnaja Poljana, 8. Mai 1910.

Lieber Freund,
Soeben habe ich Ihren Brief und Ihr Buch *Indian Home Rule* erhalten.
Ich habe Ihr Buch mit großem Interesse gelesen, denn ich meine, die Frage, die Sie darin behandeln, der passive Widerstand, ist eine Frage von größter Wichtigkeit nicht nur für Indien, sondern die ganze Menschheit.

Ich kann Ihren ersten Brief nicht finden, bin aber beim Suchen danach auf die Biographie Dokes gestoßen, die mich sehr fesselte und mir Gelegenheit gab, Sie besser kennen zu lernen und zu verstehen.
Ich bin gegenwärtig nicht ganz wohl und versage es mir daher, Ihnen über all das zu schreiben, was ich aus Anlaß Ihres Buches auf dem Herzen habe, und über Ihre Tätigkeit überhaupt, die ich sehr schätze: ich werde es aber tun, sobald ich mich erholt habe.

Ihr Freund und Bruder
Lev Tolstoj

An Gandhi

7. Sept. 1910, Kotschety

Ich habe Ihre Zeitschrift *Indian Opinion* erhalten und freute mich kennenzulernen, was darin über die Anhänger des Verzichtes auf alle Gegenwehr durch Gewalt geschrieben wird. Zugleich überkam mich das Verlangen, Ihnen die Gedanken auszudrücken, die durch die Lektüre in mir erweckt wurden.
Je länger ich lebe – und besonders jetzt, da ich den Tod deutlich herannahen fühle – desto stärker drängt es mich auszusprechen, was ich vor allem andern lebhaft empfinde und was meiner Meinung nach von ungeheurer Wichtigkeit ist: es handelt sich darum, was man den Verzicht auf allen Widerstand durch Gewalt heißt, worin sich aber letzten Endes nichts anderes ausdrückt, als die durch Truggespinste noch nicht entstellte Lehre vom Gesetze der Liebe. Die Liebe, mit andern Worten, das Streben der Menschenseelen nach Vereinigung und ihr daraus sich ergebendes Verhalten untereinander, sie stellt das höchste und einzige Gesetz des Lebens dar – das weiß und fühlt ein jeder in der Tiefe seines Herzens (wie wir es am deutlichsten an den Kindern sehen); er weiß es, solange er nicht in die Lügennetze weltlichen Denkens verstrickt ist. Dieses Gesetz ist von allen Weltweisen, den indischen sowohl

wie den chinesischen und jüdischen, den griechischen und römischen, verkündet worden. Am klarsten ist es, glaube ich, von Christus ausgesprochen, der geradezu sagte, daß darin alles Gesetz und die Propheten enthalten seien. Doch nicht genug damit, in Voraussicht der Verzerrung, die dieser Erkenntnis widerfährt und jederzeit widerfahren kann, wies er ausdrücklich auf die Gefahr einer Entstellung hin, wie sie Leuten naheliegt, die von weltlichen Interessen leben, nämlich, daß solche sich das Recht nehmen könnten, ihre Interessen mit Gewalt zu verteidigen oder, wie er es ausdrückt, Schlag mit Schlag zu vergelten, sein entwendetes Eigentum mit Gewalt zurückzuholen usw. usw. Er wußte, wie es jeder verständige Mensch wissen muß, daß jede Anwendung von Zwang unvereinbar mit der Liebe als dem höchsten Lebensgesetze ist, und daß, sobald Vergewaltigung auch nur in einem einzigen Falle als zulässig erscheint, damit zugleich dies Gesetz negiert wird. Die ganze, äußerlich so glanzvolle, christliche Zivilisation erwuchs aus diesem offenbaren und seltsamen, zum Teil absichtlichen, größtenteils aber unbewußten Mißverständnis und Widerspruch. Im Grunde aber galt das Gesetz der Liebe nicht mehr und konnte nicht mehr gelten, sowie daneben die Abwehr mittels Gewalt gestellt wurde – galt aber einmal das Gesetz der Liebe nicht, so gab es überhaupt kein Gesetz außer dem Recht des Stärkeren. So lebte die Christenheit durch neunzehn Jahrhunderte hindurch. Allerdings ließen sich die Menschen zu allen Zeiten von der Gewalt als oberstem Prinzip in ihrer Gesellschaftsordnung leiten. Der Unterschied zwischen den christlichen und allen anderen Nationen bestand nur darin, daß im Christentume das Gesetz der Liebe so klar und bestimmt gegeben war, wie in keiner anderen Religion, und daß seine Anhänger sich feierlich dazu bekannten, trotz alledem aber Gewaltanwendung für zulässig erachteten und ihr Leben auf Vergewaltigung gründeten; daher ist das Leben der christlichen Nationen ein einziger großer Widerspruch zwischen dem, was sie bekennen, und dem, worauf sie ihr

Dasein erbauen: ein Widerspruch zwischen der Liebe, die das Gesetz des Handelns vorschreiben soll, und der Vergewaltigung, die unter verschiedenen Formen anerkannt wird, als da sind: Regierungen, Gerichte und Militär, die als notwendig hingestellt und gepriesen werden. Dieser Widerspruch verschärfte sich mit der Entwicklung des geistigen Lebens der Christenheit, und er ist in der letzten Zeit zur höchsten Spannung gediehen. Die Frage steht jetzt so: eins von beiden müssen wir wählen; entweder zugeben, daß wir überhaupt keine religiöse Sittenlehre anerkennen und uns nur vom Recht des Stärkeren in unserer Lebensführung bestimmen lassen, oder fordern, daß alles zwangsweise Erheben von Abgaben eingestellt, all unsre gerichtlichen und polizeilichen Institutionen und vor allem das Militär aufgehoben werden.

In diesem Frühjahr prüfte beim Religionsexamen an einem Töchterinstitut Moskaus zuerst der Religionslehrer und dann der gleichfalls anwesende Erzbischof die Mädchen über die zehn Gebote und im besonderen über das fünfte. Auf das richtige Hersagen des Gebotes hin stellte der Erzbischof jeweils meist noch die Frage: ist es immer und in allen Fällen durch das Gesetz Gottes verboten, zu töten? Und die unglücklichen, durch ihre Lehrer verdorbenen Mädchen mußten antworten und antworteten auch: nicht immer, denn im Kriege und bei Hinrichtungen darf getötet werden. Als aber einem dieser unglücklichen Geschöpfe (was ich erzähle, ist keine Anekdote, sondern tatsächlich passiert und mir von einem Augenzeugen berichtet), als ihm die übliche Zusatzfrage gestellt wurde, ob es denn stets Sünde sei, zu töten, da ward das Mädchen rot und entgegnete erregt und entschieden: stets! Und auf all die herkömmlichen Sophismen des Erzbischofs blieb es unerschütterlich dabei: zu töten sei unter allen Umständen untersagt, schon im Alten Testamente, Christus aber habe nicht nur zu töten verboten, sondern überhaupt dem Nächsten Übles zu tun. Der Erzbischof in all seiner Majestät und Redegewandheit verstummte, und das Mädchen behielt den Sieg.

Ja, wir können in den Zeitungen von unsern Fortschritten in der Beherrschung der Luft schreiben, von verwickelten diplomatischen Beziehungen, von verschiedenen Klubs, von Entdeckungen, von allerhand Bündnissen, von sogenannten Kunstwerken, und wir mögen darüber hinweggehen, was jenes Mädchen entgegnete: totschweigen können wir es doch nicht, weil es ein jeder Christenmensch fühlt, mag er es auch noch so unklar empfinden. Sozialismus, Kommunismus, Anarchismus, Heilsarmee, Zunahme von Verbrechen, Arbeitslosigkeit, die wachsende widersinnige Üppigkeit der Reichen und die Verelendung der Armen, das furchtbare Anschwellen der Selbstmordzahlen, all das sind Merkmale jenes inneren Widerspruches, der gelöst werden muß und gelöst werden wird. Und selbstverständlich so gelöst, daß das Gesetz der Liebe anerkannt und jede Gewaltanwendung verworfen werden wird. Daher steht Ihre Wirksamkeit in Transvaal, das für uns am Ende der Welt liegt, dennnoch im Mittelpunkte unserer Interessen und stellt die wichtigste Betätigung dar, an der die Welt augenblicklich teilnehmen kann und woran nicht nur die christlichen, sondern alle Völker der Welt teilnehmen werden.

Ich denke, es wird Sie freuen zu hören, daß auch bei uns in Rußland eine solche Agitation schnell um sich greift, daß die Weigerungen, Militärdienst zu tun, sich von Jahr zu Jahr mehren. Wie gering auch bei Ihnen noch die Zahl derjenigen ist, die auf alle Gegenwehr mit Gewalt verzichten, und bei uns die Anzahl der Leute, die jeden Heeresdienst verweigern – die einen wie die andern dürfen sich sagen: Gott ist mit uns. Und Gott ist mächtiger denn die Menschen.

In dem Bekenntnis zum Christentum, wenn auch nur zu einem derart entstellten, wie es bei uns gelehrt wird, und in dem Glauben zugleich an die Notwendigkeit von Heeren und ihrer Ausrüstung zu Schlächtereien allergrößten Maßstabes, darin liegt ein solch offenbarer, himmelschreiender Widerspruch, daß er über kurz oder lang, wahrscheinlich aber sehr bald in voller Nacktheit zutage treten muß; das aber wird entweder die christliche Religion vernichten, die zur Aufrechterhaltung der Staatsgewalt nicht zu entbehren ist, oder es wird das Militär und alle damit verbundene Gewaltanwendung, die der Staat nicht weniger benötigt, hinwegfegen. Diesen Widerspruch empfinden alle Regierungen, Ihre britische ebensowohl wie unsere russische, und daher wird seine Erkenntnis von den Regierungen aus Selbsterhaltungstrieb energischer verfolgt, als jede andere staatsfeindliche Tätigkeit, wie wir es in Rußland erlebt haben, und wie es aus den Aufsätzen Ihrer Zeitschrift hervorgeht: die Regierungen wissen, woher ihnen die größte Gefahr droht und wahren mit wachsamem Auge in dieser Hinsicht nicht mehr bloß ihre Interessen, sondern kämpfen hier geradezu um ihr Sein oder Nichtsein.

Mit vorzüglicher Hochachtung
Lev Tolstoj

II

Boris Ejchenbaum
Über Lev Tolstoj

Bis auf den heutigen Tag sprechen wir naiv von zwei Tolstojs: von einem Tolstoj bis zur sogenannten Krise und einem Tolstoj danach. Bis heute spricht man von Tolstojs »Lehre«, von seiner Weltanschauung usw. Bis heute beklagen wir, daß Tolstoj »aufhörte«, Künstler zu sein, und einen Moralisten aus sich machte. Bis heute schließlich beurteilen wir Tolstoj aufgrund seiner *Beichte*. Man hat Tolstoj zu einer Ikone gemacht – und sich daran gewöhnt.

Ein neues und vollkommen ganzes Bild gab M. Gorkij in seinen *Erinnerungen*. Der naive Leser findet hier verblüffende Dinge. Tolstoj ohne »Tolstovstvo«, Tolstoj an sich, der ab-

wertend und sentimental von Christus spricht (»es ist, als befürchte er, daß die Mädchen Christus auslachen würden, wenn er in ein russisches Dorf käme«), eher ein erschreckender Zauberer als ein Prophet, der, »obwohl er immer viel über ganz bestimmte Themen spricht, doch über mehr noch schweigt«, was Gorkij interpretiert als »einen ganz tiefen, ganz bösartigen Nihilismus, der auf dem Boden einer grenzenlosen, hoffnungslosen Verzweiflung und Einsamkeit erwachsen ist, wie sie wahrscheinlich noch nie jemand vor diesem Manne mit so erschütternder Klarheit empfunden hat«; Tolstoj, der kalt und enttäuscht über die Liebe zu Gott spricht; Tolstoj, »kein Buchfink«; Tolstoj, der mit seiner bis zum Zynismus groben Rede verletzt, wenn es um Frauen geht: »Und ich sage die Wahrheit über die Weiber erst dann, wenn ich mit einem Fuß im Grabe stehe – sage sie, springe rasch in den Sarg und ziehe den Deckel über mir zu: – so, nun faßt mich mal!« Und dabei flammte sein Blick so unheimlich und herausfordernd auf, daß alle für kurze Zeit verstummten.«[1]
Gorkij befreit Tolstoj vom »Tolstovstvo« und macht ihn zu einer wahrhaft-mächtigen, riesigen, schrecklich-russischen Gestalt. Die zweite Aufgabe: Tolstoj befreien von den Literaturhistorikern. Hier herrscht dieselbe elende, schablonenhafte Ikonenmalerei. Es gibt nur ein Buch, das im Geist bemerkenswert frei und aus irgendeinem Grunde vergessen ist: das einzige in der gesamten Literatur über Tolstoj, das vom Notwendigen spricht, und zwar eindrucksvoll klar spricht, *Die Romane des Grafen L. N. Tolstoj*, geschrieben 1890, neuaufgelegt 1911. Ein für seine Zeit außergewöhnlich kühnes Buch, das viel von dem vorwegnimmt, was erst jetzt ins Bewußtsein zu dringen beginnt.

1 Es ist interessant, daß V. Lazurskij in seinen *Erinnerungen* (Moskau 1911) fast dieselben Worte Tolstojs über Frauen zitiert: »L. N. begann im Spaß zu erzählen, daß er sein Schlußwort über die Frau erst dann sagen werde, wenn er mit einem Fuß schon im Grab stehen würde: ›dann komme ich raus, sags und verstecke mich wieder; aber jetzt – unmöglich. Sie hacken mich tot.‹ «

Erregt und eilfertig sucht K. Leontjev Worte dafür, was nicht nur damals, sondern auch jetzt noch viele zu diskutieren für notwendig halten: »Die Sprache oder, allgemein, altertümlich gesagt, der Stil, oder noch anders ausgedrückt: die Art zu erzählen ist eine äußerliche Angelegenheit, aber diese Äußerlichkeit ist in der Literatur eben das, was die Person und die Art des Menschen ausmacht: sie ist der sichtbare, äußere Ausdruck des innersten verborgenen Lebens des Geistes [. . .]; in literarisch-künstlerischen Werken gibt es etwas fast oder auch vollkommen Unbewußtes, Tiefes, das sich mit erstaunlicher Deutlichkeit gerade in äußerlichen Kunstgriffen äußert, im allgemeinen Fluß der Rede, in ihrem Rhythmus, in der Wortwahl selbst.« Das ganze Buch Leontjevs befaßt sich mit diesen »äußerlichen Kunstgriffen« und begreift sie mit außerordentlichem Gespür und Scharfsinn. Die Fragestellung ist in der Atmosphäre jener Zeit vollkommen unerwartet. Im Zusammenhang damit, daß Tolstoj den »Realismus« bis ins letzte vervollkommnet hat, schreibt Leontjev: »Es ist unmöglich, ihn auf diesem Gebiet zu übertreffen, denn jede künstlerische Schule hat, wie alles in der Natur, ihre Grenzen und ihren Sättigungspunkt, über die hinauszugehen unmöglich ist. Das ist insoweit wahr, als Graf Tolstoj nach ›Anna Karenina‹ die Notwendigkeit spürte, einen anderen Weg einzuschlagen – den Weg seiner Volkserzählungen und den der Moralpredigt. Er ahnte vermutlich, daß er Besseres als ›Krieg und Frieden‹ und die ›Karenina‹ in der früheren Art, im früheren Stil, nicht mehr schreiben würde.«

Hier ist ein sehr kühner Gedanke verborgen, nämlich daß der Übergang Tolstojs zu den Volkserzählungen und zur Predigt überhaupt keine Krise seines künstlerischen Schaffens war, sondern der seit langem vorbereitete Übergang von den einen, bis ins Letzte ausgenützten »Kunstgriffen« zu anderen. Leontyev legt seine Ansicht so dar, daß sie vollkommen verständlich wird und nicht minder verblüfft als die Gorkijschen *Erinnerungen* [Leontjev]: »Erzählungen wie ›Die Kerze‹, ›Drei

Greise‹, ›Wovon die Menschen leben‹ usw. betreffen ganz im Gegenteil gerade die Frage der äußerlichen Kunstgriffe (die übrigens große innere Bedeutung besitzen) ... Ich glaube, der letzte Wechsel in der ›Manier‹ des Grafen Tolstoj vollzog sich sogar völlig unabhängig von der moralischen Richtung dieser kleinen Erzählungen ... Der Geist ihres Inhaltes und ihre Sujets könnten gut und gern andere sein. Zum Beispiel: der religiöse Beginn in ihnen hätte wesentlich stärker ausgedrückt werden können als er es jetzt ist ... Oder, demgegenüber, der Inhalt dieser Novellen, die musterhaft in Sprache und poetischer ›Richtung‹ sind, hätten, bei einer anderen Gesinnung des Autors, völlig unmoralisch, heidnisch, sündig, wollüstig sein können usw. Für mich ist, ich wiederhole, nicht wichtig, worüber Graf Tolstoj jetzt schreibt, sondern wie er schreibt. Wichtig ist, daß dem genialsten unserer Realisten, der noch über die volle Kraft seiner Begabung verfügt, viele gewohnte Kunstgriffe eben derselben Schule, deren Hauptvertreter er so lange war, langweilig und zuwider geworden sind.«
Die Frage ist mit bemerkenswerter Schärfe gestellt. Kunst wird hier nicht im bangen, schwächlichen Verständnis unserer Literaturhistoriker genommen, sondern in ihrer wahren, tiefen Bedeutung. Die sattsam bekannte »Zwiespältigkeit« Tolstojs tritt völlig in den Hintergrund. In seiner *Beichte* ist Tolstoj derselbe Künstler, der, nach den Gesetzen seines künstlerischen Schaffens, diesmal sein eigenes Seelenleben ausbreitet und entstellt. Derjenige versteht die Kunst schlecht und Tolstoj überhaupt nicht, der der Meinung ist, Tolstoj habe irgendwann »aufgehört«, Künstler zu sein. Es geht hier nicht um »Psychologie«, um russische »Wirklichkeit« oder »Öffentlichkeit«. Die »Zwiespältigkeit« Tolstojs ist nicht der Reflex seiner Natur als persönlicher Eigenheit, sondern ein Akt außergewöhnlichen schöpferischen Bewußtseins. Durch die Zerlegung des Seelenlebens, durch seine komplizierte Vereinfachung, die auf den Wechsel der damals schon vereinfachten Kompliziertheit des romantischen Stils folgte, rettete Tolstoj

die Kunst. Das begann schon in der frühen Jugend, als er in seinen Tagebüchern schonungslos jede seelische Regung analysierte und sie, nach dem Franklinschen System, als Schwäche buchte. Apollon Grigorjev bemerkte schon in den ersten Erzählungen Tolstojs, »er habe es sich zur Aufgabe gemacht, sogar unter gewissem Zwang das musikalisch Unfaßbare im Leben, in der moralischen Welt, in der Kunst zu fassen«. Das hob sich deutlich vom Hintergrund des romantischen Kanons ab. Dann wurde die Analyse des Seelenlebens, wie sie in *Krieg und Frieden* und in *Anna Karenina* erreicht war, kanonisiert – darauf weist auch Leontjev hin.

Die Kunst war für Tolstoj kein Handwerk, kein Vergnügen, sondern etwas Organisches. Er wurde zum »Moralisten« nur deshalb, weil er Künstler war. Nicht er durchlebte eine Krise, sondern die Kunst selber. Dasselbe Problem stand vor Nekrasov, vor Dostoevskij. Der Beginn Turgenevs mußte überwunden werden. Erneut mußte das komplizierte Problem – das Verhältnis des Lebens zur Kunst – gelöst werden. Eine neue Form künstlerischer Wahrnehmungen mußte geschaffen werden. Kunst ist nicht »Ästhetizismus«, aber auch nicht »Widerspiegelung«. Die Form ist keine Hülle und kein Mittel. Tolstoj fühlte das tief, als er über die Kunst der Puškinzeit sagte: »Ich glaube, daß zu jener Zeit die Kunst noch entwickelte, eine Form mußte erarbeitet werden – die Form jedoch wurde nicht als etwas Fertiges gegeben, was man sehr leicht mit äußeren Mitteln hätte machen können – mit auswendig gelernten und allen zugänglichen technischen Kunstgriffen; ... vielmehr erarbeitete die Kunst, die für uns in jener Zeit begonnen hatte, die Form, machte sie zugänglich für alle und degeneriert jetzt.« Oder: »Menschen sind nötig, die den Unsinn aufzeigen, daß im Kunstwerk nach einzelnen Ideen gesucht wird, und die Leser beständig führen im Labyrinth der Verknüpfungen, in dem das Wesen der Kunst besteht, und den Gesetzen gemäß, die dem Fundament jener Verknüpfungen dienen.«

Hier ist hingewiesen auf das Wesen der Arbeit über Tolstojs Werk, deren Verwirklichung noch vor uns liegt. Das Buch Leontjevs ist ein erster Versuch.

1919

III

V. I. Lenin

Lev Tolstoj als Spiegel der russischen Revolution

Den Namen des großen Künstlers neben die Revolution gestellt zu sehen, die er offenkundig nicht verstanden hat, von der er sich offenkundig abseits hielt, mag auf den ersten Blick seltsam und gekünstelt anmuten. Man wird doch nicht etwas als Spiegel bezeichnen, was eine Erscheinung augenfällig nicht richtig wiedergibt? Nun ist aber unsere Revolution eine außerordentlich komplizierte Erscheinung; zu der Masse ihrer unmittelbaren Vollstrecker und Teilnehmer gehören viele soziale Elemente, die gleichfalls die Geschehnisse offenkundig nicht verstanden, die sich gleichfalls abseits hielten von den wirklichen historischen Aufgaben, vor die sie durch den Gang der Ereignisse gestellt wurden. Haben wir es nun mit einem wirklich großen Künstler zu tun, so mußte er wenigstens einige wesentliche Seiten der Revolution in seinen Werken widerspiegeln.
Die legale russische Presse, die übervoll ist von Artikeln, Briefen und Notizen zum 80. Geburtstag Tolstojs, interessiert sich am allerwenigsten für eine Analyse seiner Werke vom Standpunkt des Charakters der russischen Revolution und ihrer Triebkräfte. Diese ganze Presse ist bis zur Übelkeit übervoll von Heuchelei, von einer Heuchelei doppelter Art: einer offiziellen und einer liberalen. Die erste ist die plumpe Heuchelei käuflicher Skribenten, die gestern den Befehl hatten, gegen Lev Tolstoj zu hetzen, heute aber Patriotismus bei ihm ausfindig machen und versuchen sollen, den Anstand vor Europa

zu wahren. Daß die Skribenten dieser Sorte ihr Geschreibsel bezahlt bekommen, weiß jedermann, und irreführen können sie niemand. Weit raffinierter und darum weit schädlicher und gefährlicher ist die liberale Heuchelei. Hört man die kadettischen Balalajkins von der [Zeitschrift] *Reč*, so scheinen sie Tolstoj vollste und wärmste Sympathie entgegenzubringen. In Wirklichkeit sind die berechnete Deklamation und die schwülstigen Phrasen vom »großen Gottsucher« ein einziger Lug und Trug, denn weder glaubt der russische Liberale an den Tolstojschen Gott, noch sympathisiert er mit der Tolstojschen Kritik an der bestehenden Gesellschaftsordnung. Er schmiert sich an den populären Namen an, um sein politisches Kapital zu vermehren, um sich als Führer der gesamtnationalen Opposition aufspielen zu können, er ist bemüht, durch Gepolter und Phrasengeklingel die Notwendigkeit einer offenen und klaren Beantwortung der Frage zu *übertönen:* wo stecken denn die Ursachen der schreienden Widersprüche im »Tolstojanertum«, welche Mängel und Schwächen unserer Revolution bringen diese Widersprüche zum Ausdruck?

In den Werken, Anschauungen, Lehren und in der Schule Tolstojs sind tatsächlich schreiende Widersprüche enthalten. Einerseits ein genialer Künstler, der nicht nur unvergleichliche Bilder aus dem russischen Leben, sondern auch erstklassige Werke der Weltliteratur geliefert hat. Anderseits ein Gutsbesitzer, der sich als Narr in Christo gefällt. Einerseits ein wunderbar starker, unmittelbarer und aufrichtiger Protest gegen gesellschaftliche Verlogenheit und Falschheit, anderseits ein »Tolstojaner«, das heißt ein verschlissener, hysterischer Jammerlappen, der sich russischer Intellektueller nennt, sich öffentlich an die Brust schlägt und sagt: »Ich bin schlecht, ich bin ekelhaft, aber ich lasse mir die sittliche Selbstvervollkommnung angelegen sein: ich esse kein Fleisch mehr und nähre mich jetzt von Reiskoteletts.« Einerseits schonungslose Kritik an der kapitalistischen Ausbeutung, Entlarvung der Gewalttaten der Regierung, der Justiz- und Staatsverwaltungskomödie, Enthüllung der ganzen Tiefe der Widersprüche zwischen dem Anwachsen des Reichtums sowie der zivilisatorischen Errungenschaften und dem Wachstum der Armut, der Verwilderung und der Qualen der Arbeitermassen; anderseits eine verzückt-wahnsinnige Predigt des »Verzichts auf« gewaltsamen »Widerstand gegen das Böse«. Einerseits nüchternster Realismus, Abreißen aller und jeder Masken; – anderseits Predigt eines der niederträchtigsten Dinge, die es überhaupt auf der Welt gibt, nämlich der Religion, das Streben, die Pfaffen mit behördlicher Bestallung zu ersetzen durch Pfaffen mit sittlicher Überzeugung, das heißt Kultivierung des raffiniertesten und deshalb besonders widerwärtigen Pfaffentums. Wahrhaftig:

»Du bist armselig und reich,
Mächtig und ohnmächtig zugleich,
Mütterchen Rußland!«

Daß Tolstoj angesichts solcher Widersprüche sowohl die Arbeiterbewegung und ihre Rolle im Kampf für den Sozialismus als auch die russische Revolution absolut nicht verstehen konnte, liegt ohne weiteres auf der Hand. Aber die Widersprüche in den Anschauungen und Lehren Tolstojs sind keine Zufälligkeiten, sie sind vielmehr ein Ausdruck jener widerspruchsvollen Verhältnisse, in denen sich das russische Leben während des letzten Drittels des 19. Jahrhunderts abspielte. Das patriarchalische Dorf, gestern erst von der Leibeigenschaft befreit, wurde dem Kapital und dem Fiskus buchstäblich mit Haut und Haar zur Ausplünderung überlassen. Die alten Grundpfeiler der bäuerlichen Wirtschaft und des bäuerlichen Lebens, Grundpfeiler, die sich tatsächlich Jahrhunderte hindurch gehalten hatten, gingen ungewöhnlich schnell in die Brüche. Nun sind die Widersprüche in Tolstojs Anschauungen nicht unter dem Gesichtspunkt der modernen Arbeiterbewegung und des modernen Sozialismus zu beurteilen (eine solche Würdigung ist natürlich notwendig, aber sie genügt nicht), sondern vom Gesichtspunkt jenes im patriarchalischen russischen Dorf unweigerlich laut werdenden Protestes gegen den hereinbrechenden Kapitalismus, gegen den Ruin der Massen und ihre Vertreibung von der Scholle. Tolstoj ist lächerlich als Prophet, der neue Rezepte zur Rettung der Menschheit erfunden hat, und ganz erbärmlich sind daher die ausländischen und russischen »Tolstojaner«, die ausgerechnet die schwächste Seite seiner Lehre zum Dogma erheben wollen. Tolstoj ist groß, soweit er die Ideen und Stimmungen zum Ausdruck bringt, die zur Zeit des Anbruchs der bürgerlichen Revolution in Rußland die Millionenmassen der russischen Bauernschaft erfaßt hatten. Tolstoj ist originell, weil die Gesamtheit seiner Anschauungen, als Ganzes genommen, gerade die Besonderheiten unserer Revolution als einer bäuerlichen bürgerlichen Revolution zum Ausdruck bringt. Unter diesem Gesichtspunkt betrachtet, sind die Widersprüche in Tolstojs Anschauungen ein wirklicher Spiegel jener widerspruchsvollen Bedingungen, unter denen die Bauernschaft in unserer Revolution ihre historische Tätigkeit aufnahm. Einerseits hatte der jahrhundertelange Druck der Leibeigenschaft und die jahrzehntelange forcierte Ruinierung nach der Reform ganze Berge von Haß, Erbitterung und verzweifelter Entschlossenheit aufgetürmt. Das Streben, sowohl die Staatskirche als auch die Gutsherren und ihre Regierung restlos wegzufegen, alle alten Formen und Konventionen des Grundbesitzes zu zerschlagen, das Land zu säubern und an Stelle des Polizei- und Klassenstaates ein Gemeinwesen freier und gleichberechtigter Kleinbauern zu schaffen – dieses Streben durchzieht wie ein roter Faden jeden historischen Schritt der Bauern in unserer Revolution, und zweifellos entspricht der Ideengehalt der Schriften Tolstojs weit mehr diesem Streben der Bauern als dem abstrakten »christlichen Anarchismus«, als welcher das »System« seiner Anschauungen mitunter gewertet wird. Andererseits zeigte die Bauernschaft bei ihrem Streben nach neuen Formen des Zusammenlebens einen großen Mangel an Bewußtheit, eine patriarchalische, religiös-närrische Unbekümmertheit gegenüber der Frage, wie dies Gemeinwesen aussehen soll, durch welchen Kampf sie sich Freiheit zu erringen hat, was für Führer sie in diesem Kampfe haben kann, wie sich die Bourgeoisie und die bürgerliche Intelligenz zu den Interessen der Bauernrevolution stellen, warum der Grundbesitz der Gutsherren nur durch gewaltsamen Sturz der Zarenmacht vernichtet werden kann. Das ganze vergangene Leben hat die Bauernschaft den gnädigen Herrn und den Staatsbeamten hassen gelehrt, aber es hat sie nicht gelehrt und konnte sie auch nicht lehren, wo die Antwort auf alle diese Fragen zu suchen ist. In unserer Revolution hat der kleinere Teil der Bauernschaft wirklich gekämpft und sich zu diesem Zweck wenigstens einigermaßen organisiert, und nur ein ganz geringer Teil hat sich mit der Waffe in der Hand erhoben, um seine Feinde niederzusäbeln, um den Zarenknechten und Verteidigern der Gutsherren den Garaus zu machen. Der größere Teil der Bauernschaft jammerte und betete, räsonierte und träumte, schrieb Petitionen und entsandte »Fürbitter« – ganz im Geiste Lev Nikolaevič Tolstojs! Und wie es in solchen Fällen stets zu sein pflegt, hatte die tolstojanische Abschwörung der Politik, das Fehlen von Interesse und Verständnis für die Politik zur Folge, daß dem klassenbewußten und revolutionären Proletariat nur eine Minderheit folgte, die Mehrheit dagegen eine Beute jener prinzipienlosen und knechtseligen bürgerlichen Intellektuellen wurde, die, Kadetten genannt, aus einer Versammlung der Trudoviki in das Vorzimmer Stolypins liefen, bettelten, kuhhandelten, versöhnten, zu versöhnen versprachen – bis ein Kommißstiefel sie mit einem Tritt hinausbeförderte. Tolstojs Ideen sind der Spiegel der Schwäche, der Mängel unseres Bauernaufstandes, das Abbild der Schlappheit des patriarchalischen Dorfes und der eingewurzelten Feigheit des »tüchtigen Bäuerleins«.

Man nehme die Soldatenaufstände der Jahre 1905 und 1906. Ihrer sozialen Herkunft nach stellen diese Kämpfer unserer Revolution ein Mittelding dar zwischen Bauernschaft und

Proletariat. Das letztere ist in der Minderheit; deshalb zeigt die Bewegung innerhalb des Heeres auch nicht annähernd jene Geschlossenheit über ganz Rußland, jenes Parteibewußtsein, wie das Proletariat es an den Tag legte, das wie auf einen Wink sozialdemokratisch wurde. Anderseits ist nichts irriger als die Auffassung, die Soldatenaufstände seien mißlungen, weil es an Führern aus dem Offizierskorps gefehlt hätte. Im Gegenteil, der gigantische Fortschritt der Revolution seit den Zeiten der *Narodnaja Volja* äußerte sich gerade darin, daß der »Muschkote« zur Waffe gegen die Obrigkeit griff, dessen Selbständigkeit die liberalen Gutsherren und das liberale Offizierskorps so sehr erschreckte. Der Soldat war voller Sympathie für die Sache der Bauern; seine Augen leuchteten auf, sobald nur ein Wort vom Boden gesagt wurde. So manches Mal ging die Befehlsgewalt in der Truppe in die Hände der Soldatenmasse über, aber entschlossen ausgenutzt wurde diese Gewalt fast nie; die Soldaten schwankten; einige Tage, mitunter wenige Stunden, nachdem sie irgendeinen verhaßten Vorgesetzten umgebracht hatten, setzten sie die anderen wieder auf freien Fuß, nahmen Verhandlungen mit den Behörden auf und ließen sich dann erschießen, ließen sich mit Ruten auspeitschen, ließen sich wieder ins Joch spannen – ganz im Geiste Lev Nikolaevič Tolstojs!
Tolstoj widerspiegelte den siedenden Haß, den herangereiften Drang zum Besseren, das Verlangen, sich vom Vergangenen zu befreien – und die Unreife der Verträumtheit, den Mangel an politischer Schulung, die revolutionäre Charakterlosigkeit. Die wirtschaftsgeschichtlichen Verhältnisse bieten die Erklärung sowohl dafür, daß der revolutionäre Kampf der Massen aufflammen mußte, als auch für deren mangelnde Kampfvorbereitung, den tolstojanischen Verzicht auf Widerstand gegen das Böse, der eine der ernstesten Ursachen für die Niederlage der ersten revolutionären Kampagne war.
Geschlagene Armeen, sagt man, lernen gut. Freilich ist ein Vergleich revolutionärer Klassen mit Armeen nur in sehr be-

grenztem Sinne richtig. Die Entwicklung des Kapitalismus verändert und verschärft mit jeder Stunde die Bedingungen, die Millionen von Bauern, zusammengeschweißt durch den Haß gegen die Gutsbesitzer – die Fronherren – und ihre Regierung, in den revolutionär-demokratischen Kampf trieben. Innerhalb der Bauernschaft selbst verdrängt der wachsende Tauschverkehr, die zunehmende Herrschaft des Marktes und die stets größer werdende Macht des Geldes immer mehr die patriarchalischen alten Zustände und die patriarchalische tolstojanische Ideologie. Aber eine Errungenschaft der ersten Revolutionsjahre und der ersten Niederlagen im revolutionären Massenkampf steht außer Zweifel: die Tatsache, daß der früheren Schlappheit und Mattigkeit der Massen der Todesstoß versetzt wurde. Die Trennungslinien sind schärfer geworden. Klassen und Parteien haben sich voneinander abgegrenzt. Unter dem Hammer der Stolypinschen Lektionen, bei unablässiger, konsequenter Agitation der revolutionären Sozialdemokraten wird nicht nur das sozialistische Proletariat, sondern werden auch die demokratischen Massen der Bauernschaft unweigerlich immer gestähltere Kämpfer hervorbringen, die immer weniger anfällig werden für unsere historische Sünde, das Tolstojanertum.

1908

*Ausgewählte Bibliographie**

1847 Philosophische Marginalien zu J. J. Rousseau
Über das Ziel der Philosophie
1850 Moderne Methoden zur Erlernung der Musik
1851 Weshalb die Menschen schreiben
1854 Entwurf einer Zeitschrift *Soldatenbote*
Entwürfe zur Reformierung der Armee
1856 Vorschlag an die leibeigenen Bauern von Jasnaja Poljana
Brief an den Innenminister A. I. Levšin
[Vorschlag an das Innenministerium zur Bauernbefreiung]
[Projekt für die Bauern von Jasnaja Poljana und Grecovka]
Freie Liebe
1857 [Projekt zur Forstwirtschaft]
[Projekt einer Musikgesellschaft]
1860 Pädagogische Notizen und Materialien
[Über die Aufgaben der Pädagogik]
[Projekt zur Gründung einer Lehranstalt]
1861 Über Volksbildung
[Notizen über die englischen Schullehrbücher]
[Brief an einen Unbekannten über die deutschen Schulen]
[Gesuch an den Minister für Volksbildung um die Zulassung der Zeitschrift *Jasnaja Poljana*]

* der wichtigeren sozialpolitischen Schriften Tolstojs. Die Jahreszahlen beziehen sich jeweils auf das Datum der Veröffentlichung oder – bei Fragmenten – der letzten Redaktion des Textes durch Tolstoj. Fragmente und unveröffentlichte Texte erscheinen in unserer Bibliographie in eckigen Klammern; runde Klammern bezeichnen diejenigen Texte, die in deutscher Übersetzung unter einem vom russischen Original abweichenden Titel erschienen.

Über die Herausgabe einer neuen Zeitschrift
Über die Bedeutung der Volksbildung
Über die Wichtigkeit der Beschreibung von Schulen und Volksbüchern
1862 Die Schule von Jasnaja Poljana im November und Dezember
Über die Methoden, Lesen und Schreiben zu lehren
Über die freie Entstehung und Entwicklung von Schulen im Volk
Tagebuch der Schule von Jasnaja Poljana
Entwurf eines allgemeinen Planes von Volksschulen
Erziehung und Bildung
[Über die Sprache von Volksbüchern]
Über die öffentliche Tätigkeit auf dem Gebiet der Volksbildung
Wer soll bei wem schreiben lernen – die Bauernkinder bei uns oder wir bei ihnen?
[Über Fortschritt und Bildung]
1863 Über die Einstellung der Zeitschrift *Jasnaja Poljana*
Fortschritt und Bestimmung der Bildung
1865 Über die Religion
1868 Fortschritt
[»Ne cogito ergo sum ...«]
[Über die Ehe und die Bestimmung der Frau]
1869 Die Gesellschaft der Unabhängigen
1872 Das Alphabet. Lesebuch für Volksschulen
1873 [Über die Methoden, Lesen und Schreiben zu lehren]
1874 Über die Volksbildung
1875 Das Neue Alphabet
Grammatik für Dorfschulen
Russisches Lesebuch, I–IV
[Über die Schulen im Umkreis von Jasnaja Poljana]
Regeln für pädagogische Kurse
Über das künftige Leben jenseits von Zeit und Raum
1876 [Über die Bedeutung der christlichen Religion]

Die Bestimmung der Religion: der Glaube
Psychologie des Alltagslebens
[Gespräch über die Wissenschaft]
1877 [Über die Regierung Zar Alexander II.]
[Christliche Katechese]
1878 Mein Leben
1879 Kirche und Staat, *dt. 1891* (Ernste Gedanken über Staat und Kirche)
Was kann der Christ tun, was darf er nicht
Das Reich Gottes
1881 Aufzeichnungen eines Christen
Protestbrief gegen die Hinrichtung der Mörder Alexanders II.
1882 Meine Beichte, *dt. 1886.*
Untersuchung der dogmatischen Theologie, *dt. 1891*
1883 Kurze Auslegung des Evangeliums, *dt. 1891*
1884 Worin besteht mein Glaube, *dt. 1885*
Die Bergpredigt
Chinesische Weisheit
Der junge Zar
1885 Die Leiden unseres Herren Jesus Christus
Die Lehre der zwölf Apostel
Die Versuchung unseres Herren Jesus Christus
Die Kinder sind klüger als die Greise
Der beichtende Sünder
Wo die Liebe ist, da ist auch Gott, *dt. 1926*
1886 Was sollen wir also tun? *Dt. 1886*
1887 Über das Leben, *dt. 1889*
Nikolaj Palkin, *dt. 1895*
1888 An die Jugend
Es ist Zeit, sich zu besinnen!
1889 Über die Kunst
Darüber, was Kunst und was nicht Kunst ist, und wann Kunst etwas Wichtiges und wann sie nichtig ist
Carthago delenda est

1890 Warum die Menschen sich betäuben, *dt. 1891*
Über die sexuelle Frage, *dt. 1901*
1891 Wissenschaft und Kunst
Über den Hunger
Eine schreckliche Frage
Wer ist im Recht?
Über Hilfsmittel für die von der Mißernte betroffene Bevölkerung
1893 Das Reich Gottes ist in Euch, *dt. 1894*
Forderungen der Liebe
Das Nichtstun, *dt. 1893*
Religion und Moral, *dt. 1894*
1894 Christentum und Patriotismus, *dt. 1894* (Patriotismus und Christentum)
1895 Sinnlose Hirngespinste, *dt. 1918*
[Brief an ausländische Zeitungen anläßlich der Verfolgung der kaukasischen Duchoborzen]
Nachwort zum Artikel P. I. Birjukovs, *Die Christenverfolgungen in Rußland im Jahre 1895, dt. 1896*
Der Brief des Bauern P. V. Olchovik, der 1895 den Kriegsdienst verweigerte
1896 Patriotismus oder Frieden? *dt. 1896* (Patriotismus und Frieden)
[An die Italiener]
Gott oder dem Mammon?
Wie sind die Evangelien zu lesen, und worin liegt ihr Wesen?
Das Nahen des Endes, *dt. 1897* (Krieg und Vernunft)
Die christliche Lehre, *dt. 1899*
Darüber, was Kunst genannt wird
Nachwort zum Aufruf *Helft!*
1897 [Brief an die schwedischen Zeitungen über die Zuerkennung des Nobelpreises an die Duchoborzen]
1898 Die Wurzel des Übels
Was ist Kunst? *Dt. 1898*

Hunger oder nicht Hunger?
Zwei Kriege
1899 Brief an einen Feldwebel
Aus Anlaß des Friedenskongresses [Brief an die Schweden]
[Die Studentenbewegung des Jahres 1899]
1900 Patriotismus und Regierung, *dt. 1900*
Du sollst nicht töten, *dt. 1901*
Die Sklaverei unserer Zeit, *dt. 1900*
Wo ist der Ausweg? *Dt. 1905*
Muß es denn so sein? *Dt. 1901* (Aufruf an die Menschheit)
[An das chinesische Volk]
1901 An den Zaren und seine Gehilfen
Antwort auf den Beschluß des Obersten Synod vom 20.–22. Februar
Das einzige Mittel, *dt. 1901*
Denkschrift für Soldaten
Denkschrift für Offiziere
Über Toleranz
An die jungen Menschen, die kein Arbeiterleben leben
1902 Was ist Religion, und worin besteht ihr Wesen? *Dt. 1902*
Vorwort zu den Denkschriften für Soldaten und Offiziere
An das arbeitende Volk, *dt. 1902*
An die Geistlichkeit
1903 Die Vernichtung der Hölle und ihre Auferstehung, *dt. 1903* (Auferstehung der Hölle)
An die Politiker
Drei Fragen
Arbeit, Tod und Krankheit
1904 Über Shakespeare und das Drama, *dt. 1906*
Besinnt Euch! *Dt. 1904*

Vorwort zum Artikel *Über die Revolution* von V. G. Čertkov
Muß es denn so sein?
[Was ist in unsere Zeit eine Regierung . . .]
1905 Über die gesellschaftliche Bewegung in Rußland
Die Lehre der zwölf Apostel, Vorwort
Eines ist not, *dt. 1906*
Wie soll sich das Arbeitervolk befreien?
Die große Sünde, *dt. 1905* (Die große soziale Sünde)
Wie und wofür leben?
Drei Unwahrheiten
Brief an einen Bauern über den Boden. [Über das Projekt von Henry Georges]
Das Ende eines Zeitalters, *dt. 1906*
1906 Göttliches und Menschliches, *dt. 1906*
Brief an einen Chinesen, *dt. 1911*
Aufruf an die Russen, *dt. 1907* (Der Weg zur sozialen Befreiung)
Die Bedeutung der russischen Revolution, *dt. 1907*
Die einzig mögliche Lösung der Bodenfrage
Was tun?
1907 Die wahre Freiheit
Warum sich die christlichen Völker überhaupt und besonders das russische jetzt in einer erbärmlichen Lage befinden
Unsere Lebensauffassung
Du sollst niemanden töten
Gespräche mit Kindern über ethische Fragen
Liebet einander!
1908 [Erinnerungen an die Verurteilung eines Soldaten]
Die Verfolgung meiner Leser, *dt. 1908*
Ich kann nicht schweigen! *Dt. 1908*
Die Lehre Christi, dargestellt für Kinder, *dt. 1909*
Das Gesetz der Gewalt und das Gesetz der Liebe, *dt. 1909*

Religion und Wissenschaft
Das Heil der Liebe
[Die Zeit ist gekommen]
Zur Annexion Bosniens und der Hercegovina durch Österreich, *dt. 1909*
Vervollkommnung
Das Wesen der christlichen Lehre
1909 Todesstrafe und Christentum
Letter to a Hindoo, *dt. 1910*
Gespräch zwischen Vater und Sohn
Brief an einen Revolutionär
[Über das Recht. Brief an einen Jura-Studenten], *dt. 1910*
Über die Bildung
Eine unausweichliche Umwälzung
Das einzige Gebot
Aussprüche des Lao-Tse
Über die Wissenschaft. Antwort an einen Bauern
[Rede gegen den Krieg], *dt. 1920*
Es ist Zeit, zu begreifen
Noch einmal über die Wissenschaft
Worin besteht die Hauptaufgabe eines Lehrers?
Der Durchreisende und der Bauer, *dt. 1917*
Gespräch mit Passanten
Antwort an eine polnische Frau
Die Lehre des Lao-Tse
1910 [Du sollst nicht töten]
An den Redakteur der Zeitschrift *Leben für alle*
An den Slavenkongreß in Sofija
Über den Wahnsinn
Allen ist es egal
Über den Sozialismus
Der Lebensweg, *dt. 1912*

Zeittafel

1861 Amerikanischer Sezessionskrieg bis 1865.
Aufhebung der Leibeigenschaft in Rußland. Herzens Aufruf an die Studenten, ins Volk zu gehen.

1862 Bismarck preußischer Ministerpräsident.

1863 Polnischer Aufstand in Russisch-Polen, preußisch-russische Konvention.
Allgemeiner deutscher Arbeiterverein.

1864 I. Internationale.
Reform der russischen Justiz, die sich nun zu den Grundsätzen der Gleichheit aller vor dem Gesetz und der Öffentlichkeit der Prozesse bekennt. Die Durchführung der Reform scheitert in der Folgezeit immer wieder am Widerstand der reaktionären Bürokratie.

1864 bis 1865 Reform des gesamten russischen Schulwesens. In den 80er Jahren besuchten allerdings erst 10% der Kinder eine Schule.

1866 Deutscher Krieg, Königgrätz.
Verbot der fortschrittlichen Zeitschrift *Sovremennik.*
Mißlungenes Attentat auf Alexander II.

1867 Karl Marx, *Das Kapital.*

1869 Gründung der *Sozialdemokratischen Arbeiterpartei Deutschlands.*
Bakunins Aufruf: »Geht ins Volk!«

1870 Deutsch-französischer Krieg.
Pariser Kommune.

1871 Deutsches Reich, Bismarck Reichskanzler, Kaiser Wilhelm I. (bis 1888).

1872 Drei-Kaiser-Bündnis.
Das Kapital erscheint in russischer Übersetzung.

1873 Große Hungersnot in weiten Teilen Rußlands, die durch private Initiative gelindert wurde, während die Regierung versagte. Die *Narodniki*-Bewegung

1874 Russische Heeresreform; Einführung der allgemeinen Wehrpflicht anstelle von Zwangsrekrutierung und 25-jähriger Dienstpflicht. Von nun an richtete sich die Dauer der Dienstzeit nach dem Bildungsstand (Volksschüler 4 Jahre, Akademiker 3 Monate), was immerhin einen Anreiz schaffte, sich zu bilden. Diese Tendenz wurde durch Schulen gefördert, die dem Kriegsministerium unterstanden.

1875 Gothaer Programm der *Sozialistischen Arbeiterpartei Deutschlands.*

Aufstände auf dem Balkan gegen die türkische Herrschaft werden von Rußland aus unterstützt. Erstmals gewannen panslavistische Ideen direkten Einfluß auf die offizielle Politik.

1876 Die revolutionäre Bewegung *Land und Freiheit* entsteht.

1877 Russisch-türkischer Krieg, bis 1878.

1878 Berliner Kongreß.

Bismarcks Sozialistengesetz.

1879 Geheimer Zweibund Deutschland-Österreich.

Beginn der Kolonialisierung Afrikas.

Landleague der Iren.

Aus der Bewegung *Land und Freiheit* wird die *Partei des Volkswillens* (Narodnaja volja), die den Weg planmäßigen Terrors einschlug als Antwort auf Gewalt und Unterdrückung von seiten des Staates.

1881 Alexander II. (Zar seit 1855) wird von vier Mitgliedern der *Narodnaja volja* ermordet.

Monarchistisch-nationalistische Ära unter Alexander III. (Zar von 1881–1894). Judenpogrome und allgemein antisemitische Politik. Stärkung der Reaktion. Ende jeglicher Reformen. 1884 beseitigt Alexander III. die Autonomie der Universitäten, wobei die Folgen dieser Maßnahme den Absichten der Regierung entgegengesetzt waren: statt der manipulierbaren

Masse schuf man eine politisch mehr und mehr bewußte, revolutionäre Studentenschaft.

1882 Dreibund Rom–Wien–Berlin.

Das *Manifest der Kommunistischen Partei* in russischer Übersetzung.

1883 In Genf gründen Plechanov und andere Emigranten die marxistische Partei *Befreiung der Arbeit* (Osvoboždenie truda). Unter ihrem Einfluß bilden sich Ende der 80er Jahre unter den Petersburger Studenten die ersten marxistischen Zirkel, die mit der Agitation unter den Arbeitern begannen.

1884 Deutsche Kolonien in Afrika.

1885 Bismarck verfügt Enteignung und Ausweisung aller Polen aus Posen und Westpreußen.

Bulgarische Krise.

Russifizierungspolitik der Ostseeprovinzen (Liv-, Est-, Kurland).

1887 Weigerung Rußlands, das Drei-Kaiser-Bündnis zu verlängern.

Bismarcks Rückversicherungsvertrag. Ende des Kulturkampfs in Deutschland.

1888 Wilhelm II. (bis 1918).

I. Parteikongreß der russischen Sozialdemokraten.

1889 II. Internationale.

1890 Entlassung Bismarcks; Kündigung des Rückversicherungsvertrages durch Deutschland.

Rasche industrielle Entwicklung in Rußland. Die Zahl des Industrieproletariats steigt in den 90er Jahren auf 2,373 Millionen. 1897 wurde die tägliche Arbeitszeit für Fabrikarbeiter auf maximal 11½ Stunden festgesetzt, um Unzufriedenheiten vorzubeugen.

1891 Französische Flotte in Kronstadt.

Bau der Transsibirischen Eisenbahn, die später durch die Mandschurei (chinesisches Territorium) fortgeführt wurde. Verstärkung des russischen Einflusses in

Ostasien, was zur Besetzung der Mandschurei während des Boxeraufstandes und daraufhin zum russisch-japanischen Krieg führte.

1892 Verstärkung des deutschen Heeres.
Russisch-französische Militärkonvention.
Hungersnot in Rußland.

1894 Affäre Dreyfus, bis 1899.
Chinesisch-japanischer Krieg (bis 1895).
Französisch-russischer Zweibund.
Nikolaus II. (1894–1917).

1895 Lenin und Martov gründen den *Kampfbund zur Befreiung der Arbeit* (Sojuz borby za osvoboždenie truda) und schließen dort lokale marxistische Gruppen zu einer zentral geführten Organisation zusammen.

1898 Spanisch-amerikanischer Krieg.
Erstes Flottengesetz in Deutschland.
Gründung der *Russischen Sozialdemokratischen Arbeiterpartei* (RSDRP) in Minsk. Verhaftung des Zentralkomitees, bevor es zur Ausarbeitung der Parteistatuten kommen konnte.

1899 Erste Haager Friedenskonferenz. Burenkrieg, bis 1902.
Die Autonomie Finnlands wird von der russischen Gesetzgebung durchbrochen. Petitionen (auch aus dem Ausland), Protestkundgebungen blieben erfolglos. Ein Wehrgesetz wurde finnischerseits mit passivem Widerstand beantwortet.
Lenin tritt der RSDRP bei; unter dem Pseudonym V. Iljin erscheint legal sein Buch *Die Entwicklung des Kapitalismus in Rußland.*

1900 Boxeraufstand in China; »Politik der offenen Tür«.
Zweites deutsches Flottengesetz.

1901 Gründung der *Partei der Sozialrevolutionäre;* an die Bewegung der Narodniki wie auch den Marxismus anknüpfend, wird sie unter Führung von V. M. Černov zur sozialistischen Bauernpartei.

Tolstoj wird exkommuniziert (nach Erscheinen des Romans *Auferstehung*).

1902 Englisch-japanisches Bündnis.

Was tun? von Lenin.

1903 Der 2. Parteikongreß der RSDRP in Brüssel eröffnet, dann nach London verlegt. Die Frage Massenpartei von Gesinnungsgenossen oder Elitepartei von Berufsrevolutionären (was Lenin anstrebte) entschied sich schließlich zugunsten letzterer Konzeption. Das brachte die Spaltung der Partei in Bolschewiki und Menschewiki.

1904 Französisch-englische Entente cordiale.

Russisch-japanischer Krieg, bis 1905.

1905 Erste Marokko-Krise (Algeciras).

Russische Revolution. Ein Streik der Belegschaft der Putilov-Werke führte zum Aufstand, der ganz Petersburg erfaßte. Eine friedliche Massendemonstration am 9. (22.) Januar vor dem Winterpalais mit einer Petition an den Zaren (soziale Forderungen der Arbeiter und politisches, von der sozialistischen Opposition geprägtes Programm) wurde von den zaristischen Truppen zusammengeschossen. Die Empörung der Bevölkerung entlud sich in zahlreichen politischen Einzelaktionen im ganzen Lande. Aus dem Zusammenschluß von Streikkomitees entstand im Oktober der erste Arbeiter-Rat (Sowjet), der in anderen Städten rasch Nachahmung fand und zur Zentrale des revolutionären Kampfes wurde. Anfang 1906 waren bereits die meisten führenden Mitglieder verhaftet. Eine halblegale Existenz erreichten dagegen die vielerorts gebildeten Gewerkschaften, die im Februar 1906 ihren ersten allrussischen Kongreß abhielten, ebenso wie der *Bauernbund*, auf dessen allrussischem Kongreß die Zusammenarbeit mit den Gewerkschaften proklamiert wurde. Von Aufständen erfaßt wurden auch

Teile des Heeres und vor allem die Flotte. Dem Fehlen einer einheitlichen Planung und Lenkung ist zuzuschreiben, daß schließlich das herrschende Regime die Oberhand behielt.

Das Oktobermanifest des Zaren (Oktober 1905) gewährte den Russen die Grundrechte freier Bürger. Die Regierung bemühte sich, mit dosierten Zugeständnissen Herr der Lage zu werden; gleichzeitig unterstützte sie die extreme Rechte, die mit Gegenterror und Judenpogromen (Odessa, Oktober 1905) wütete. Hinrichtungen von Revolutionären standen in der Folgezeit auf der Tagesordnung.

Im April 1906 wurde die erste Reichsduma (Parlament) eröffnet, doch schon im Juli von der Regierung wegen zu radikaler Richtung aufgelöst; das gleiche geschah der zweiten Duma (eröffnet im Februar 1907, aufgelöst im Juni). Danach wurde durch Zarenerlaß das Wahlrecht derart manipuliert, daß die 3. Duma dem autoritären Regime nicht mehr gefährlich werden konnte. Der ansteigenden Zahl von Attentaten und überhaupt der organisierten revolutionären Aktionen wurde seitens der Regierung mit Militärtribunalen und Standgerichten begegnet.

1906 Drittes deutsches Flottengesetz.

Kongreß der RSDRP in Stockholm.

1907 Zweite Haager Friedenskonferenz.

Englisch-russische Entente (Aufteilung Persiens, Afghanistans und Tibets).

1908 Balkankrise. Jungtürkische Revolution. Unabhängigkeit Bulgariens. Annexion von Bosnien und der Hercegovina durch Österreich.

Viertes deutsches Flottengesetz.

Drucknachweise

Krieg und Vernunft (1896):
[russischer Originaltitel: Približenie konca] Deutsch von Alexis Markow, Berlin (Stuhr'sche Buchhandlung) 1897.
Du sollst nicht töten! (1900):
Aus dem Russischen, Treptow bei Berlin (Bernhard Zack's Verlag) 1919 in der Reihe *Propaganda des individuellen Anarchismus in deutscher Sprache*, Heft 9.
Patriotismus und Regierung (1900):
Übersetzung von Wladimir Czumikow, Leipzig (Eugen Diederichs) 1900. Aus Umfangsgründen wurde dieser Text unwesentlich gekürzt.
Eines ist not (1905):
Übersetzung von Adolf Heß, München (Albert Langen) 1906.
Das Wesen der revolutionären Bewegung in Rußland (1905):
Kapitel III aus dem umfangreichen Essay *Das Ende eines Zeitalters* [Konec veka], aus dem Russischen von Korfiz Holm, München (Albert Langen) 1906.
Aufruf an die Russen (1906):
Übersetzung von Albert Skarvan, erschienen in dem Band *Der Weg zur sozialen Befreiung. Aufruf an die russische Regierung, die Revolutionäre und das Volk*, von Graf Leo Tolstoi, herausgegeben von Eugen Heinrich Schmitt, Berlin (Franz Wunder) o. J. [1907].
Ich kann nicht schweigen! (1908):
Deutsch von Edmund Rot, Berlin (J. Ladyschnikow) o. J. [1908], Kapitel VI dieses Aufrufs, der deutsch mit dem Untertitel *Über die Hinrichtungen in Rußland* erschien.
Die Verfolgung meiner Leser (1908):
Deutsch als Anhang zu: *Ich kann nicht schweigen!* ...
Das Gesetz der Gewalt (1908):
Kapitel II der Abhandlung *Das Gesetz der Gewalt und das*

Gesetz der Liebe, Übersetzung von A. Steinberg, Schöneberg-Berlin (Leon Hirsch Verlag) 1911.
Rede gegen den Krieg (1909):
[Doklad, prigotovlennyj dlja kongressa mira v Stokgol'me]
Deutsch erschienen als *Leo Tolstois Rede gegen den Krieg,* Berlin (Verlag »Der Syndikalist«, Fritz Kater) 1920.
Korrespondenz mit Gandhi
Deutsch von Paul Birukoff in dem Sammelband *Tolstoi und der Orient. Briefe und sonstige Zeugnisse über Tolstois Beziehungen zu den Vertretern orientalischer Religionen,* herausgegeben von Paul Birukoff [Pavel I. Birjukov], Zürich und Leipzig (Rotapfel-Verlag) 1925.
Dort auch der in den Briefen erwähnte Brief *An einen Inder,* in dem Tolstoj einem Revolutionär der Zeitschrift *Free Hindostan* den gewaltlosen Widerstand auseinandersetzt. – Gandhi empfiehlt in der Beilage zu seinem Essay *Indian Home Rule* 20 lesenswerte Bücher von 13 Autoren, darunter allein sechs Tolstoj-Titel *(Das Reich Gottes ist in euch, Was ist Kunst, Die Sklaverei unserer Zeit, Die erste Stufe, Wo ist der Ausweg, An einen Inder).*
Vladimir I. Lenin, Lev Tolstoj als Spiegel der russischen Revolution, russisch erstmals veröffentlicht in der Zeitung *Proletarij* am 11. (24.) September 1908, zitiert nach: W. I. Lenin, *Über Kultur und Kunst, Eine Sammlung ausgewählter Aufsätze und Reden,* Berlin (Dietz Verlag) 1960.
Balalajkin – Gestalt aus Saltykov-Ščedrins Roman *Eine zeitgenössische Idylle,*
Reč – konservativ-reaktionäre Zeitung, erschien in St. Petersburg von 1906–1917.
Das Verszitat: N. A. Nekrasov, *Wer lebt glücklich in Rußland?*
Boris Ejchenbaum, Über Lev Tolstoj,
russisch erschienen im Sammelband *Skvoz' literaturu,* Leningrad 1924.

Leo N. Tolstoj
im Insel Verlag

Anna Karenina. 2 Bde. Nach der Moskauer Akademie-Ausgabe aus dem Russischen übersetzt von Gisela Drohla. Mit Illustrationen von Theodor Eberle. it 308

Auferstehung. Roman. Aus dem Russischen von Adolf Hess. Mit Illustrationen von Theodor Eberle. it 791

Familienglück. Mit Illustrationen von Theodor Eberle. Übertragung von Hermann Röhl, bearbeitet von Gisela Drohla. it 902

Die großen Erzählungen. Mit einem Nachwort von Thomas Mann. Aus dem Russischen übersetzt von Arthur Luther und Rudolf Kassner. it 18

Kindheit. Knabenalter. Jünglingsjahre. Aus dem Russischen von Hermann Röhl. Revidiert und herausgegeben von Gisela Drohla. it 203

Die Kreutzersonate. Erzählung. Aus dem Russischen von Arthur Luther. Mit Illustrationen von Hugo Steiner-Prag. it 763

Die Kreutzersonate. Erzählung. Aus dem Russischen von Arthur Luther. Mit Illustrationen von Hugo Steiner-Prag. Großdruck. it 2303

Krieg und Frieden. Ein Roman in vier Bänden. Aus dem Russischen von Hermann Röhl. Mit Illustrationen von Theodor Eberle. it 590

Der Morgen eines Gutsbesitzers. Aus dem Russischen von Gisela Drohla. Mit Illustrationen von Theodor Eberle. it 1056

Nach vierzig Jahren. Volkserzählung. Aus dem Russischen von Rahel bin Gorion. Mit einem Nachwort von Emanuel bin Gorion und Illustrationen von Günter Knuhr. it 691

Rede gegen den Krieg. Politische Flugschriften. Herausgegeben von Peter Urban. it 703

Die Romane. In der Übertragung von Gisela Drohla, Hermann Röhl und Adolf Hess. Zehn Bände. Geschenkausgabe mit farbigem Dekorüberzug in Schmuckkassette

Sämtliche Erzählungen. Herausgegeben, übersetzt und mit Anmerkungen versehen von Gisela Drohla. Acht Bände. Geschenkausgabe mit farbigem Dekorüberzug in Schmuckkassette

Der Tod des Iwan Iljitsch. Aus dem Russischen von Gisela Drohla. Mit Illustrationen von Theodor Eberle. it 864

Der Überfall. Und andere Erzählungen. Aus dem Russischen übersetzt von Gisela Drohla. Illustrationen von Theodor Eberle. it 367

Vater Sergius. Mit Illustrationen von Theodor Eberle. it 1159

Wieviel Erde braucht der Mensch? it 1198

Zu Leo N. Tolstoj

Tolstojs letzte Jahre. Achtunddreißig Fotografien. Texte ausgewählt und übersetzt von Gisela Drohla. it 1040

64/1/3.89

Russische Literatur
im insel taschenbuch

Alexander N. Afanasjew: Russische Volksmärchen. Übertragen von Werner von Grimm. Mit farbigen Illustrationen von Ivan Bilibin. it 1058

Ivan Bilibin / Alexander Puschkin / Elisabeth Borchers: Das Märchen vom herrlichen Falken und andere russische Märchen mit Illustrationen von Ivan Bilibin. Nacherzählt von Elisabeth Borchers. it 487

– Das Märchen vom Zaren Saltan. Das Märchen vom goldenen Hahn. Nacherzählt von Elisabeth Borchers. Mit Illustrationen von Ivan Bilibin. it 2002

– Wassilissa die Wunderschöne und andere russische Märchen. Das Märchen vom herrlichen Falken. Mit Illustrationen von Ivan Bilibin. Nacherzählt von Elisabeth Borchers. it 2020

Fjodor Michailowitsch Dostojewski: Sämtliche Romane und Erzählungen. 16 Bände in Kassette. Aus dem Russischen von Hermann Röhl und Karl Nötzel. it 961-976

– Band 1: Arme Leute. Roman. Aus dem Russischen von Hermann Röhl. it 961

– Band 2: Der Doppelgänger. Ein Petersburger Poem. Netotschka Neswanowa. Aus dem Russischen von Hermann Röhl. it 962

– Band 3: Onkelchens Traum. Aus der Chronik der Stadt Mordassow. Roman. Aus dem Russischen von Hermann Röhl. it 963

– Band 4: Das Gut Stepantschikowo und seine Bewohner. Aus den Aufzeichnungen eines Unbekannten. Roman. Aus dem Russischen von Hermann Röhl. it 964

– Band 5: Erniedrigte und Beleidigte. Ein Roman in vier Teilen. Mit einem Epilog. Aus dem Russischen von Hermann Röhl. it 965

– Band 6: Aufzeichnungen aus einem Totenhause. Aus dem Russischen von Hermann Röhl. it 966

– Band 7: Aus dem Dunkel der Großstadt. Aufzeichnungen. Aus dem Russischen von Hermann Röhl. it 967

– Band 8: Der Spieler. Aus den Aufzeichnungen eines jungen Mannes. Aus dem Russischen von Hermann Röhl. it 968

– Band 9: Schuld und Sühne. Roman. Aus dem Russischen von Hermann Röhl. it 969

– Band 10: Der Idiot. Roman. Aus dem Russischen von Hermann Röhl. it 970

– Band 11: Der lebenslängliche Ehemann. Erzählung. Aus dem Russischen von Hermann Röhl. it 971

– Band 12: Die Teufel. Roman. Aus dem Russischen von Hermann Röhl. it 972

154/1/10.90

Russische Literatur
im insel taschenbuch

Fjodor Michailowitsch Dostojewski: Sämtliche Romane und Erzählungen. 16 Bände in Kassette.
– Band 13: Werdejahre. Roman. Aus dem Russischen von Hermann Röhl. it 973
– Band 14: Die Brüder Karamasow. Roman. Dritter und vierter Teil. 2 Bde. Aus dem Russischen von Hermann Röhl. it 974
– Band 15: Der ehrliche Dieb. Und andere Erzählungen. Aus dem Russischen von Hermann Röhl. it 975
– Band 16: Der Traum eines lächerlichen Menschen. Und andere Erzählungen. Aus dem Russischen von Hermann Röhl. it 976
– Briefe. 2 Bände. Ausgewählt und herausgegeben von Ralf Schröder. it 1234
– Die Sanfte. Eine phantastische Erzählung. Aus dem Russischen von Wolfgang Kasack. it 1138

Nikolai Wassiljewitsch Gogol: Der Mantel und andere Erzählungen. Aus dem Russischen übersetzt von Ruth Fritze-Hanschmann. Mit Illustrationen von András Karakas. Mit einem Nachwort von Eugen Häusler und Frank Häusler. it 241
– Die Nacht vor Weihnachten. Mit Illustrationen von Monika Wurmdobler. it 584
– Die toten Seelen. Erzählung. Aus dem Russischen von Hermann Röhl. it 987

Iwan Gontscharow: Oblomow. Mit Illustrationen von Theodor Eberle. Revidierte Übersetzung aus dem Russischen von Reinhold v. Walter. it 472

Maxim Gorki: Der Landstreicher und andere Erzählungen. Aus dem Russischen von Arthur Luther. Mit einer Einführung von Stefan Zweig und Illustrationen von András Karakas.
it 749

Alexander Herzen: Die gescheiterte Revolution. Denkwürdigkeiten aus dem 19. Jahrhundert. Ausgewählt von Hans Magnus Enzensberger. it 1097

Fürst Felix Jussupoff: Rasputins Ende. Erinnerungen. Mit einer Studie von Boris Groys. Aus dem Russischen von D. Chasin. it 1282

Michail Lermontow: Ausgewählte Werke. Gedichte. Prosa. Dramen. 2 Bde. Herausgegeben von Roland Opitz. it 1223

Nikolai Leskow: Weihnachtsgeschichten. Herausgegeben von Angela Martini-Wonde. it 1128

Julius Meier-Graefe: Dostojewski. Der Dichter. Mit zahlreichen Abbildungen. it 1099

154/2/10.90

Russische Literatur
im insel taschenbuch

Wladimir Odojewski: Russische Nächte. Herausgegeben von Eckhard Thiele. it 1239

Leo N. Tolstoj: Anna Karenina. 2 Bde. Nach der Moskauer Akademie-Ausgabe aus dem Russischen übersetzt von Gisela Drohla. Mit Illustrationen von Theodor Eberle. it 308

– Auferstehung. Roman. Aus dem Russischen von Adolf Hess. Mit Illustrationen von Theodor Eberle. it 791

– Familienglück. Mit Illustrationen von Theodor Eberle. Übertragung von Hermann Röhl, bearbeitet von Gisela Drohla. it 902

– Die großen Erzählungen. Mit einem Nachwort von Thomas Mann. Aus dem Russischen übersetzt von Arthur Luther und Rudolf Kassner. it 18

– Kindheit. Knabenalter. Jünglingsjahre. Aus dem Russischen von Hermann Röhl. Revidiert und herausgegeben von Gisela Drohla. it 203

– Die Kreutzersonate. Erzählung. Aus dem Russischen von Arthur Luther. Mit Illustrationen von Hugo Steiner-Prag. it 763

– Die Kreutzersonate. Erzählung. Aus dem Russischen von Arthur Luther. Mit Illustrationen von Hugo Steiner-Prag. Großdruck. it 2303

– Krieg und Frieden. Ein Roman in vier Bänden. Aus dem Russischen von Hermann Röhl. Mit Illustrationen von Theodor Eberle. it 590

– Der Morgen eines Gutsbesitzers. Aus dem Russischen von Gisela Drohla. Mit Illustrationen von Theodor Eberle. it 1056

– Nach vierzig Jahren. Volkserzählung. Aus dem Russischen von Rahel bin Gorion. Mit einem Nachwort von Emanuel bin Gorion und Illustrationen von Günter Knuhr. it 691

– Rede gegen den Krieg. Politische Flugschriften. Herausgegeben von Peter Urban. it 703

– Sämtliche Erzählungen. Fünf Bände in Kassette. Herausgegeben von Gisela Drohla. it 1252

– Der Tod des Iwan Iljitsch. Aus dem Russischen von Gisela Drohla. Mit Illustrationen von Theodor Eberle. it 864

– Der Überfall und andere Erzählungen. Aus dem Russischen übersetzt von Gisela Drohla. Illustrationen von Theodor Eberle. it 367

– Vater Sergius. Mit Illustrationen von Theodor Eberle. it 1159

– Wieviel Erde braucht der Mensch? Erzählungen und Legenden. it 1198

Tolstojs letzte Jahre. Achtunddreißig Fotografien. Texte ausgewählt und übersetzt von Gisela Drohla. it 1040

154/3/10.90

Russische Literatur in der edition suhrkamp und in den suhrkamp taschenbüchern

Ales Adamowitsch: Henkersknechte. Aus dem Russischen von Thomas Reschke. es 1447

Wassili Afonin: Im Moor. Aus dem Russischen von Wolfgang Kasack. es 1096

Tschingis Aitmatow: Dshamilja. Erzählung. Mit einem Vorwort von Louis Aragon. st 1579

– Der weiße Dampfer. Aus dem Russischen übersetzt von Hans-Joachim Lambrecht. st 51

Wassili Below: Vorabende. Nordrussische Chronik 1928. Roman. Aus dem Russischen von Erich Ahrndt. st 1356

Valeri Brjussow: Die Republik des Südkreuzes. Erzählungen und zwei Dramen. Deutsch von Margit Bräuer. PhB 270. st 1814

Jurij Galperin: Die Brücke über die Lethe. Praxis der Prosa. Aus dem Russischen von Therese Madeleine Rollier. es 1627

Alexander Grin: Der Rattenfänger. Phantastische Erzählungen. Herausgegeben und mit einem Nachwort versehen von Lola Debüser. PhB 168. st 1239

Arsenij Gulyga: Immanuel Kant. Aus dem Russischen übertragen und mit einem Nachwort versehen von Sigrun Bielfeldt. st 1093

Anatolij Kim: Eichhörnchen. Aus dem Russischen von Thomas Reschke. st 1670

– Nachtigallenecho. Aus dem Russischen von Hartmut Herboth. es 1463

Wladimir Majakowski: Her mit dem schönen Leben. Gedichte, Poeme, Aufsätze, Reden, Briefe und Stücke. Ausgewählt von Thomas Brasch. Deutsche Nachdichtung von Hugo Huppert. st 766

Boris Moshajew: Die Abenteuer des Fjodor Kuskin. Aus dem Russischen von Aljonna Möckel. es 1072

Juri Nagibin: Steh auf und wandle. Aus dem Russischen von Wolfgang Kasack. st 1654

Timur Pulatow: Die Schildkröte des Tarasi. Aus dem Russischen von Ingeborg Schröder. es 1464

Valentin Rasputin: Natascha. Erzählungen. Aus dem Russischen von Erich Ahrndt. st 1270

Maria Razumovsky: Marina Zwetajewa. Eine Biographie. st 1570

Wadim Schefner: Bescheidene Genies. Phantastische Erzählungen. Ausgewählt von Hannelore Menke. Aus dem Russischen von Helga Gutsche, Renate Landa, Gisela Leiste, Erika Pietraß und Hella Pymarowicz. PhB 246. st 1704

Michail Sostschenko: Das Himmelblaubuch. Aus dem Russischen von Thomas Reschke. st 1618

108/1/10.90

Russische Literatur
in der edition suhrkamp und
in den suhrkamp taschenbüchern

Arkadi Strugatzki / Boris Strugatzki: Das lahme Schicksal. Roman. PhB 262. st 1766
– Der ferne Regenbogen. Eine utopische Erzählung. Deutsche Übersetzung von Aljonna Möckel. PhB 111. st 956
– Fluchtversuch. Science-fiction-Roman. Deutsche Übersetzung von Dieter Pommerenke. PhB 89. st 872
– Die gierigen Dinge des Jahrhunderts. Phantastischer Roman. Aus dem Russischen von Heinz Kübart. PhB 79. st 827
– Die häßlichen Schwäne. Science-fiction-Roman. Deutsche Übersetzung von Hans Földeak. PhB 177. st 1275
– Der Junge aus der Hölle. Erzählung. Aus dem Russischen von Erika Pietraß. PhB 238. st 1658
– Ein Käfer im Ameisenhaufen. Science-fiction-Roman. Aus dem Russischen von Erik Simon. PhB 152. st 1160
– Eine Milliarde Jahre vor dem Weltuntergang. PhB 186. st 1338
– Montag beginnt am Samstag. Utopisch-phantastischer Roman. Aus dem Russischen von Hermann Buchner. PhB 72. st 780
– Picknick am Wegesrand. Utopische Erzählung. Mit einem Nachwort von Stanisław Lem. Aus dem Russischen von Aljonna Möckel. PhB 49. st 670
– Die Schnecke am Hang. Mit einem Nachwort von Darko Suvin. Aus dem Russischen von H. Földeak. PhB 13. st 434
– Die Wellen ersticken den Wind. Science-fiction-Roman. Aus dem Russischen von Erik Simon. PhB 206. st 1598
– Die zweite Invasion der Marsianer. Zwei Science-fiction-Erzählungen. Deutsch von Giuseppina Morbioli. PhB 139. st 1081
Wladimir Tendrjakow: Die Abrechnung. Roman. Aus dem Russischen von Wolfgang Kasack. st 965
– Auf der seligen Insel des Kommunismus. Erzählungen. Aus dem Russischen von Annelore Nitschke. st 1777
– Frühlingsspiel. Aus dem Russischen von Hilde Angarowa. st 1364
– Mondfinsternis. Roman. Aus dem Russischen von Wolfgang Kasack. st 717
– Die Nacht nach der Entlassung. Aus dem Russischen von Heddy Pross-Weerth. st 860
– Die reinen Wasser von Kitesh. Erzählung. Aus dem Russischen von Thomas Reschke. st 1599
Juri Tynjanow: Der Tod des Wesir-Muchtar. Historischer Roman. Aus dem Russischen von Thomas Reschke. st 1593

108/2/10.90

Französische Literatur im insel taschenbuch

Honoré de Balzac: Das Chagrinleder. Aus dem Französischen von Hedwig Lachmann. Herausgegeben von Erika Wesemann. it 1278

– Eugénie Grandet. Aus dem Französischen von Gisela Etzel. Herausgegeben von Eberhard Wesemann. it 1127

– Die Frau von dreißig Jahren. Aus dem Französischen übertragen von Werner Blochwitz. it 460

– Glanz und Elend der Kurtisanen. Aus dem Französischen von Felix Paul Greve. it 1232

– Das Mädchen mit den Goldaugen. Aus dem Französischen von Ernst Hardt. Mit einem Vorwort von Hugo von Hofmannsthal. Zehn Illustrationen von Marcus Behmer. it 60

– Tolldreiste Geschichten. Aus dem Französischen von Benno Rüttenauer. Mit Illustrationen von Gustave Doré. it 911

– Über die Liebe. Sein Weltbild aus seinen Werken. Zusammengestellt und mit einem Essay herausgegeben von Stefan Zweig. it 715

– Vater Goriot. Aus dem Französischen von Franz Hessel. Herausgegeben von Erika Wesemann. it 1167

Charles Baudelaire: Die Blumen des Bösen. Übertragen von Carlo Schmid. it 120

Pierre Augustin Caron de Beaumarchais: Die Figaro-Trilogie. Der Barbier von Sevilla oder Die nutzlose Vorsicht. Der tolle Tag oder Figaros Hochzeit. Die Schuld der Mutter oder Ein zweiter Tartuffe. Deutsch von Gerda Scheffel. Nachwort von Norbert Miller. Mit zeitgenössischen Illustrationen. it 228

William Beckford: Vathek. Aus dem Französischen von Franz Blei. Mit einem Vorwort von Stéphane Mallarmé. it 1172

Hector Berlioz: Groteske Musikantengeschichten. Aus dem Französischen von Elly Ellès. it 859

George Clémenceau: Claude Monet. Betrachtungen und Erinnerungen eines Freundes. Mit farbigen Abbildungen und einem Nachwort von Gottfried Boehm. it 1152

Alphonse Daudet: Briefe aus meiner Mühle. Aus dem Französischen übertragen von Alice Seiffert. it 446

– Montagsgeschichten. Aus dem Französischen von Eva Meyer. it 1251

– Tartarin von Tarascon. Die wunderbaren Abenteuer des Tartarin von Tarascon. Mit 45 Zeichnungen von Emil Preetorius. it 84

Denis Diderot: Erzählungen und Gespräche. Übersetzt von Katharina Scheinfuß. it 554

– Jakob und sein Herr. In der Übersetzung von Mylius. Herausgegeben von Horst Günther. it 772

152/1/10.90

Französische Literatur im insel taschenbuch

Denis Diderot: Die Nonne. Mit einem Nachwort von Robert Mauzi, die Übersetzung des Nachworts besorgte Margaret Carroux. it 31

– Rameaus Neffe. Le Neveu de Rameau. Ein Dialog. Zweisprachige Ausgabe. Übersetzt von Goethe. Mit Zeichnungen von Antoine Watteau. Herausgegeben und mit einem Nachwort versehen von Horst Günther. it 775

Alexandre Dumas: Die drei Musketiere. Aus dem Französischen von Herbert Bräuning. it 1131

– Der Graf von Monte Christo. 2 Bde. Bearbeitung einer alten Übersetzung von Meinhard Hasenbein. Mit Illustrationen von Pavel Brom und Dagmar Bromova. it 266

– Die Kameliendame. Aus dem Französischen von Walter Hoyer. Mit Illustrationen von Paul Gavarni. it 546

Marguerite Duras: Der Vize-Konsul. Roman. Deutsch von W. M. Guggenheimer. Großdruck. it 2312

Dominique Fernandez: Süditalienische Reise. Aus dem Französischen von Julia Kirchner. Mit farbigen Fotografien von Martin Thomas. it 1076

Gustave Flaubert: Bouvard und Pécuchet. Aus dem Französischen übersetzt von Georg Goyert. Mit Illustrationen von András Karakas. Mit einem Vorwort von Victor Brombert und einem Nachwort von Uwe Japp. it 373

– Drei Erzählungen. Trois contes. Übersetzt und herausgegeben von Cora van Kleffens und André Stoll. it 571

– Lehrjahre des Gefühls. Geschichte eines jungen Mannes. Übertragen von Paul Wiegler. Mit einem Essay und einer Bibliographie von Erich Köhler. it 276

– Madame Bovary. Revidierte Übersetzung aus dem Französischen von Arthur Schurig. it 167

– November. Aus dem Französischen übersetzt von Ernst Sander. Mit einem Nachwort von Monika Bosse. it 411

– Reise in den Orient. Ägypten. Nubien. Palästina. Syrien. Libanon. Aus dem Französischen von Reinhold Werner und André Stoll. Mit Photographien von Maxime Du Camp, einem Register und einem Nachwort. Herausgegeben von André Stoll. it 619

Gustave Flaubert: Salammbô. Herausgegeben und mit einem Nachwort versehen von Monika Bosse und André Stoll. Aus dem Französischen übersetzt von Georg Brustgi. it 342

– Ein schlichtes Herz und andere Erzählungen. Aus dem Französischen von Cora van Kleffens und André Stoll. Großdruck. it 2314

152/2/10.90

Französische Literatur
im insel taschenbuch

Anatole France: Blaubarts sieben Frauen und andere Erzählungen. Mit Illustrationen von Lutz Siebert. Aus dem Französischen von Irmgard Nickel. it 510

Die geheimen Papiere der Gräfin Dubarry. Mit einem Nachwort von Franz Blei. it 1262

Edmond und Jules de Goncourt: Germinie Lacerteux. Aus dem Französischen von Curt Noch. it 1054

– Tagebücher. Aufzeichnungen aus den Jahren 1851-1870. Nach der ersten Gesamtausgabe der Académie Goncourt ausgewählt, übertragen und herausgegeben von Justus Franz Wittkop. it 692

Victor Hugo: Notre-Dame von Paris. Aus dem Französischen von Else von Schorn. Mit zeitgenössischen Illustrationen. it 298

Choderlos de Laclos: Schlimme Liebschaften. Mit 14 Kupferstichen. Übertragen und eingeleitet von Heinrich Mann. it 12

Madame de Lafayette: Die Prinzessin von Clèves. Roman. Aus dem Französischen von Julia Kirchner. Mit einem Nachwort von Emile Magne. it 768

Briefe der Ninon de Lenclos. Aus dem Französischen von Lothar Schmidt. Mit zehn Radierungen von Karl Walser. it 1173

Alain René Le Sage: Die Geschichte des Gil Blas von Santillana. Aus dem Französischen von Konrad Thorer. Mit Illustrationen von Daniel Chodowiecki. it 949

Pierre Carlet de Marivaux: Die Abenteuer des jungen Brideron. Eine Parodie. Übersetzt und herausgegeben von Gerda Scheffel. it 1035

– Betrachtende Prosa. Aus dem Französischen übertragen und mit einem Nachwort herausgegeben von Gerda Scheffel. it 1049

– Das Spiel von Liebe und Zufall. Und andere Komödien. Aus dem Französischen und mit einem Nachwort von Gerda Scheffel. it 805

Guy de Maupassant: Bel-Ami. Aus dem Französischen von Josef Halperin. Mit zeitgenössischen Illustrationen. it 280

– Die Brüder. Novelle. Deutsch von Ernst Weiß. Mit Illustrationen von Géo Dupuis. it 712

– Das Haus Tellier. Und andere Erzählungen. Ausgewählt und mit einem Nachwort versehen von Werner Berthel. Mit zeitgenössischen Illustrationen. Aus dem Französischen übersetzt von Helmut Bartuschek und Karl Friese. it 248

– Pariser Abenteuer. Und andere Erzählungen. Ausgewählt von Werner Berthel. Mit zeitgenössischen Illustrationen. Aus dem Französischen von Helmut Bartuschek und Karl Friese. it 106

152/3/10.90

Französische Literatur
im insel taschenbuch

Guy de Maupassant: Unser einsames Herz. Herausgegeben und mit einem Nachwort versehen von Dolf Oehler. Mit zeitgenössischen Illustrationen. Aus dem Französischen von Josef Halperin. it 357

Louis Sébastien Mercier: Das Jahr 2440. Ein Traum aller Träume. Herausgegeben von Herbert Jaumann. it 1162

Prosper Mérimée: Carmen. Mit Zeichnungen von Pablo Picasso. Aus dem Französischen übersetzt von Franz Schnabel. it 361

Jules Michelet: Die Frauen der Revolution. Herausgegeben und übersetzt von Gisela Etzel. Mit zahlreichen Abbildungen. it 726

Honoré-Gabriel Mirabeau: Der gelüftete Vorhang oder Lauras Erziehung. Aus dem Französischen von Eva Moldenhauer. Nachbemerkung von Norbert Miller. it 32

– Preußische Monarchie und Französische Revolution. Briefe nach Deutschland und Kapitel aus der »Preußischen Monarchie« in der Übersetzung von Jakob Mauvillon. Herausgegeben von Horst Günther. it 1118

Molière: Der eingebildete Kranke. Aus dem Französischen von Johanna Walser und Martin Walser. it 1014

– Der Menschenfeind. Nach dem Französischen des Molière von Hans Magnus Enzensberger. it 401

Michel de Montaigne: Essays. Herausgegeben und mit einem Nachwort versehen von Ralph-Rainer Wuthenow. Revidierte Fassung der Übertragung von Johann Joachim Bode. it 220

– Tagebuch einer Reise durch Italien. Aus dem Französischen von Otto Flake. it 1074

Michel de Montesquieu: Perserbriefe. Aus dem Französischen von Jürgen von Stackelberg. Mit Anmerkungen zum Text und einem Nachwort. it 458

Blaise Pascal: Größe und Elend des Menschen. Aus den »Pensées«. Auswahl, Übersetzung und Nachwort von Wilhelm Weischedel. it 441

– Über die Religion und über einige andere Gegenstände. Aus dem Französischen übertragen und mit einem Nachwort herausgegeben von Ewald Wasmuth. it 1008

Abbé Prévost: Manon Lescaut. Geschichte des Ritters Des Grieux und der Manon Lescaut. Mit einem Nachwort von Josef Heinzelmann. Illustrationen von Franz von Bayros. Aus dem Französischen von Elisabeth von Hase und Walter Hoyer. it 518

Marcel Proust / Eugène Atget: Ein Bild von Paris. Texte und Photographien. Herausgegeben von Arthur D. Trottenberg. it 669

152/4/10.90

Französische Literatur
im insel taschenbuch

François Rabelais: Gargantua und Pantagruel. Mit Illustrationen von Gustave Doré. Herausgegeben von Horst und Edith Heintze. Erläutert von Horst Heintze und Rolf Müller. 2 Bände. Übersetzung auf Grund der maßgebenden französischen Ausgabe, unter Benutzung der deutschen Fassung von Ferdinand Adolf Gelbcke. it 77

Jean-Jacques Rousseau: Bekenntnisse. Aus dem Französischen von Ernst Hardt. Mit einer Einführung von Werner Krauss. it 823

Marquis de Sade: Justine oder Die Leiden der Tugend. Mit einem Essay von Albert Camus. Aus dem Französischen von Raoul Haller. it 1257

– Schriften aus der Revolutionszeit. Herausgegeben von Georg Rudolf Lindt. it 1117

George Sand: Geschichte meines Lebens. Aus ihrem autobiographischen Werk ausgewählt und mit einer Einleitung versehen von Renate Wiggershaus. it 313

– Indiana. Aus dem Französischen von A. Seubert. Mit einem Essay von Annegret Stopczyk. it 711

– Lélia. Aus dem Französischen von Anna Wheill. Mit einem Essay von Nike Wagner. it 737

– Lucrezia Floriani. Roman. Aus dem Französischen von Anna Wheill. it 858

– Das Teufelsmoor. Aus dem Französischen von Helene und Herbert Kühn. Mit Illustrationen von Tony Johannot. it 943

Misia Sert: Pariser Erinnerungen. Aus dem Französischen von Hedwig Andertann. Mit einem Bildteil. it 1180

Madame de Sévigné: Briefe. Herausgegeben und übersetzt von Theodora von der Mühl. Mit zeitgenössischen Kupferstichen. it 395

Anne Germaine Madame de Staël: Über Deutschland. Vollständige und neu durchgesehene Fassung der deutschen Erstausgabe von 1814 in der Gemeinschaftsübersetzung von Friedrich Buchholz, Samuel Heinrich Catel und Julius Eduard Hitzig. Herausgegeben und mit einem Nachwort versehen von Monika Bosse. Mit einem Register, Anmerkungen und einer Bilddokumentation. it 623

Stendhal: Die Kartause von Parma. Vollständige Ausgabe. Aus dem Französischen von Arthur Schurig. it 1222

– Rom, Neapel und Florenz im Jahre 1817. Aus dem Französischen von Katharina Scheinfuß und Bernhard Frank. it 1073

– Rot und Schwarz. Vollständige Ausgabe. Aus dem Französischen von Arthur Schurig. Mit einem Nachwort von Uwe Japp. it 1210

– Über die Liebe. Vollständige Ausgabe. Aus dem Französischen und mit einer Einführung von Walter Hoyer. it 124

152/5/10.90

Französische Literatur im insel taschenbuch

Eugène Sue: Die Geheimnisse von Paris. 3 Bde. in Kassette. Aus dem Französischen von Helmut Kossodo. Mit zeitgenössischen Illustrationen. it 1080

Paul Verlaine: Galante Feste. Fêtes Galantes. Zweisprachige Ausgabe. Aus dem Französischen von Hans-J. Weitz. Mit Zeichnungen von Robert Pudlich. it 938

François Villon: Sämtliche Dichtungen. Zweisprachige Ausgabe. Aus dem Französischen von Walther Küchler. it 1039

Voltaire: Candide oder der Optimismus. Mit Zeichnungen von Paul Klee. it 11

– Philosophisches Wörterbuch. Nach der Textauswahl von Rudolf Noack. Herausgegeben und eingeleitet von Karlheinz Stierle. Aus dem Französischen von Erich Salewski und Karlheinz Stierle. it 855

– Sämtliche Romane und Erzählungen. Mit einer Einleitung von Victor Klemperer und Stichen von Moreau le jeune. Aus dem Französischen übersetzt von Ilse Lehmann. it 209

– Zadig oder das Schicksal. Eine orientalische Erzählung. Aus dem Französischen von Ilse Lehmann. Mit vierzig Radierungen von Marcus Behmer. it 121

Wilhelmine von Bayreuth: Eine preußische Königstochter. Glanz und Elend am Hofe des Soldatenkönigs in den Memoiren der Markgräfin Wilhelmine von Bayreuth. Aus dem Französischen von Annette Kolb. Neu herausgegeben von Ingeborg Weber-Kellermann. Mit Illustrationen von Adolph Menzel. it 1280

Emile Zola: Germinal. Aus dem Französischen von Armin Schwarz. Mit Illustrationen von Renate Sendler-Peters. it 720

– Nana. Aus dem Französischen und mit einem Nachwort versehen von Erich Marx. Illustrationen von Renate Sendler-Peters. it 398

– Thérèse Raquin. Aus dem Französischen von Ernst Hardt. it 1146

152/6/10.90

Italienische und spanische Literatur im insel taschenbuch

Pietro Aretino: Kurtisanengespräche. Aus dem Italienischen von Ernst Otto Kayser. Mit Anmerkungen des Übersetzers und einem Nachwort von Helmuth Faust. it 948

Giambattista Basile: Das Märchen aller Märchen. ›Der Pentamerone‹. 5 Bde. Deutsch von Felix Liebrecht. Herausgegeben und mit einem Nachwort versehen von Walter Boehlich. it 354

Cesare Beccaria: Über Verbrechen und Strafen. Nach der Ausgabe von 1766. Übersetzt und herausgegeben von Wilhelm Alff. it 1068

Die Wahrheiten des G. G. Belli. Römer, Huren und Prälaten. Eine Auswahl seiner frechen und frommen Verse. Vorgestellt und aus dem Italienischen übertragen von Otto Ernst Rock. it 754

Die Blümlein des heiligen Franziskus von Assisi. Aus dem Italienischen nach der Ausgabe der Tipografia Metastasio, Assisi 1901, von Rudolf G. Binding. Mit Initialen von Carl Weidemeyer. it 48

Boccaccio: Erotische Geschichten. Ausgewählt aus dem Dekameron des Giovanni di Boccaccio. Aus dem Italienischen von Albert Wesselski. Mit einem Aufsatz von Friedrich Schlegel und Zeichnungen von Jakob Schwarzkopf. it 1078

Benvenuto Cellini: Leben des Benvenuto Cellini florentinischen Goldschmieds und Bildhauers. Von ihm selbst geschrieben, übersetzt und mit einem Anhange herausgegeben von Johann Wolfgang Goethe. Mit einem Nachwort von Harald Keller. it 525

Miguel de Cervantes Saavedra: Die Novellen. Übersetzt von Konrad Thorer. it 1007

– Der scharfsinnige Ritter Don Quixote von der Mancha. 3 Bde. Mit einem Essay von Iwan Turgenjew und einem Nachwort von André Jolles. Mit Illustrationen von Gustave Doré. Textrevision nach der anonymen Ausgabe 1837 von Konrad Thorer. it 109

Collodi: Pinocchios Abenteuer. Aus dem Italienischen von Nino Erné. Mit farbigen Bildern von Sabine Friedrichson. it 1047

Dante: Die Göttliche Komödie. Mit fünfzig Holzschnitten von Botticelli. Deutsch von Friedrich Freiherr von Falkenhausen. 2 Bände. it 94

Federico García Lorca: Die dramatischen Dichtungen. Deutsch von Enrique Beck. it 3

Bartolomé de Las Casas: Kurzgefaßter Bericht von der Verwüstung der Westindischen Länder. Herausgegeben von Hans Magnus Enzensberger. Deutsch von D. W. Andreä. it 553

168/1/10.90

Italienische und spanische Literatur im insel taschenbuch

Giacomo Leopardi: Gedichte und Prosa. Ausgewählte Werke. Ausgewählt und übersetzt von Ludwig Wolde. Mit einem Nachwort von Ralph- Rainer Wuthenow. it 104

Niccolò Machiavelli: Der Fürst. Aus dem Italienischen von Friedrich von Oppeln-Bronikowski. Mit einem Nachwort von Horst Günther. it 1207

Ippolito Nievo: Pisana oder die Bekenntnisse eines Achtzigjährigen. Roman. Aus dem Italienischen von Charlotte Birnbaum. it 880

Giuseppe Raimondi: Jahre mit Giorgio Morandi. Erinnerungen. Aus dem Italienischen von Beate Taudte und Peter Repp. Mit zahlreichen Abbildungen. it 1260

168/2/10.90